Verdeckte Gewinnausschüttungen im französischen und deutschen Steuerrecht

FREIBURGER STEUERFORUM

Herausgegeben von Wolfgang Kessler

Band 12

PETER LANG

Frankfurt am Main · Berlin · Bern · Bruxelles · New York · Oxford · Wien

Michael Pelchen

Verdeckte Gewinnausschüttungen im französischen und deutschen Steuerrecht

PETER LANG
Internationaler Verlag der Wissenschaften

Bibliografische Information der Deutschen Nationalbibliothek
Die Deutsche Nationalbibliothek verzeichnet diese Publikation in der Deutschen Nationalbibliografie; detaillierte bibliografische Daten sind im Internet über <http://www.d-nb.de> abrufbar.

Zugl.: Freiburg (Breisgau), Univ., Diss., 2007

D 25
ISSN 1617-917X
ISBN 978-3-631-57090-6

www.peterlang.de

„The first step in the re-creation of the European family must be a partnership between France and Germany."

Winston Churchill, Zürich 1946

Vorwort

Die vorliegende Arbeit wurde im Sommersemester 2007 von der juristischen Fakultät der Albert-Ludwigs-Universität Freiburg i. Brsg. als Dissertation angenommen.

Die Anregung zu dem Thema verdanke ich M. Baconnier und M. Jean-François Court, seinerzeit Chef bzw. leitender Beamter der Steuerabteilung des französischen Finanzministeriums. Sie wiesen mich darauf hin, daß die französische Regelung der verdeckten Gewinnausschüttungen, insbesondere ihre Zurechnung an Nichtgesellschafter mit den damit verbundenen Folgen im internationalen Steuerrecht, in Deutschland auf Unverständnis stößt.

Bei der Durchführung der Arbeit haben mich während wiederholter Studienaufenthalte in Straßburg tatkräftig unterstützt M. Prof. Robert Hertzog und M. Prof. Jacques Grosclaude mit ihren früheren Mitarbeitern M. Prof. Guy Siat und Maître Dr. Thierry Schmitt, Specialiste de droit fiscal.

Besonders danke ich auch meinem Doktorvater Herrn Prof. Dr. Wolfgang Kessler für seine wertvolle fachliche und menschliche Hilfe bei der Bewältigung des Themas.

Die Arbeit ist auf dem Stand der französischen und deutschen ab 1.1.2007 gültigen Steuergesetzgebung und berücksichtigt die aktuelle Rechtsprechung in beiden Ländern.

PRÉFACE

Les thèses en droit fiscal sont – on doit le regretter – fort rares, celles en droit fiscal comparé rarissimes. Aussi, faut-il saluer avec beaucoup d'intérêt la thèse soutenue devant l'Université de Fribourg en Brisgau sous la direction du professeur Dr. Wolfgang KESSLER par Michael PELCHEN portant sur les distributions dissimulées de bénéfices. L'ouvrage est particulièrement bienvenu car le sujet est d'importance en tant qu'il renvoie à des questions essentielles en matière de fiscalité des entreprises et des particuliers.

L'auteur se propose de comparer la législation française à celle existant en Allemagne que tout semble opposer à première vue. Ainsi, on le sait, le droit fiscal français ne connaît ni le concept ni une règlementation spécifique concernant l'imposition des distributions dissimulées de bénéfices. Leur imposition est réalisée par un élargissement opéré par la jurisprudence de la notion de bénéfice. Ces distributions sont alors qualifiées par la doctrine et, par la doctrine uniquement, de distributions soit déguisées, soit clandestines, soit officieuses. En revanche la législation allemande définit la distribution irrégulière en précisant qu'elle existe dès lors qu'une société attribue à un associé en dehors d'une distribution régulière un revenu. Les deux législations semblent à priori antagonistes. Mais ce propos mérite, comme le montre l'auteur de la thèse, d'être nuancé par les aménagements et les exceptions apportés à la fois par la législation française et la législation allemande.

Pour le prouver Michael PELCHEN expose, dans un plan binaire cher aux juristes, dans une première partie la réglementation française avec beaucoup de minutie et de précision. On aimerait mentionner ici les développements d'une grande finesse consacrés aux relations existant entre distributions déguisées et acte anormal de gestion. De même l'auteur se livre à une analyse très fouillée de l'article 119-1 du Code général des impôts sur la définition des revenus distribués. La seconde partie présente l'originalité de confronter et d'opposer la législation allemande à la législation française pour mettre en lumière différences et ressemblances. Ce faisant M. Michael PELCHEN fournit à son lecteur un remarquable exposé du droit français et du droit allemand.

En somme, la thèse de Michael PELCHEN est importante à plusieurs titres. Tout d'abord, elle comble une véritable lacune dans le domaine de la distribution des bénéfices où les études doctrinales sont pratiquement inexistantes. Ensuite, elle est appelée à devenir une réelle référence en la matière dans la discipline difficile qu'est le droit comparé. Enfin, elle révèle les authentiques qualités d'un juriste parfaitement à l'aise à la fois dans le droit français et dans le droit allemand.

Reste à espérer une traduction de l'ouvrage ... en français.

Jacques GROSCLAUDE
Professeur émérite de l'Université Robert Schuman de Strasbourg

Geleitwort

Zur Schriftenreihe

Mit der Begründung der Schriftenreihe „Freiburger Steuerforum" verfolgt der Herausgeber zwei Zielsetzungen: Einerseits soll für die interessierte Öffentlichkeit ein Forum geschaffen werden, in dem in unregelmäßigen Abständen herausragende Forschungsschwerpunkte des Stiftungslehrstuhls Betriebswirtschaftliche Steuerlehre an der Albert-Ludwigs-Universität Freiburg vorgestellt werden. Die Reihe „Freiburger Steuerforum" verbindet den lokalen Bezug zur Universität mit dem Anspruch des Lehrstuhls, zur Fortentwicklung des Unternehmensteuerrechts beizutragen. Andererseits steht ausgewählten Doktoranden des Lehrstuhls damit eine Plattform zur Veröffentlichung ihrer Dissertation zur Verfügung, die die Verbindung zum Lehrstuhl über den Tag des Promotionsbeschlusses hinaus dokumentiert.

Zu dieser Schrift

Die französischen Regelungen zur Erfassung verdeckter Gewinnausschüttungen sind für die Steuerplanung eines internationalen Konzerns mit Beteiligungen in Frankreich von großer Bedeutung. Im Vergleich zum deutschen Recht ergeben sich z. B. bei der Ermittlung der Zurechnungsadressaten verdeckter Gewinnausschüttungen im Konzern ganz erhebliche Abweichungen. Dies kann aus deutscher Sicht überraschende Steuerfolgen auslösen.

So liegt z. B. nach französischer Auffassung eine verdeckte Gewinnausschüttung vor, wenn eine französische Muttergesellschaft ihrer deutschen Tochtergesellschaft zwecks „Bezuschussung" ein zinsloses Darlehen gewährt. Der französische Staat ist nach internem Recht und Art. 9 Abs. 2, Abs. 6 S. 2a) des Doppelbesteuerungsabkommens zwischen Deutschland und Frankreich (DBA F) berechtigt, auf diese „verdeckte Gewinnausschüttung" 15 % Kapitalertragsteuer zu erheben zusätzlich zur Berichtigung des Gewinns der französischen Muttergesellschaft. Aus deutscher Sicht ist eine entsprechende Berichtigung des Gewinns der deutschen Tochtergesellschaft nicht möglich, da nach der Rechtsprechung keine verdeckte Einlage vorliegt und § 1 Außensteuergesetz die Minderung des Gewinns eines inländischen Unternehmens voraussetzt. Auch aus Art. 5 DBA F ergibt sich keine Verpflichtung zu einer korrespondierenden Berichtigung.

Die vorliegende Arbeit hat die einschlägigen französischen Rechtsvorschriften systematisch analysiert und die dahinter stehende Konzeption des französischen Gesetzgebers herausgearbeitet. Darüber hinaus hat der Autor die französischen Regelungen zur Lösung von Streitfragen im deutschen Recht der verdeckten Gewinnausschüttungen rechtsvergleichend ausgewertet.

Wie schon frühere Schriften dieser Reihe vermittelt auch diese Arbeit die Erkenntnis der Ungeeignetheit von bilateralen und supranationalen Rechtsnormen zur Heilung systematischer Mängel nationaler Steuerrechtsordnungen.

Wolfgang Kessler

Inhaltsübersicht

Inhaltsverzeichnis

Anlage

Einführung in das französische Unternehmenssteuerrecht (ohne Kapitalgesellschaften)

Abkürzungs- und Zitierverzeichnis

a. F.	alte Fassung
Allix	Allix, Edgard: Traité élémentaire de science des finances et de législation financière française, Paris 1927
Allix / Lecerclé	Allix, Edgard / Lecerclé, Marcel: L'impôt sur le revenu, Bd. 1, 2, Paris 1926, mit Ergänzungen 1926 und 1930
AN	Assemblée nationale
Anm.	Anmerkung
arg	argumentum aus
AStG	Außensteuergesetz
Baumbach / Hueck	Baumbach, Adolf / Hueck, Alfred: GmbH-Gesetz, Kommentar, 17. Aufl., München 2000
Bauschatz	Peter Bauschatz: Verdeckte Gewinnausschüttung und Fremdvergleich im Steuerrecht der GmbH, §§ 8 Abs. 3 S. 2; 8a KStG, Diss., Berlin 2001
BB	Betriebsberater
BDCF	Bulletin des conclusions fiscales
BF	Bulletin fiscal Francis Lefebvre
BFH	Bundesfinanzhof
BGH	Bundesgerichtshof
BOCD	Bulletin officiel des contributions directes = amtliche Zeitschrift der Finanzverwaltung zu den direkten Steuern
BODGI	Bulletin officiel de la direction générale des impôts
BOI	Bulletin officiel des impôts
BP	Betriebsprüfung
BStBl.	Bundessteuerblatt

BT-Drucks.	Bundestags-Drucksache
BVerfG	Bundesverfassungsgericht
CA	Cour d'appel
CAA	Cour administrative d'appel
Cahiers	Cahiers de droit fiscal international = Schriftenreihe der International Fiscal Association (IFA)
Cass.	Cour de Cassation
C. Civ.	Code Civil
C. Com.	Code de Commerce
CE	Conseil d'Etat
CGI	Code général des impôts
Chr.	Chronique
com.	Commentaire
concl.	Conclusions = Entscheidungsvorschlag des commissaire du gouvernement im Revisionsverfahren vor dem CE
Court / Entraygues	Court, Jean-François / Entraygues, Gilles: Gestion fiscale internationale des entreprises, 2. Aufl., Paris 1992, 1. Aufl., Paris 1986
Cozian	Cozian, Maurice: Précis de fiscalité des entreprises, 30. Aufl., Paris 2006, 28. Aufl., Paris 2004, 27. Aufl., Paris 2002, 23. Aufl., Paris 1999, 21. Aufl., Paris 1997, 4. Aufl., Paris 1979
Cozian, Grands Principes	Cozian, Maurice: Les Grands Principes de la fiscalité des entreprises, 4. Aufl., Paris 1999, 3. Aufl., Paris 1996, 2. Aufl., Paris 1986
Cozian / Viandier	Cozian, Maurice / Viandier, Alain: Droit des sociétés, 9. Aufl., Paris 1996
Cozian / Viandier / Deboissy	Cozian, Maurice / Viandier, Alain / Deboissy, Florence: Droit des sociétés, 16. Aufl., Paris 2003
CRDS	contribution au remboursement de la dette sociale
CSG	contribution sociale généralisée

C. Trav.	Code du Travail
DB	Der Betrieb
DF	Revue Droit Fiscal
Döllerer	Döllerer, Georg: Verdeckte Gewinnausschüttungen und verdeckte Einlagen bei Kapitalgesellschaften, 2. Aufl., Heidelberg 1990
Doc. adm.	Documentation de base de la Direction générale des impôts = Steuerrichtlinien der Finanzverwaltung
DStJG, Bd.	Deutsche Steuerjuristische Gesellschaft e.V., Band
DStZ	Deutsche Steuer-Zeitung
Dupont	Recueil Dupont, ancien bulletin des contributions directes = Zeitschrift; ab 1975 umbenannt in Revue de Jurisprudence Fiscale
ESt	Einkommensteuer
EStG	Einkommensteuergesetz
Fasc.	Fascicule (Juris-classeur fiscal)
Fin. Verw.	Finanzverwaltung
FR	Finanzrundschau
Gest / Tixier	Gest, Guy / Tixier, Gilbert: Manuel de Droit Fiscal, 4. Aufl., Paris 1986
gl. A.	gleicher Auffassung
Gouthière	Gouthière, Bruno: Les impôts dans les affaires internationales, 6. Aufl., Paris 2004
Guyon	Guyon, Yves: Droit des affaires, Tome 1: Droit commercial général et sociétés, 6. Aufl., Paris 1990
GrS	Großer Senat des BFH
h. L.	herrschende Lehre
h. M.	herrschende Meinung
Hrsg.	Herausgeber

i. d. R.	in der Regel
i. V. m.	in Verbindung mit
i. S.	im Sinne
JbFSt	Jahrbuch der Fachanwälte für Steuerrecht
JCP ed. G	Juris-classeur périodique, semaine juridique, édition générale
JO	Journal officiel
Jur.-cl. fisc.	Juris-classeur fiscal
Knobbe-Keuk	Knobbe-Keuk, Brigitte: Bilanz- und Unternehmenssteuerrecht, 9. Aufl., Köln 1993
KSt	Körperschaftsteuer
KStG	Körperschaftsteuergesetz
Laufenburger	Laufenburger, Henry: Die Einkommensbesteuerung, in: Handbuch der Finanzwissenschaft, Bd. 2, Tübingen 1956
Laferrière	Laferrière, Julien / Waline, Marcel: Traité élémentaire de science et de législation financières, Teil II : Les revenus publics von Julien Laferrière, Paris 1952
Lebon	Recueil Lebon des arrêts du Conseil d'Etat = Sammlung Lebon der Entscheidungen des Conseil d'Etat
Lefebvre Comptable	Memento Pratique Francis Lefebvre: Comptable 2004, Paris 2003
Lefebvre fiscal	Memento Pratique Francis Lefebvre: Fiscal 2007, Paris 2007
Les grands arrêts	David, Cyrille / Fouquet, Olivier / Plagnet, Bernard / Racine, Pierre-François (bzw. Latournerie, Marie-Aimée, 2. Aufl.): Les grands arrêts de la jurisprudence fiscale, 4. Aufl., Paris 2003, 2. Aufl., Paris 1991
LPF	Livre des procédures fiscales
MG	Muttergesellschaft
n. F.	neue Fassung
NJW	Neue Juristische Wochenzeitschrift
Nr.	requête Nr. = Nr. der Revision beim Conseil d'État

o. a.	oben angegeben
OECD	Organisation for Economic Cooperation and Development
Oudenot	Oudenot, Philippe: Fiscalité approfondie des sociétés, 2. Aufl., Paris 2001
p. a.	per anno
PCG	Plan comptable général
Pezzer	Pezzer, Heinz-Jürgen: Die verdeckte Gewinnausschüttung im Körperschaftsteuerrecht, Köln 1986
Plagnet	Plagnet, Bernard: Droit Fiscal International, Paris 1986
Précis de l'adm. fisc. 1996	Précis de fiscalité 1996 du Ministère de l'Économie et des Finances, Paris 1996 (frühere Jahrgänge werden mit Angabe des Erscheinungsjahres zitiert)
R.	Rechtspruch
req.	requête = Revision beim Conseil d'Etat
RFH	Reichsfinanzhof
RG	Reichsgericht
RIW	Recht der Internationalen Wirtschaft
RJF	Revue de Jurisprudence Fiscale
Rn.	Randnote/Randnummer
RO	Recueil officiel des arrêts du Conseil d'Etat (notifiés à ses agents par la direction générale des impôts) = Sammlung der Entscheidungen des CE, herausgegeben von der Finanzverwaltung
Rspr.	Rechtsprechung
RStBl.	Reichssteuerblatt
s.	siehe
Scholz	Scholz, Franz, u.a.: Kommentar zum GmbH-Gesetz, 9. Aufl., Köln 2000/2002

Serlooten	Serlooten, Patrick: Droit fiscal des affaires, 5. Aufl., Paris 1997, 3. Aufl., Paris 1994
Schlegelberger	Schlegelberger, Franz, u.a.: Handelsgesetzbuch, Kommentar, 5. Aufl., München 1973
Sonnenberger	Sonnenberger, Hans Jürgen: Französisches Handels- und Wirtschaftsrecht, 2. Aufl., Heidelberg 1991
StbJb	Steuerberater-Jahrbuch
SteuerR	Steuerrecht
StVj	Steuerliche Vierteljahresschrift
Stolze	Stolze, Marie-Theres: Verdeckte Gewinnausschüttung und nahestehende Personen, Diss., Köln 1999
StRK	Steuerrechtsprechung in Kartei-Form
StuW	Steuer und Wirtschaft
TA	Tribunal administratif
Teyssié	Teyssié, Bernard: Kommentierte Textausgabe zum Code du Travail, Paris 1990
Tipke / Lang	Tipke, Klaus / Lang, Joachim: Steuerrecht, 17. Aufl., Köln 2002
TG	Tochtergesellschaft
Turot	Turot, Jérôme: Rehaussement du bénéfice social et appréhension de revenus distribués, in: RJF 90, S. 3 f.
Turq	Turq, A.: La fiscalité de l'industrie et du commerce, Paris 1965
vGA	verdeckte Gewinnausschüttung
vgl.	vergleiche
Viegener	Viegener, Johannes: Verdeckte Gewinnausschüttungen im französischen Steuerrecht, RIW 1988, 788 f.

Vogel, DBA	Vogel, Klaus: DBA, Doppelbesteuerungsabkommen, Kommentar, 4. Aufl., München 2003
VZ	Veranlagungszeitraum
Wolff-Diepenbrock	Wolff-Diepenbrock, Johannes: Verdeckte Gewinnausschüttungen im französischen Steuerrecht, Köln 1971
WPg	Die Wirtschaftsprüfung
ZGR	Zeitschrift für Unternehmens- und Gesellschaftsrecht
ZHR	Zeitschrift für das gesamte Handelsrecht und Wirtschaftsrecht

Einführung und Problemstellung

Im deutschen Recht besteht ein Institut der verdeckten Gewinnausschüttungen. Gemäß § 8 Abs. 3 S. 2 KStG dürfen verdeckte Gewinnausschüttungen das Einkommen einer Kapitalgesellschaft nicht mindern. Das Institut wurde von der Rechtsprechung entwickelt. Nach ihrer herkömmlichen Definition liegt eine verdeckte Gewinnausschüttung vor, wenn eine Kapitalgesellschaft einem Gesellschafter außerhalb der gesellschaftsrechtlichen Gewinnverteilung einen Vermögensvorteil zuwendet und diese Zuwendung ihre Ursache im Gesellschaftsverhältnis hat. Dies ist dann anzunehmen, wenn die Gesellschaft den Vermögensvorteil bei Anwendung der Sorgfalt eines ordentlichen und gewissenhaften Geschäftsleiters unter sonst gleichen Umständen einem fremden Dritten nicht gewährt hätte[1].

Das Institut dient der Abgrenzung der Einkünfteerzielung von der Einkünfteverteilung bei Kapitalgesellschaften. Es erfaßt Gewinnminderungen bei einer Kapitalgesellschaft, die in der Sphäre der Gesellschafter veranlaßt sind, um diesen Vermögensvorteile zukommen zu lassen, die aus betrieblicher Sicht nicht gerechtfertigt sind. Die Zuwendung der Vermögensvorteile erfolgt in der Praxis überwiegend entweder durch überhöhte Gegenleistungen oder Einnahmeverzichte der Gesellschaft bei Austauschgeschäften mit Gesellschaftern. Die dadurch bewirkten Gewinnminderungen und korrespondierenden Vorteilszuwendungen an den oder die Gesellschafter stellen wirtschaftlich Vorabausschüttungen („verdeckte Gewinnausschüttungen") auf das zu erwartende Betriebsergebnis der Gesellschaft dar. Sie sind daher ihrem Handelsbilanzergebnis hinzuzurechnen. Diese Rechtsfolge drückt § 8 Abs. 3 S. 2 KStG negativ aus.

Beispiele:

1. *Die Gesellschaft zahlt ihrem Gesellschafter-Geschäftsführer ein überhöhtes Geschäftsführergehalt. Soweit das Geschäftsführergehalt überhöht ist, ist es nicht als Betriebsausgabe abzugsfähig und stellt somit eine verdeckte Vorabausschüttung auf den zu erwartenden Jahresgewinn dar.*

2. *Die Gesellschaft verzichtet bei einer Lieferung oder sonstigen Leistung an einen Gesellschafter vollständig auf den erzielbaren Erlös, erbringt also ihre Leistung unentgeltlich. Sie verteilt dadurch wirtschaftlich gesehen den aus dem Geschäft erzielbaren Erlös unmittelbar an den Gesellschafter. Dieser erspart entsprechende Aufwendungen und erhält den erzielbaren Erlös dem Werte nach in Form der unentgeltlichen Leistung.*

   Auch in diesem Fall erfolgt also eine verdeckte Vorabausschüttung auf das erzielbare Betriebsergebnis der Gesellschaft.

---

[1] Vgl. z. B. BFH BStBl. 82 II, 761 (762 f.) m. w. N.; BFH BB 90, S. 2025 (2026); Knobbe-Keuk, S. 643; Döllerer, S. 28, 60, 63; zur neuen Definition der verdeckten Gewinnausschüttung durch die Rechtsprechung s. unten S. 91 f.

Für verdeckte Gewinnausschüttungen können unterschiedliche Motive bestehen. Hauptmotive sind die Vermeidung der KSt und ESt, die bei angemessener Geschäftsgestaltung mit den begünstigten Gesellschaftern entstehen würden, sowie ihre verdeckte Bevorzugung bei der Gewinnverteilung.

Nach deutscher Auffassung sind verdeckte Gewinnausschüttungen nur an Gesellschafter möglich. Als verdeckte Vorabausschüttungen auf das Betriebsergebnis stellen sie Erträge des Gesellschaftskapitals dar. Sie können daher nur den Gesellschaftern als Einkünfte zugerechnet werden, die das Kapital der Gesellschaft (in Form von Einlagen) zur Nutzung überlassen haben, und sind diesen nach Zufluß auch immer als Einkünfte zuzurechen (§ 20 Abs. 1 Nr. 1 S. 2 EStG)[2].

Die Zuwendung an einen Gesellschafter kann auch mittelbar dadurch geschehen, daß die Gesellschaft einem Dritten einen unangemessenen Vorteil im Interesse eines Gesellschafters zuwendet (s. dazu im einzelnen unten, S. 105 f.).

Das französische Steuerrecht besitzt kein vergleichbares Institut der verdeckten Gewinnausschüttungen und kennt diesen Begriff auf der Ebene der Gesellschaft überhaupt nicht. Verdeckte Gewinnausschüttungen i. S. des deutschen Steuerrechts kommen jedoch auch in Frankreich vor und werden auch dort erfaßt.

Gegenstand dieser Arbeit ist daher zunächst eine Untersuchung der Erfassung verdeckter Gewinnausschüttungen im französischen Recht, das kein vergleichbares Institut besitzt, und der dadurch bedingten Unterschiede zum deutschen Recht. Insbesondere ist auf die Ausdehnung der französischen Regelung auf verdeckte Zuwendungen an Nicht-Gesellschafter einzugehen. Anschließend sind die Anwendungsbereiche beider Regelungen zu vergleichen und die französische Regelung für die Lösung deutscher Probleme im Recht der verdeckten Gewinnausschüttungen fruchtbar zu machen. Schließlich sind die Probleme zu erörtern, die sich infolge der unterschiedlichen Anwendungsbereiche beider Regelungen bei grenzüberschreitenden Geschäftsbeziehungen innerhalb deutsch-französischer Konzerne ergeben können.

---

[2] Ganz h. M. und BFH in ständiger Rspr. seit BFH BStBl. 64 III, 17 (19).

Erster Abschnitt

Die Erfassung verdeckter Gewinnausschüttungen im französischen Steuerrecht

A Die Erfassung verdeckter Gewinnausschüttungen auf der Ebene der Kapitalgesellschaft

I. Grundzüge der Besteuerung der Kapitalgesellschaften in Frankreich

Verdeckte Gewinnausschüttungen werden auf der Ebene der Gesellschaft mit allgemeinen Gewinnberichtigungsvorschriften erfaßt. Um den Hintergrund dieser Regelungen zu verdeutlichen, sind zunächst die Grundzüge der Besteuerung der Kapitalgesellschaften in Frankreich darzustellen[3].

1. Rechtstatsächliche Bedeutung der Kapitalgesellschaften in Frankreich

In Frankreich sind Kapitalgesellschaften als Unternehmensträger im Verhältnis zu Personengesellschaften wesentlich verbreiteter als in Deutschland. Der Anteil der französischen Aktiengesellschaften (Société anonyme [SA]) und GmbHs (Société à responsabilité limitée [SARL]) an den französischen Handelsgesellschaften (einschl. der Personenhandelsgesellschaften) betrug Anfang 2003 ca. 96,9 %[4]. Daneben hat in der letzten Zeit die Kommanditgesellschaft auf Aktien (Société en commandite par actions [SCA]) wieder etwas an Bedeutung gewonnen, weil ihre Gesellschaftsform verschiedene Vorteile bietet, insbesondere bei der Abwehr feindlicher Übernahmeversuche[5]. Die SA, SARL und SCA unterliegen als Kapitalgesellschaften der Körperschaftsteuer (impôt sur les sociétés; Art. 206-1. CGI).

2. Territorialprinzip

Für Kapitalgesellschaften mit Sitz oder Geschäftsleitung in Frankreich besteht in Frankreich keine unbeschränkte Steuerpflicht (Welteinkommensprinzip), sondern ein Territorialprinzip. Kapitalgesellschaften mit Sitz innerhalb und außerhalb Frankreichs sind gem. Art. 209-1. CGI nur mit ihren Gewinnen aus innerfranzösischen betrieblichen Aktivitäten körperschaftsteuerpflichtig.

Für Kapitalgesellschaften mit Sitz in Frankreich bedeutet dies im Ergebnis, daß von ihrer französischen KSt-Pflicht die Gewinne ausgenommen sind, die sie in ausländischen Betriebsstätten, durch unselbständige Vertreter im Ausland oder durch unternehmerische Aktivitäten im Ausland, die „geschlossene gewerbliche Kreise" (sog. „cycles commerciaux complets") darstellen, erzielen[6]. Als cycle commercial

---

3 Eine allgemeine Einführung in das französische Unternehmenssteuerrecht (ohne Kapitalgesellschaften) ist dieser Arbeit als Anlage beigefügt.

4 Cozian / Viandier / Deboissy, 16. Aufl., S. 3.

5 Cozian / Viandier / Deboissy, 16. Aufl., Rn. 1213, 1217.

6 Gouthière, Rn. 301-304, 308-310.3 m. w. N.

complet gilt z. B. die Errichtung und der Verkauf schlüsselfertiger Fabrikanlagen im Ausland[7], der Ankauf von Rohmaterialien, deren Bearbeitung und Verkauf im Ausland[8], die Förderung von Bodenschätzen im Ausland[9] oder die Erschließung, Parzellierung und der Verkauf von Baugrundstücken im Ausland[10].

Der Ausschluß der durch cycles commerciaux complets im Ausland erzielten Gewinne von der territorialen französischen KSt-Pflicht entfällt jedoch regelmäßig, wenn diese Aktivitäten in Staaten ausgeübt werden, mit denen Frankreich ein Doppelbesteuerungsabkommen (DBA) abgeschlossen hat. In Anlehnung an das OECD-Musterabkommen sehen die meisten französischen DBAs vor, daß der Sitzstaat der Kapitalgesellschaft deren sämtliche Gewinne besteuern darf mit Ausnahme derjenigen, die auf die in dem anderen Staat gelegenen Betriebsstätten entfallen. Diese Regelung der französischen DBAs hat Frankreich durch Verweisung in seine innerstaatliche territoriale KSt-Pflicht einbezogen. Nach Art. 209-1. CGI unterliegen der französischen territorialen KSt-Pflicht nicht nur die Gewinne aus innerfranzösischen Aktivitäten französischer Kapitalgesellschaften, sondern auch die Gewinne dieser Kapitalgesellschaften, die Frankreich nach dem jeweiligen DBA besteuern darf. Art. 209-1. CGI lautet insoweit: „En tenant compte uniquement (= wobei der französischen Körperschaftsteuer nur unterliegen) des bénéfices réalisés dans les entreprises exploitées en France ainsi que de ceux dont l'imposition est attribuée à la France par une convention internationale relative aux doubles impositions."

Kraft dieser Verweisung wird somit auch der gesamte im Ausland entstandene Gewinn einer französischen Kapitalgesellschaft mit Ausnahme desjenigen, der auf die in dem anderen Abkommensstaat gelegene Betriebsstätte entfällt, in die innerstaatliche französische KSt-Pflicht einbezogen. Infolge dieser Verweisung haben DBAs im französischen Steuerrecht eine begrenzte steuerbegründende Wirkung[11].

3. Handels- und steuerrechtliche Gewinnermittlung

Die Kapitalgesellschaften sind als juristische Personen mit Kaufmannseigenschaft (Handelsgesellschaften) zur Buchführung und Aufstellung handelsrechtlicher und steuerlicher Jahresabschlüsse verpflichtet (Art. 8 Abs. 1 C. Com., Art. 209-I. CGI i. V. m. Art 34 ff. CGI). Aufgrund ihrer Rechtsform gelten ihre gesamten Einkünfte als Einkünfte aus Gewerbebetrieb (Art. 209-I. i. V. m. Art. 34 ff. CGI).

---

7 CE 23.6.78, Nr. 99.444, RJF 78, Nr. 343, S. 245.

8 Réponse ministerielle DF 1980 com. 2612.

9 CE 29.6.81, Nr. 16.095, RJF 81, S. 470.

10 Réponse ministerielle, a. a. O.

11 Vgl. dazu Éditions Francis Lefebvre: Opérations internationales, Territorialité de l'impôt français, Paris 1985, S. 193 f.

Für die körperschaftsteuerliche Gewinnermittlung sind die einkommensteuerlichen Gewinnermittlungsvorschriften entsprechend anwendbar. Sie werden ergänzt durch körperschaftsteuerliche Sondervorschriften (Art. 209-I. i. V. m. Art. 34 f. CGI).

Der körperschaftsteuerliche Gewinn wird wie im ESt-Recht mit steuerlichen Korrekturen aus dem handelsrechtlichen Jahresabschluß abgeleitet (Art. 209-I. i. V. m. Art. 53 A CGI i. V. m. Art. 38 quater Annex III zum CGI).

Für die Aufstellung der Jahresabschlüsse gelten unterschiedliche Fristen von 3 bis 5 ½ Monaten nach Ablauf des Geschäftsjahres, die im wesentlichen von der Rechtsform und der Größe der jeweiligen Kapitalgesellschaft abhängig sind[12].

Nach Aufstellung des Jahresabschlusses entscheidet die Aktionärs- bzw. Gesellschafterversammlung über die Verwendung des Bilanzgewinnes. Bei allen Kapitalgesellschaften muß der Beschluß über die Verwendung des Bilanzgewinnes innerhalb von 6 Monaten nach Ablauf des Geschäftsjahres erfolgen (Art. L.232-12 i. V. m. Art. L.223-26 C. Com. für die SARL und Art. L.232-12 i. V. m. Art. L.225-100 C. Com. für die SA). Teilweise abweichend vom deutschen Gesellschaftsrecht (Aktienrecht) entscheidet die Aktionärs- bzw. Gesellschafterversammlung dabei gleichzeitig auch über die Feststellung des Jahresabschlusses (Art. L.223-26 C. Com. für die SARL, Art. L.225-100 C. Com. für die SA).

4. Körperschaftsteuer und Kapitalertragsteuer

Die laufenden Gewinne der Kapitalgesellschaften unterliegen der Körperschaftsteuer mit einem Steuersatz von 33 $^1/_3$% (Art. 219-I. CGI). Dieser KSt-Satz gilt sowohl für thesaurierte als auch für ausgeschüttete Gewinne.

Kleine und mittlere Gesellschaften mit einem Jahresumsatz von unter € 7.630.000, an denen natürliche Personen mit mindestens 75 % direkt oder indirekt beteiligt sind und deren Kapital voll eingezahlt ist, erhalten einen ermäßigten KSt-Satz von 15 % bis zu einem Gewinn bzw. Gewinnanteil von € 38.120 (Art. 219-I.-2b. CGI).

Zur Sanierung des französischen Staatshaushaltes wurde 1995 ein Zuschlag zur Körperschaftsteuer, genannt: contribution exceptionnelle oder additionnelle, eingeführt (Art. 235 ter ZA CGI). Er betrug zunächst 10 % und wurde dann sukzessive gesenkt, zunächst auf 6 % (2001), dann auf 3 % (2002) und ab 2005 auf 1,5 %. Ab 2006 fiel dieser Zuschlag vollständig weg[13].

Ein weiterer Zuschlag von 3,3 % zur Körperschaftsteuer, genannt: contribution sociale, wurde ab dem Jahr 2000 eingeführt (Art. 235 ter ZC CGI). Er dient als Beitrag zur Finanzierung des gestiegenen Finanzbedarfs der Sozialversicherung wegen der Einführung der 35-Stunden-Woche. Von der contribution sociale sind

---

12 Lefebvre Comptable, Rn. 3657.

13 1997 war noch ein weiterer Zuschlag von 15 %, genannt: contribution temporaire, hinzugekommen (Art. 235 ter ZB CGI), der ab 1999 auf 10 % gesenkt und ab dem 01.01.2000 wieder abgeschafft worden ist.

kleinere und mittelgroße Gesellschaften, die die Voraussetzungen für die Gewährung des ermäßigten KSt-Satzes von 15 % erfüllen, ausgenommen. Außerdem wird die contribution sociale erst ab einer Körperschaftsteuerschuld von mehr als € 763.000 erhoben (Freibetrag).

Die Gesamtbelastung des Gewinns mit Körperschaftsteuer (Normalsteuersatz) und der contribution sociale beträgt im Jahr 2007 34,43 %.

Eine Kapitalertragsteuer auf Gewinnausschüttungen wird nur erhoben, soweit die Ausschüttungen an ausländische Anteilseigner erfolgen (Art. 119 bis-2. CGI). Ihr Steuersatz beträgt 25 % der Bruttodividenden (Art. 187-1. Abs. 3 CGI). In den französischen DBAs wird dieser Satz im allgemeinen auf 15 % reduziert. Die Kapitalertragsteuer für Ausschüttungen an inländische (in Frankreich ansässige) Anteilseigner wurde im Jahre 1965 abgeschafft[14].

5. Körperschaftsteuer-Anrechnungsverfahren für Dividenden, die bis zum 31.12.2004 bezogen wurden

Die ausgeschütteten Gewinne sind bei den Empfängern als Einkünfte aus Kapitalvermögen (revenus des capitaux mobiliers) einkommensteuerpflichtig (bzw. als gewerbliche Einkünfte körperschaftsteuerpflichtig, wenn es sich bei den Anteilseignern um Kapitalgesellschaften handelt).

Für Dividenden, die bis zum 31.12.2004 bezogen wurden, gilt ein Körperschaftsteuer-Anrechnungsverfahren (avoir fiscal). Danach wird die von den ausgeschütteten Gewinnen erhobene Körperschaftsteuer vollständig auf die ESt-Schuld angerechnet, soweit es sich bei den Dividendenbeziehern um natürliche Personen oder Personengesellschaften mit natürlichen Personen als Gesellschaftern handelt. Die Anrechnung erfolgt in der Weise, daß ein Betrag in Höhe der Hälfte der bezogenen Dividende als KSt-Guthaben (avoir fiscal) bei der Erhebung der Einkommensteuer angerechnet wird. Da die ausgeschüttete Dividende 66 $^{2}/_{3}$ Prozentpunkte des entsprechenden Gewinns vor Steuern beträgt, bewirkt die Anrechnung der Hälfte der Dividende = 33 $^{1}/_{3}$ Prozentpunkte auf die Einkommensteuer (bzw. Körperschaftsteuer) die Vollanrechnung der von dem Gewinn vor Steuern erhobenen Körperschaftsteuer von 33 $^{1}/_{3}$ % (Art. 158 bis, Art. 158 ter CGI).

Beispiel:

Eine Kapitalgesellschaft erzielt einen Gewinn von TFF 150. Davon ist ausschüttbar nach Rückstellung der Körperschaftsteuer von 33 1/3 % eine Dividende von TFF 100. Bei dem Bezieher der Dividende von TFF 100 wird die Dividende einschließlich des KSt-Guthabens, also TFF 150 als Bemessungsgrundlage für die Einkommensteuer angesetzt. Beträgt der ESt-Satz z. B. 50 %, dann ergibt sich eine ESt-Schuld von TFF 75. Auf diese ESt-Schuld wird das KSt-Guthaben von TFF 50 angerechnet, so daß sich für Dividendenbezieher eine ESt-Zahllast von TFF 25 ergibt.

---

[14] Die Abschaffung erfolgte gleichzeitig mit Einführung des französischen KSt-Anrechnungsverfahrens des avoir fiscal im Jahre 1965.

Die Vollanrechnung der Körperschaftsteuer auf die Einkommensteuer bewirkt, daß der Gewinn einer Kapitalgesellschaft, soweit er ausgeschüttet wird, letztlich nur mit der Einkommensteuer (bzw. Körperschaftsteuer) bei dem Ausschüttungsempfänger belastet wird. In diesem Fall wird die von dem Gewinn einbehaltene Körperschaftsteuer wie eine Vorauszahlung auf die Einkommensteuer der Dividendenbezieher behandelt.

Wegen der nichtabzugsfähigen Betriebsausgaben (s. unten, S. 70 f.) und den Zuschlägen zur Körperschaftsteuer, die ebenfalls nicht als Betriebsausgaben abzugsfähig sind, kann allerdings bei Vollausschüttung des Jahresgewinnes einer Kapitalgesellschaft keine vollständige Anrechnung der auf dem Gewinn lastenden Körperschaftsteuer auf die Ertragsteuern bei den Dividendenbeziehern erreicht werden.

Die Anrechnung der französischen Körperschaftsteuer erhalten grundsätzlich nur inländische Anteilseigner. In einigen französischen DBAs, z. B. in den französischen DBAs mit den Gründungsstaaten der EG, Großbritannien und den USA, wird jedoch die Anrechnung der französischen Körperschaftsteuer auch auf die in den jeweiligen Abkommensstaaten ansässigen Anteilseigner ausgedehnt[15]. Die Gewährung des avoir fiscal an deutsche Anteilseigner im Rahmen des DBA Frankreich-Deutschland wurde wegen der Einführung des Halbeinkünfteverfahrens in Deutschland ab dem 01.01.2001 mit Wirkung ab 01.01.2002 abgeschafft (Art. 20 Abs. 2 b, c DBA F nF).

Soweit es sich bei den Anteilseignern und Dividendenbeziehern um Kapitalgesellschaften handelt, ist die anrechenbare Körperschaftsteuer seit dem Veranlagungszeitraum (VZ) 2000 reduziert worden, und zwar auf 40 % der bezogenen Dividenden im VZ 2000, 25 % im VZ 2001, 15 % im VZ 2002 und 10 % im VZ 2003 (Art. 158 bis-II. CGI). Diese Einschränkung des avoir fiscal bei Ausschüttungen an Kapitalgesellschaften erfolgte aus fiskalischen Gründen. Sie kommt im Ergebnis nur bei Streubesitz zum Tragen, weil das französische Steuerrecht ab Beteiligungen von 5 % (bzw. 10 % oder Anschaffungskosten von mindestens FF 150 Mio bis einschl. VZ 2000) Muttergesellschaften die Option für ein Schachtelprivileg einräumt (s. dazu unten, S. 11).

---

15 Aus Vereinfachungsgründen erhalten die Anteilseigner den avoir fiscal auch dann, wenn der ausgeschüttete Gewinn bei der Gesellschaft keiner oder nur einer ermäßigten Körperschaftsteuerbelastung unterlegen hat. Zum Ausgleich dafür wird bei der Gesellschaft eine Vorsteuer, genannt précompte, in Höhe des avoir fiscal erhoben, der mit den ausgeschütteten Dividenden verbunden ist (Art. 223 sexies-1. Abs. 1 CGI). Schüttet z. B. eine Gesellschaft bei ihr steuerfreie, von einer ausländischen Betriebsstätte bezogene Erträge von TFF 300 aus, dann hat sie davon einen précompte von $^1/_3$ = TFF 100 einzubehalten. Dieser Betrag entspricht dem avoir fiscal, der mit den ausgeschütteten Dividenden von TFF 200 verbunden ist (nähere Einzelheiten s. Cozian, 27. Aufl., Rn. 624-645).

6. Keine Anrechnung der Körperschaftsteuer bei verdeckten Gewinnausschüttungen

Die Anrechnung der Körperschaftsteuer wird nur für Gewinnausschüttungen gewährt, die aufgrund eines ordnungsgemäßen Gewinnverteilungsbeschlusses erfolgen (Art. 158 ter-1. CGI). Keine Anrechnung der Körperschaftsteuer erfolgt somit bei verdeckten Gewinnausschüttungen. Diese unterliegen also in Frankreich der vollen Doppelbelastung mit Körperschaftsteuer bei der Kapitalgesellschaft und Einkommen- bzw. Körperschaftsteuer beim Ausschüttungsempfänger (s. dazu im einzelnen unten, S. 85 f.).

7. Halb- bzw. 60-%-Einnahmenverfahren für Dividenden, die ab dem 01.01.2005 bezogen werden

Für ab dem 01.01.2005 von natürlichen Personen bezogene Dividenden hat der französische Gesetzgeber zur Vermeidung der Doppelbelastung der ausgeschütteten Gewinne mit Körperschaftsteuer und Einkommensteuer anstelle des Anrechnungsverfahrens ein Halbeinnahmenverfahren eingeführt. Es wurde ab 01.01.2006 in ein 60-%-Einnahmenverfahren übergeführt. Die Umstellung vom Körperschaftsteuer-Anrechnungsverfahren zum Halbeinnahmenverfahren erfolgte insbesondere aus folgenden Gründen:

a) Infolge der Reduzierung des avoir fiscal für Kapitalgesellschaften war die Berechnung der Vorsteuer (précompte)[16] bei mehrstufigen Kapitalgesellschaftskonzernen sehr kompliziert und überaus formular- und zeitaufwendig geworden[17].

b) Das Körperschaftsteuer-Anrechnungsverfahren konnte die Doppelbelastung der Gewinnausschüttungen, die französische Anteilseigner von ausländischen Kapitalgesellschaften bezogen, nicht verhindern. Wegen der daraus resultierenden Ungleichbehandlung in Frankreich bezogener Dividenden, je nachdem, ob sie von französischen oder ausländischen Kapitalgesellschaften zugeflossen waren, ergab sich die Gefahr eines Verstoßes des französischen Körperschaftsteuer-Anrechnungssystems gegen EG-Recht, insbesondere gegen den Grundsatz der Kapitalverkehrsfreiheit des Art. 56 EG-Vertrag[18].

Das französische Halb- bzw. 60-%-Einnahmenverfahren ähnelt dem deutschen Halbeinkünfteverfahren. Von französischen Anteilseignern bezogene Bruttodividenden werden zur Hälfte bzw. ab 01.01.2006 zu 40 % von der französischen Einkommensteuer freigestellt (Art. 158-3.-2° CGI). Es besteht jedoch ein wesentlicher Unterschied zum deutschen Recht. Werbungskosten, die mit den zur Hälfte bzw. zu

---

[16] S. Fn. 15.

[17] Cozian, 27. Aufl., Rn. 604; Colloque: La suppression de l'avoir fiscal et du précompte? Et après, DF 2001, S. 1293 f. (1294-1296).

[18] Projet de Loi de Finances rectificative (Regierungsentwurf) pour 2004, Begründung des Regierungsentwurfs zu Art. 30 – Mise en œuvre de la réforme du régime fiscal des distributions, DF 2004, S. 1729, 1730.

40 % freigestellten Dividenden in wirtschaftlichem Zusammenhang stehen, sind in voller Höhe abzugsfähig[19].

Zum Ausgleich der Nachteile der Umstellung vom avoir fiscal auf das Halbeinnahmenverfahren für einkommensschwache natürliche Personen (der avoir fiscal wurde natürlichen Personen erstattet, soweit er deren Einkommensteuerschuld überstieg) hat der französische Gesetzgeber zusätzlich zu der hälftigen Freistellung einen Steuerkredit in Höhe der Hälfte der bezogenen Dividenden eingeführt. Dieser Kredit ist auf € 115 für Ledige und € 230 für Eheleute begrenzt (Art. 200 septies CGI).

Das Halb- bzw. 60-%-Einnahmenverfahren gilt nicht für Anteilseigner in der Rechtsform juristischer Personen. Für diese ist jedoch ab dem 01.01.2005 ebenfalls das Körperschaftsteuer-Anrechnungsverfahren weggefallen einschließlich der Erhebung der Vorsteuer (précompte)[20] im Falle der Ausschüttung steuerfreier oder ermäßigt besteuerter Gewinnanteile.

Soweit Anteilseigner in der Rechtsform juristischer Personen Beteiligungen von mehr als 5 % halten, wird die Doppelbelastung der an sie ausgeschütteten Dividenden ab dem 01.01.2005 nur noch durch das Schachtelprivileg vermieden, das grundsätzlich ab einer Beteiligungsquote von 5 % Anwendung findet (s. unten, S. 15).

Soweit Anteilseigner in der Rechtsform juristischer Personen Beteiligungen an Kapitalgesellschaften von weniger als 5 % halten, wird ab dem 01.01.2005 die Doppelbelastung der ausgeschütteten Dividenden mit Körperschaftsteuer bei der ausschüttenden Kapitalgesellschaft und den Anteilseignern nicht mehr ausgeschlossen[21].

8. Sozialsteuern

Die von natürlichen Personen bezogenen Dividenden unterliegen zusätzlich der CSG, der CRDS und weiteren Sozialsteuern (s. dazu näher unten, S. 173) mit einem Gesamtsteuersatz von 11 %. Die CSG ist bei den bezogenen Dividenden teilweise abziehbar. Bemessungsgrundlage sind die bezogenen Nettodividenden ohne den Abschlag von 40 % (Art. 1600-0 C, G i. V. m. Art. 154 quinquies-II. CGI[22]).

---

19 Lefebvre fiscal, Rn. 2112. Der Abzug von Werbungskosten bei Kapitaleinkünften ist allerdings in Frankreich weiter eingeschränkt als in Deutschland. Aufwendungen für die Finanzierung der Anschaffung der Anteile können im privaten Bereich nicht abgezogen werden. Abzugsfähig sind im wesentlichen nur Depotgebühren und sonstige Kosten für die Verwaltung der Anteile; vgl. dazu Lefebvre fiscal, Rn. 2112; Les grands arrêts, 4. Aufl., thème 14.

20 S. Fn. 15.

21 Cozian, 30. Aufl., Rn. 591.

22 Cozian, 30. Aufl., Rn. 480, Lefebvre fiscal, Rn. 3022, 3023.

9. Keine Geltung des Halb- bzw. 60-%-Einnahmenverfahrens für verdeckte Gewinnausschüttungen

Das Halb- bzw. 60-%-Einnahmenverfahren gilt wie das bisherige Körperschaftsteuer-Anrechnungsverfahren nur für Gewinnausschüttungen aufgrund gesellschaftsrechtlich ordnungsgemäßer Gewinnverteilungsbeschlüsse, jedoch nicht für verdeckte Gewinnausschüttungen (Art. 158-3. 2° S. 1 CGI)[23]. Verdeckte Gewinnausschüttungen unterliegen also weiterhin der vollen Doppelbelastung mit KSt bei der Kapitalgesellschaft und ESt und Sozialsteuern bzw. KSt beim Ausschüttungsempfänger (s. dazu im einzelnen unten, S. 85 f.).

10. Sondersteuer zur Finanzierung des Übergangs vom Körperschaftsteuer-Anrechnungs- zum Halbeinnahmenverfahren

Zur Finanzierung der Unternehmenssteuerreform 2005 (Abschaffung von avoir fiscal und précompte sowie Übergang auf ein Halbeinnahmenverfahren für von natürlichen Personen bezogene Dividenden) hat der französische Gesetzgeber für das Jahr 2005 eine einmalige Steuer von 25 % auf Ausschüttungen steuerfreier oder ermäßigt besteuerter Gewinnanteile von Kapitalgesellschaften eingeführt (Art. 223 sexties CGI). Sie wird bezeichnet als prélèvement exceptionel und ähnelt dem mit Wirkung ab dem 01.01.2005 abgeschafften précompte. Steuerschuldner ist jeweils die Kapitalgesellschaft. Das prélèvement exceptionel findet keine Anwendung bei verdeckten Gewinnausschüttungen, da diese dem normalen KSt-Satz einschließlich der Zuschläge unterliegen.

Das entrichtete prélèvement exceptionel ist keine definitive Steuer, sondern wird vom Staat in drei gleichen Jahresraten 2006, 2007 und 2008 auf die Körperschaftsteuerschulden dieser Jahre angerechnet bzw. erstattet.

11. Ermäßigter Steuersatz für langfristige Veräußerungsgewinne

Im KSt-Recht wurde die Steuervergünstigung für langfristige Veräußerungsgewinne[24] im Jahre 1997 weitgehend abgeschafft. Sie galt hier zunächst noch für langfristige Gewinne aus der Veräußerung von Anteilen an Risiko- und Grundstückskapitalgesellschaften, von Beteiligungen und für die Besteuerung der Einnahmen aus der Vergabe von Lizenzen[25]. Der ermäßigte KSt-Satz für diese Gewinne betrug bis zum 01.01.2005 19 % und wurde dann auf 15 % herabgesetzt (Art. 219-I.a CGI). Hinzu kommt der Zuschlag von 3,3 % (Gesamtbelastung 15,495 %)[26].

Langfristige Gewinne aus der Veräußerung von Beteiligungen wurden ab 2006 nur noch mit 8 % KSt besteuert und sind ab 2007 völlig freigestellt (Art. 219-I.a quinquies CGI; 5 % des freigestellten Nettoveräußerungsgewinns gelten allerdings als Be-

---

[23] Lefebvre fiscal, Rn. 2150.

[24] S. Anlage, S. 175 f.

[25] Cozian, 28. Aufl., Rn. 553-556.

[26] Oudenot, 2. Aufl., Rn. 1019.

triebsausgaben, die wegen der Freistellung nicht abzugsfähig sind, Art. 219-I.a quinquies CGI).

Der ermäßigte KSt-Satz für langfristige Veräußerungsgewinne gilt somit ab 01.01.2007 nur noch für langfristige Gewinne aus der Veräußerung von Anteilen an Risiko- und Grundstückskapitalgesellschaften und für die Besteuerung der Einnahmen aus der Vergabe von Lizenzen[27].

Die KSt-Ermäßigung wurde bis zum 31.12.2004 nur unter der Bedingung gewährt, daß die Gesellschaft den langfristigen Veräußerungsgewinn in eine Rücklage einstellte (Art. 209 quater CGI)[28]. Wurde der langfristige Veräußerungsgewinn dagegen ausgeschüttet, unterlag er der Besteuerung zum normalen KSt-Satz von 33 $^{1}/_{3}$ %. Ab dem 01.01.2005 wurde diese Beschränkung abgeschafft (Art. 209 quater-1 CGI).

12. Besteuerung im Konzern

a) Schachtelprivileg für Ausschüttungen an Muttergesellschaften

In Frankreich wird traditionell (ca. seit 1920) für Beteiligungserträge von Mutterkapitalgesellschaften ein Schachtelprivileg gewährt. Es behielt auch noch nach Einführung des französischen KSt-Anrechnungssystems im Jahre 1965 seinen Sinn, weil die Anrechnung der KSt bis einschließlich VZ 1992 generell und ab VZ 2000 Muttergesellschaften nur teilweise gewährt wurde. Auch während der Möglichkeit der Vollanrechnung der KSt bei Muttergesellschaften in den Jahren 1983 bis 1999 bot das Schachtelprivileg für bestimmte Fallgestaltungen weiterhin steuerliche Vorteile. Es wurde aus diesem Grunde ab 1993 als Optionsrecht ausgestaltet (Art. 145, 216 CGI).

Zur Option berechtigt sind Mutterkapitalgesellschaften mit Sitz in Frankreich und ausländische Kapitalgesellschaften mit einer französischen Betriebsstätte, zu deren Betriebsvermögen die Beteiligungen gehören. Die Option ist seit dem VZ 2001 möglich für Beteiligungen an in- oder ausländischen Kapitalgesellschaften von mindestens 5 %[29]. Das gilt allerdings uneingeschränkt nur für Beteiligungen, die die Muttergesellschaft originär bei der Gründung oder einer Kapitalerhöhung der Tochtergesellschaft erworben hat. Hat sie die Beteiligung derivativ von einer anderen Person erworben, ist zusätzlich erforderlich, daß sie diese bereits mindestens zwei Jahre vor dem Stichtag der Inanspruchnahme des Schachtelprivilegs (tatsächlicher Beginn der Dividendenausschüttung) hält oder sich spätestens bis zur Geltend-

---

27 Vgl. dazu Lefebvre fiscal, Rn. 1692, 1717, 1718, 1735 f., 1719, 2343 mit weiteren Einzelheiten.

28 Cozian, 28. Aufl., Rn. 559.

29 Bis einschließlich des VZ 2000 war Bedingung für die Gewährung des Schachtelprivilegs eine Beteiligung von mind. 10 % oder mit Anschaffungskosten von mind. FF 150 Mio.

machung des Schachtelprivilegs im Rahmen der Jahressteuererklärung schriftlich verpflichtet, die 5 %ige Beteiligung mindestens zwei Jahre zu halten[30].

Die Muttergesellschaft kann die Option für das Schachtelprivileg auf einen Teil der Tochtergesellschaften beschränken und für jedes Wirtschaftsjahr ändern[31].

Die Option für das Schachtelprivileg wird dadurch ausgeübt, daß die Muttergesellschaft die von der Tochtergesellschaft bezogenen Bruttodividenden von ihrem Handelsbilanzgewinn außerbilanziell abzieht[32]. Der Abzug ist bis auf einen Anteil von 5 % zulässig (Art. 216 Abs. 2 CGI). Der nichtabzugsfähige Anteil soll die wegen der Steuerfreiheit nichtabzugsfähigen Unkosten für den Dividendenbezug pauschal abgelten[33].

Das Schachtelprivileg gilt grundsätzlich nicht für verdeckte Gewinnausschüttungen, die einer Muttergesellschaft von einer Tochtergesellschaft zufließen[34]. Durch die Option kann also die Doppelbesteuerung verdeckter Gewinnausschüttungen grundsätzlich nicht vermieden werden.

b) Konsolidierte Besteuerung des Konzerngewinns

Das Institut der steuerlichen Organschaft (§§ 14 ff. KStG) ist in Frankreich unbekannt. Tochterkapitalgesellschaften gelten körperschaftsteuerlich grundsätzlich als eigenständige Steuersubjekte. Im Jahr 1988 wurde aber in Frankreich eine konsolidierte Besteuerung im Konzern eingeführt (régime de l'intégration fiscale des résultats du groupe; Art. 223 A ff. CGI). Die konsolidierte Besteuerung ist zulässig zwischen einer Muttergesellschaft und ihren Tochter- und Enkelgesellschaften, an denen die Muttergesellschaft direkt oder indirekt zu mindestens 95 % beteiligt ist (Art. 223 A Abs. 1 CGI). Die Mutter-, Tochter- und Enkelgesellschaften müssen ihren Sitz oder zumindest Betriebsstätten in Frankreich haben[35]. Soweit nur Betriebsstätten in Frankreich vorliegen, können nur deren Ergebnisse in die Konsolidierung einbezogen werden.

Die konsolidierte Besteuerung tritt ein durch schriftliche Option der Muttergesellschaft und schriftliche Zustimmung der einbezogenen Tochter- und/oder Enkelgesellschaften (Art. 223 A Abs. 1 CGI i. V. m. Art. 46 quater-OZD Annex III zum CGI). Die Option gilt für eine Dauer von 5 Jahren und kann danach erneuert werden (Art. 223 A Abs. 5 CGI). Die Option für die Konsolidierung hat die Wirkung, daß die Ergebnisse sämtlicher in die Konsolidierung einbezogener Gesellschaften (einschließlich der

---

30 Art. 145-1., a., b., c CGI; Art. 54, 1°, a, b annexe II CGI.

31 Précis de l'admin. fisc., Rn. 1445, S. 160; Serlooten, Rn. 728, Lefebvre fiscal, Rn. 3669.

32 Oudenot, Rn. 354.

33 Oudenot, Rn. 365.

34 Oudenot, Rn. 355, 356 (s. dazu unten, S. 86).

35 Oudenot, Rn. 1141, 1149.

Muttergesellschaft) zusammengerechnet werden und von der Muttergesellschaft zu versteuern sind (Art. 223 A Abs. 1 i. V. m. Art. 223 B Abs. 1 CGI)[36].

In die Konsolidierung müssen nicht alle Tochter- oder Enkelgesellschaften einbezogen werden, an denen die Muttergesellschaft zu 95 % beteiligt ist. Der Kreis der in die Konsolidierung einbezogenen Tochter- oder Enkelgesellschaften kann während der Optionsdauer nach Ablauf jedes Wirtschaftsjahres geändert werden (Art. 223 A Abs. 6 CGI). Es besteht daher für eine Konzernobergesellschaft die Möglichkeit, jeweils die defizitären Konzerngesellschaften in die Konsolidierung einzubeziehen[37].

II. Rechtstatsächliche Bedeutung verdeckter Gewinnausschüttungen im französischen Steuerrecht

Verdeckte Gewinnausschüttungen i. S. des deutschen Steuerrechts (das französische Steuerrecht kennt keinen vergleichbaren Begriff) werden auch von der französischen Finanzverwaltung häufig aufgegriffen und bilden einen der Hauptstreitpunkte bei der steuerlichen Überprüfung von Kapitalgesellschaften[38]. Für ihre Vornahme bestehen die gleichen steuer- und gesellschaftsrechtlichen Motive wie in Deutschland.

Beispiel:

Eine in Frankreich ansässige Kapitalgesellschaft kauft von einem Anteilseigner (AE) Waren aus seinem Privatvermögen zu einem überhöhten Preis. Der bei dem AE entstandene private Veräußerungsgewinn ist ESt-frei, weil die auf die einzelnen Waren entfallenden Kaufpreise jeweils unter € 5.000 liegen (Art. 150 UA-II.-2° CGI). Die Gesellschaft verkauft die Waren noch im gleichen Wirtschaftsjahr an einen Dritten. Wird die verdeckte Gewinnausschüttung in Form des überhöhten Kaufpreises nicht aufgedeckt, dann ergeben sich daraus für die Gesellschaft und den AE folgende steuerliche Vorteile:

1. Der Gewinn der Gesellschaft wird in Höhe der verdeckten Gewinnausschüttung gemindert, weil der Abgang der mit dem überhöhten Kaufpreis aktivierten Waren aus dem Betriebsvermögen als Betriebsausgabe erscheint. Dadurch spart die Gesellschaft 33 $^1/_3$ % KSt auf den Betrag der Kaufpreisüberhöhung ein[39].

---

36 Für verdeckte Gewinnausschüttungen von TG an MG innerhalb des Konsolidierungskreises gelten grundsätzlich die allgemeinen Regeln, s. dazu oben S. 15-81; Oudenot, Rn. 1189-1191. Um eine Doppelerfassung zu vermeiden, werden jedoch den MG zugeflossene verdeckte Gewinnausschüttungen, die ihre Gewinne erhöhen, von dem zusammengerechneten Konzerngewinn wieder abgezogen; vgl. dazu Oudenot, Rn. 1195, 1196.

37 Serlooten, Rn. 724, S. 529.

38 Vgl. Cozian, Grands Principes, 4. Aufl., Doc. 6, Rn. 1, S. 92.

39 Vgl. Serlooten, 5. Aufl., Rn. 167, S. 175f.

2. Bei dem AE wird die verdeckte Gewinnverteilung in Form des überhöhten Kaufpreises nicht als Einnahme aus Kapitalvermögen erfaßt. Gilt für den AE der ESt-Höchstsatz, dann spart er dadurch gegenüber einer entsprechenden offenen Gewinnausschüttung 40 % ESt auf 60 % des überhöhten Kaufpreises ein (gemindert um den Betrag der darauf entfallenden KSt)[40].

   Im Ergebnis führt in diesem Fall die verdeckte Gewinnausschüttung bei Nichtaufdeckung gegenüber einer entsprechenden offenen Gewinnausschüttung zu einer Steuerersparnis von ca. 49,33 % der Gewinnausschüttung, (der Zuschlag zur KSt, die nichtabzugsfähige contribution sociale von 3,3 %, bleibt außer Betracht; s. dazu oben, S. 5).

3. Gleichzeitig erhält der begünstigte AE durch die verdeckte Gewinnausschüttung eine verdeckte Bevorzugung bei der Gewinnverteilung. Diese ist i. d. R. gesellschaftsrechtlich unzulässig, weil sie dem Grundsatz der Gleichbehandlung aller Gesellschafter zuwiderläuft (Art. 1844-1 C. Civ.)[41].

Zur Bekämpfung der Steuerverkürzungen, die durch verdeckte Gewinnausschüttungen ausgelöst werden, haben der französische Gesetzgeber und die Rechtsprechung ein Instrumentarium geschaffen, das ihre Erfassung auf der Ebene der Gesellschaft und der Anteilseigner ermöglicht.

III. Kein Begriff der verdeckten Gewinnausschüttungen im französischen Steuerrecht

Das französische Steuerrecht kennt allerdings auf der Ebene der Gesellschaft weder einen Begriff noch eine spezielle Regelung zur Erfassung verdeckter Gewinnausschüttungen. Es besitzt eine besondere Regelung nur auf der Ebene der Anteilseigner. Auch für diese Regelung hat der französische Gesetzgeber aber keinen Begriff der verdeckten Gewinnausschüttungen entwickelt, sondern einen weiten Begriff der Einkünfte aus Gewinnausschüttungen (révénus distribués) geschaffen, der offene und verdeckte Gewinnausschüttungen mit umfaßt (s. dazu im einzelnen unten, S. 42 f., 58 f.). Nur im Schrifttum und gelegentlich auch in der Rechtsprechung werden spezielle Bezeichnungen für verdeckte Gewinnausschüttungen auf der Ebene der Anteilseigner verwendet. Die gebräuchlichste Bezeichnung ist „distributions irrégulières“[42] (irreguläre Ausschüttungen) im Gegensatz zu den Ausschüttungen aufgrund eines gesellschaftsrechtlichen Gewinnverwendungsbeschlusses. Daneben finden sich auch die Bezeichnungen „distributions déguisées / clandestines / officieuses“ u. a.[43].

---

40 Serlooten, a. a. O.

41 Vgl. Cozian / Viandier / Deboissy, 16. Aufl., Rn. 161, 610, 1360.

42 Vgl. dazu Cozian, 28. Aufl., Rn. 632; Serlooten, 5. Aufl., Rn. 783.

43 Außerdem existieren besondere Bezeichnungen für bestimmte Fallgruppen verdeckter Gewinnausschüttungen auf der Ebene der Anteilseigner, nämlich „distributions camouflées“, „distributions présumées“ und „distributions occultes“. S. unten, S. 68, 82.

IV. Die französischen Regelungen zur Erfassung verdeckter Gewinnausschüttungen auf der Ebene der Kapitalgesellschaft

1. Grundsatz: Hinzurechnung der aufgrund des Gesellschaftsverhältnisses zugewendeten Vorteile mit Hilfe allgemeiner Gewinnberichtigungsregelungen

Die meisten Formen der verdeckten Gewinnausschüttungen lassen sich im Anschluß an Döllerer in vier Grundfälle einteilen[44]:

a) Die Kapitalgesellschaft erwirbt vom Gesellschafter Wirtschaftsgüter gegen unangemessen hohes Entgelt.

b) Die Kapitalgesellschaft nutzt Dienste, Kapital oder Wirtschaftsgüter des Gesellschafters gegen ein unangemessen hohes Entgelt.

c) Die Kapitalgesellschaft überträgt bzw. veräußert Wirtschaftsgüter an den Gesellschafter unentgeltlich oder gegen unangemessen niedriges Entgelt.

d) Die Kapitalgesellschaft überläßt dem Gesellschafter Dienste, Kapital oder Wirtschaftsgüter zur Nutzung unentgeltlich oder gegen unangemessen niedriges Entgelt.

In Frankreich erfolgt die Hinzurechnung der aus deutscher Sicht aufgrund des Gesellschaftsverhältnisses zugewendeten Vorteile – überhöhtes Entgelt in den Fällen a) und b), Verzicht auf das angemessene Entgelt in den Fällen c) und d) – zum Gewinn der Gesellschaft nicht mit einem Institut der verdeckten Gewinnausschüttung, sondern mit Hilfe allgemeiner Gewinnberichtigungsvorschriften. Zu diesen Gewinnberichtigungsvorschriften gehören insbesondere gesetzliche Abzugsbeschränkungen für bestimmte Arten von Betriebsausgaben (s. unten 2.), ein von der Rechtsprechung entwickeltes Gewinnberichtigungsinstitut, genannt „théorie de l'acte anormale de gestion" (= Theorie der anormalen Geschäftsführungsmaßnahme, s. unten 3.) und die Gewinnberichtigungsvorschrift für Geschäftsbeziehungen zwischen international verbundenen Unternehmen (Art. 57 CGI, s. unten 4.).

Diese Regelungen finden nicht nur im Verhältnis der Gesellschaft zu ihren Gesellschaftern, sondern auch im Verhältnis zu fremden Dritten Anwendung.

2. Gesetzliche Abzugsbeschränkungen für bestimmte Arten von Betriebsausgaben

a) Überhöhte Gehälter von Gesellschafter-Geschäftsführern

In Frankreich sind gem. Art. 39-1.-1° Abs. 2 CGI Vergütungen an Geschäftsführer, Angestellte und sonstige Arbeitnehmer des Unternehmens nur insoweit als Betriebsausgaben abzugsfähig, als diese Vergütungen Entgelt für eine

[44] Vgl. Döllerer, S. 38.

tatsächlich geleistete Arbeit darstellen und im Verhältnis zur Bedeutung der geleisteten Dienste nicht unangemessen hoch sind[45] (Art. 39-1. Nr. 1 Abs. 2 Satz 1 CGI).

Mit Hilfe dieser Abzugsbeschränkung erfaßt die französische Finanzverwaltung bei der Gesellschaft verdeckte Gewinnausschüttungen in Form überhöhter Vergütungen an Gesellschafter-Geschäftsführer (Art. 39-1.-1° Abs. 2 i. V. m. Art. 209-I. CGI).

b) Gesetzliche Beschränkungen für die Abzugsfähigkeit von Zinsen für Gesellschafterdarlehen

In Frankreich ist die Abzugsfähigkeit der Zinsen für Gesellschafterdarlehen an Kapitalgesellschaften gesetzlich eingeschränkt.

Zunächst einmal sind diese Zinsen überhaupt nur abzugsfähig, wenn die Einlagen auf das Nennkapital vollständig einbezahlt sind (Art. 39-1.-3° Abs. 2 i. V. m. Art. 212 Abs. 1 CGI). Außerdem bestehen Obergrenzen für die Abzugsfähigkeit.

Zinsen für Darlehen einfacher Gesellschafter (ohne Mehrheitsbeteiligung oder Geschäftsführerstellung) sind bei der Gesellschaft nur bis zur Höhe des durchschnittlichen Zinssatzes von Bankkrediten an Unternehmen mit einer Laufzeit von mehr als 2 Jahren abzugsfähig (Art. 39-1.-3° Abs. 1 i. V. m. Art. 212 Abs. 1 CGI). Dieser Zinssatz betrug im Jahr 2006 4,48 %[46].

Für Darlehen von Gesellschafter-Geschäftsführern und Mehrheitsgesellschaftern (Gesellschafter, die eine Beteiligung von mehr als 50 % halten) galten bis Ende des VZ 2006 noch weitere Einschränkungen. Bei diesen Darlehen war die Abzugsfähigkeit der Zinsen auch insoweit ausgeschlossen, als die Darlehensbeträge das Eineinhalbfache des Stammkapitals der Gesellschaft überstiegen (Art. 212-1° CGI a.F.)[47]. Mit Wirkung ab Beginn des VZ 2007 wurde diese zusätzliche Beschränkung aufgehoben.

---

45 Art. 39-1.-1° Abs. 2 CGI lautet: „Toutefois les rémunérations ne sont admises en déduction des résultats que dans la mesure où elles correspondent à un travail effectif et ne sont pas excessives eu égard à l'importance du service rendu."
In Deutschland besteht grundsätzlich keine Abzugsbeschränkung für Vergütungen an Arbeitnehmer, die nicht gleichzeitig Gesellschafter sind (h. M., vgl. Schmidt, EStG, 26. Aufl. 2007, § 4 EStG, Rn. 495).

46 Lefebvre fiscal, Rn. 789.

47 Von dieser Beschränkung waren jedoch ausgenommen Darlehen von in Frankreich ansässigen Muttergesellschaften an Tochtergesellschaften, an denen sie mit mindestens 5 % beteiligt waren, so dass das Schachtelprivileg zum Zuge kam (Art. 212-1°-b CGI a.F. i. V. m. Art. 145 CGI; siehe dazu oben S. 11, 12).
Mit Wirkung ab VZ 2007 hat der französische Gesetzgeber die Schranken für die Abzugsfähigkeit von Zinsen innerhalb von Konzernen neu geregelt (Art. 212-I., II., III. CGI). Die Überschreitung der neuen Grenzen führt nicht mehr zur endgültigen Versagung des Zinsabzugs,

Mit Hilfe dieser Vorschriften korrigiert die Finanzverwaltung bei der Gesellschaft verdeckte Gewinnausschüttungen in Form überhöhter Zinszahlungen für Gesellschafterdarlehen.

3. Die Theorie der anormalen Geschäftsführungsmaßnahme

In Frankreich hat die Rechtsprechung ein allgemeines, gesetzlich nicht geregeltes Gewinnberichtigungsinstitut entwickelt. Es wird bezeichnet als: Theorie der anormalen Geschäftsführungsmaßnahme (théorie de l'acte anormal de gestion)[48].

a) Objektive Voraussetzungen

Der Theorie der anormalen Geschäftsführungsmaßnahme liegt die Vorstellung zugrunde, daß die Geschäftsführung eines Unternehmens normalerweise die Interessen des Unternehmens zum Zwecke der Gewinnerzielung verfolgt und alle Geschäftsführungsmaßnahmen an dieser Zielsetzung orientiert. Nur eine solche normale, an den Unternehmensinteressen und der Gewinnerzielung ausgerichtete Geschäftsführung wird auch steuerlich anerkannt[49].

Zu einer normalen, die Interessen des Unternehmens verfolgenden Geschäftsführung gehört es, daß Ausgaben für das Unternehmen nur dann getätigt werden, wenn und soweit dies im Unternehmensinteresse gerechtfertigt ist und daß Lieferungen und Leistungen des Unternehmens nur gegen marktübliches Entgelt erbracht werden, weil ein Unternehmen nichts zu verschenken hat, sondern der Gewinnerzielung dient. Der Verzicht auf Einnahmen kann nur dann ausnahmsweise im Unternehmensinteresse gerechtfertigt sein, wenn sich dadurch andere Vorteile für das Unternehmen ergeben, durch die der Einnahmeausfall kompensiert wird. Das wäre z. B. der Fall, wenn ein Unternehmen einem anderen Unternehmen, auf das es für seine Belieferung oder den Vertrieb seiner Waren angewiesen ist und das in finanzielle Schwierigkeiten geraten ist, zur Sanierung ein zinsloses Darlehen gewährt.

---

sondern lässt mit gewissen Abschlägen den Vortrag in spätere Jahre zu (Art. 212-II.-1.c.-Abs. 2 CGI; siehe dazu die Darstellung von Viegener: Gesellschafterfremdfinanzierung in Frankreich – Neue Abzugsbeschränkungen für Zinsen, IWB Gruppe 2 Frankreich, S. 1429 f.). Gewinnerhöhungen mit der Folge verdeckter Gewinnausschüttungen werden nur noch durch das Überschreiten des o.a. banküblichen Zinssatzes ausgelöst, der im Jahr 2006 4,48 % betrug (arg Art. 112-8° CGI).

48 Jur.-Cl. fisc. Fasc. 226-2 Anm. 1-3.

49 CE in ständiger Rspr. vgl. z. B. CE 1.7.83, Nr. 28.315, DF84 com. 149 mit concl. Rivière, S. 203 f. (205).

Die Urteile des CE enthalten anders als die Urteile deutscher Revisionsgerichte keine Darstellung des zugrunde liegenden Sachverhalts und keine ausführliche Wiedergabe der Entscheidungsgründe, sondern nur eine kurze thesenartige Begründung mit tatsächlichen und rechtlichen Schlußfolgerungen. Eine ausführliche Sachverhaltsdarstellung und Begründung findet sich nur in den Entscheidungsvorschlägen (conclusions) der commissaires du gouvernement (eine Art berichterstattender Richter). Diese sind jedoch nicht regelmäßig und in den älteren Entscheidungen vor etwa 1980 nur selten mitveröffentlicht (s. dazu auch Cozian, Grands Principes, 2. Aufl., Doc. 2: „De l'art et la manière de citer la jurisprudence fiscale du Conseil d'Etat"; Chapus: Droit administratif général, 4. Aufl., Paris 1988, Bd. 1, S. 6, Rn. 12).

Geschäftsführungsmaßnahmen, die Aufwendungen verursachen oder mit Einnahmeverzichten verbunden sind, die nicht im Unternehmensinteresse gerechtfertigt sind, gelten deshalb nach der Rspr. (insoweit) grundsätzlich als „anormal". Das ergibt sich z. B. aus den Ausführungen des commissaire du gouvernement[50] M. Poussière in seinen conclusions zu einem Urteil des CE vom 15.01.1965: „Vous réputez acte de gestion anormal celui qui met une dépense ou une perte à la charge de l'entreprise, ou qui prive cette dernière d'une recette, sans que l'acte soit justifié par les intérêts de l'exploitation commerciale"[51].

Anormale Geschäftsführungsmaßnahmen sind für die steuerliche Gewinnermittlung unbeachtlich[52].

Zur gesetzlichen Abstützung zieht die Rspr. u.a. das Abzugsverbot für unangemessene Gehälter in Art. 39-1.-1° Abs. 2 CGI (s. oben, S. 16) und Art. 38-1. CGI heran.

Gemäß Art. 38-1. CGI unterliegt der Besteuerung nur der Reingewinn. Dieser wird definiert als das Ergebnis aller Geschäfte und Maßnahmen, einschließlich der Veräußerung von Anlagegegenständen, die ein Unternehmen während eines Wirtschaftsjahres durchgeführt hat[53].

Nach der einschränkenden, an Sinn und Zweck dieser Vorschrift orientierten Auslegung durch die Rspr. sind bei der Gewinnermittlung nur Geschäfte und Maßnahmen zu berücksichtigen, die ein Unternehmen zu betrieblichen Zwecken durchgeführt hat, und betriebsfremde Maßnahmen, z. B. betriebsfremde Zuwendungen, als „anormal" außer Betracht zu lassen[54].

Ob und inwieweit unüblich hohe Aufwendungen, riskante Geschäfte oder Mindereinnahmen als anormal zu beurteilen sind, stellt die Rspr. durch Vergleich mit den Aufwendungen, Risiken und Einnahmen fest, die eine

---

50 S. Fn. 49.

51 CE 15.01.1965, Nr. 62.099, DF 1970, Nr. 3 bis, S. 23 (24).
Eine Zusammenfassung der Rspr. des CE zum Begriff der anormalen Geschäftsführungshandlung enthalten die concl. Fouquet, RJF 92, S. 673 f. (673, 674) zu CE 10.7.92, Nr. 110.213, 110.214, RJF 92, S. 743; s. dazu auch Cozian, Grands Principes, 4. Aufl., Doc. 5, S. 91 f.

52 Zu den sich daraus ergebenden Konsequenzen s. unten 3. c), S. 20.

53 Art. 38-1. CGI lautet: „Sous réserve des dispositions des articles 33 ter, 40 à 43 bis et 151 sexies, le bénéfice imposable est le bénéfice net, déterminé d'àprès les résultats d'ensemble des opérations de toute nature effectuées par les entreprises, y compris notamment les cessions d'éléments quelconques de l'actif, soit en cours, soit en fin d'exploitation."
Das französische Steuerrecht enthält also zwei Gewinndefinitionen: Art. 38-1. i. S. der Gewinn- und Verlustrechnung und Art. 38-2. i. S. des Betriebsvermögensvergleichs (vgl. dazu Cozian, 28. Aufl., Rn. 48, u. Anhang, S. 170).

54 Vgl. dazu CE 1.7.83, Nr. 28.315, DF 84 com. 149.

normale, die Interessen ihres Unternehmens verfolgende Geschäftsleitung unter sonst gleichen Umständen eingehen würde bzw. erzielen könnte[55].

b) Subjektive Voraussetzungen

Für die Qualifizierung eines Geschäfts als anormal reicht nicht allein aus, daß es objektiv gesehen mit überhöhten Aufwendungen oder mit einem Verzicht auf erzielbare Einnahmen, gemessen am Maßstab einer „normalen" Geschäftsleitung, verbunden ist.

Darüber hinaus ist nach der Rspr. noch erforderlich, daß die Geschäftsführung mit einem solchen Geschäft auch vorsätzlich den Interessen des Unternehmens zuwiderhandelt. Der typische Fall eines anormalen Geschäfts, das final den Interessen des Unternehmens zuwiderläuft, liegt nach der Rspr. vor, wenn die Geschäftsführung mit den überhöhten Aufwendungen oder dem Verzicht auf Einnahmen vorsätzlich Gesellschafter oder Dritte zum Nachteil des Unternehmens begünstigt („la volonté déliberée d'avantager un tiers")[56]. Schließt dagegen die Geschäftsführung aus Ungeschicklichkeit oder irrtümlich für das Unternehmen nachteilige Geschäfte ab oder veranlaßt sie deshalb unnötige Aufwendungen, dann werden diese Maßnahmen von der Rspr. grundsätzlich als normal anerkannt („maladresse ou simple erreur de gestion")[57]. Die Rspr. hält sich insoweit an den Grundsatz, daß ein Steuerpflichtiger nicht gehalten ist, aus den Geschäften, die er betreibt, das Maximum an Erträgen zu erzielen, das den Umständen nach möglich wäre. Betreibt der Steuerpflichtige Geschäfte mit Gewinnerzielungsabsicht, aber erzielt er dabei kein optimales Ergebnis, dann hat dies die Finanzverwaltung hinzunehmen und ist ihr insoweit eine Gewinnkorrektur untersagt[58].

Die Rspr. stellt den Begünstigungsvorsatz zugunsten eines Gesellschafters oder Dritten anhand von Indizien fest. Ergibt der Vergleich mit den üblichen Marktpreisen und einer normalen, die Interessen ihres Unternehmens verfolgenden Geschäftsleitung, daß die Gesellschaft bei einem Geschäft mit einem Gesellschafter oder fremden Dritten eine überhöhte Gegenleistung gewährt oder auf erzielbare Einnahmen verzichtet hat, dann folgt daraus

---

55 Ständige Rspr., vgl. z. B. CE 28.10.1985, Nr. 39.065, DF 86 com. 2148; CE 07.10.1988, Nr. 50.256, DF 89 com. 376; CE 10.07.1990, Nr. 83.310, DF 91 com. 2281; CE 23.11.1992, Nr. 74.266, DF 93 com. 772; CAA Nantes, 07.10.1992, Nr. 90-588, RJF 93, S. 120; CAA Nancy, 06.03.1996, Nr. 93-1073, DF 96 com. 1060; TA Besançon, 05.07.1996, Nr. 93-1019, DF 96 com. 1368; CAA Nantes, 04.02.1997, Nr. 94-208, RJF 98, S. 14 (15); CAA Paris, 25.03.1997, Nr. 89-2149, DF 97 com. 1019.

56 Vgl. z. B. CE 7.7.1958, Nr. 35.977, Dupont 1958, S. 575 f.; CE 27.01.89, Nr. 61.422, DF 89 com. 1229, concl. Fouquet; CE 21.02.1990, Nr. 84.483, DF 90 com. 1305, concl. Fouquet; concl. Fouquet, RJF 92, S. 673 f. (673/676), zu CE 10.07.1992 s. Fn. 51; Jur.-cl. fisc. Fasc. 226-2, Anm. 7; Turot, Avantages consentis entre sociétés d'un groupe multinational: RJF 1989, S. 263 ff.

57 S. Fn. 56.

58 CE 07.07.1958, Nr. 35.977, Dupont 1958, S. 575 (576).

gleichzeitig eine Vermutung für den Vorsatz der Gesellschaft, den Gesellschafter oder fremden Dritten dadurch zu begünstigen. Die Gesellschaft kann diese Vermutung dadurch widerlegen, daß sie nachweist, daß die überhöhten Aufwendungen oder der Verzicht auf Einnahmen in dem konkreten Fall aus betrieblichen Gründen gerechtfertigt waren[59] oder daß sie dies angenommen hat und, gemessen am Maßstab einer am Unternehmensinteresse orientierten Geschäftsführung, auch annehmen durfte[60]. Bei geringfügigen Abweichungen vom Äquivalenzprinzip genügt zur Widerlegung der Begünstigungsabsicht auch der Nachweis, daß die Geschäftsführung aus geschäftlicher Unerfahrenheit oder Ungeschicklichkeit gehandelt hat.

Als im Rahmen einer normalen Geschäftsführung liegend gilt grundsätzlich auch, wenn die Leitung des Unternehmens zur Gewinnerzielung bewußt riskante Geschäfte durchführt. Die Rspr. betrachtet solche riskanten Geschäfte nicht als anormale Geschäftsführungsmaßnahmen, solange das damit verbundene Risiko zu dem angestrebten Geschäftserfolg in angemessenem Verhältnis steht. Geht dagegen die Geschäftsführung angesichts der mit einem Geschäft verbundenen Gewinnerwartungen unverhältnismäßig hohe Risiken ein, werden die dadurch eingetretenen Verluste von der Rspr. wegen anormaler Geschäftsführung nicht anerkannt[61].

c) Rechtsfolgen anormaler Geschäftsführungsmaßnahmen

Die anormalen Geschäftsführungsmaßnahmen sind für die steuerliche Gewinnermittlung unbeachtlich. Das bedeutet, daß die nicht gerechtfertigten Aufwendungen den Gewinn nicht mindern dürfen und daß bei einem ungerechtfertigten Verzicht auf Einnahmen das marktübliche bzw. von einer „normalen" Geschäftsleitung erzielbare Entgelt anzusetzen ist[62].

d) Beispielsfälle für anormale Geschäftsführungsmaßnahmen

Die französische Rspr. enthält zahlreiche Entscheidungen zu anormalen Geschäftsführungsmaßnahmen.

aa) Anormale Aufwendungen

Als typische, von der neueren Rspr. entschiedene Beispielsfälle für anormale Aufwendungen können angeführt werden:

---

59 Z. B., weil sie dafür von dem Geschäftspartner anderweitige Gegenleistungen erhalten hat.

60 CE in ständiger Rspr., vgl. z. B. CE 17.10.1990, Nr. 83.310, DF 91 com. 2281 (s. dazu unten, S. 23 f.); CE 03.06.1992, Nr. 85.067, DF 92 com. 1946; CE 24.06.1994, Nr. 128.420, DF 95 com. 425.

61 Vgl. z. B. CE 17.10.1990, Nr. 83.310, DF 91 com. 2281; s. dazu unten, S. 23 f.

62 H. M., vgl. z. B. CE 28.10.1985, Nr. 39.065, DF 86 com. 2148 und die anschließend angeführten Beispielsfälle; TA Besançon 05.07.1996, Nr. 93-1019, DF 96 com. 1368, S. 1394 (1395); CAA Nantes, 04.02.1997, Nr. 94-208, RJF 98, S. 14 (15); Cozian, Grands Principes, 4. Aufl. doc. 6, Rz. 19, S. 99, Rz. 42-45, S. 107.

- *Der Ankauf von Champagner-Weinen durch eine Weinhandels-SARL von ihrem Gs-Gf aus dessen eigenem Weinbaubetrieb zu einem überhöhten Preis, der über der Obergrenze der Großhandelspreise für die betreffende Champagner-Weinsorte lag. Die von der Finanzverwaltung vorgenommene Hinzurechnung des überhöhten Teils des Kaufpreises zum Gewinn der SARL wurde vom CE bestätigt*[63].
- *Die Übernahme der Kosten der Gesellschafter für die Fremdfinanzierung ihrer Bareinlagen, die sie im Rahmen einer Kapitalerhöhung bei einer bürgerlich-rechtlichen Immobilien-Gesellschaft übernommen hatten, durch die Gesellschaft. Der CE hat die Hinzurechnung dieser Kosten durch die Finanzverwaltung zum Gewinn der Gesellschaft bestätigt*[64]. *Bürgerlich-rechtliche Immobilien-Gesellschaften (Sociétés civiles immobilières), die den An- und Verkauf von Grundstücken zum Gegenstand haben, werden in Frankreich wie Kapitalgesellschaften besteuert (Art. 206-2. i. V. m. Art. 35-1. CGI; s. dazu oben, S. 175).*
- *Die Übernahme der Kosten für Auslandsreisen des Generaldirektors und gleichzeitigen Hauptaktionärs einer Pariser Immobilien-SA nach Japan und Brasilien durch die SA. Der Generaldirektor konnte nicht nachweisen, daß diese Reisen für die Belange der SA förderlich waren. Der CE hat die Versagung des Abzugs dieser Kosten bei der SA durch die Finanzverwaltung bestätigt*[65].
- *Die Zahlung einer überhöhten Miete für Büroräume durch eine Pariser SA an eine Pariser Schwester-Immobiliengesellschaft. Die gezahlte Büromiete überstieg die in Paris ortsübliche Büromiete in den betreffenden Jahren um 60 bis 100 %. Auch in diesem Fall hat der CE die Versagung des Abzugs des überhöhten Teils der gezahlten Miete vom Gewinn der SA durch die Finanzverwaltung gebilligt*[66].

bb) Anormale Einnahmeverzichte

Als typische Beispielsfälle für anormale Einnahmeverzichte, die von der neueren Rspr. entschieden wurden, sind anzuführen:

- *Die Überlassung eines Landhauses (altes Mühlengebäude) im Eigentum einer SARL an den Gs-Gf zur Nutzung für private Zwecke, insbesondere private Empfänge und Freizeitgestaltung, ohne Nutzungsentgelt. Die SARL betrieb in Paris einen bekannten Modefriseursalon für Damen. Sie verwendete selbst die alte Mühle für Empfänge ihrer Kunden und Lieferanten. Daneben überließ sie die alte Mühle in erheblichem Umfang auch noch ihren Gesellschaftern, insbesondere ihrem Gs-Gf, zur Nutzung*

---

63 CE 10.10.84, Nr. 25.144, DF 85 com. 1006.

64 CE 29.7.83, Nr. 37.886, RJF 83, Nr. 1123, S. 527.

65 CE 23.6.86, Nr. 50.950, DF 86 com. 2181.

66 CE 22.2.89, Nr. 71.181, RJF 89, Nr. 412, S. 217.

für private Empfänge und Freizeitgestaltung, ohne dafür ein Nutzungsentgelt zu verlangen. Der CE sah in dem Verzicht auf ein angemessenes Nutzungsentgelt eine anormale Geschäftsführungsmaßnahme und bestätigte die Entscheidung der Finanzverwaltung, die als angemessenes Nutzungsentgelt 6000 Francs pro Jahr angesetzt und dem Gewinn der Gesellschaft hinzugerechnet hatte[67].

- *Die Gewährung eines zinslosen Darlehens von einer SARL an eine Schwestergesellschaft. Die Ermittlung des Sachverhalts hatte ergeben, daß der Zinsverzicht nicht mit Vorteilen für das Unternehmen der Darlehensgeberin verbunden war. Der CE sah daher in dem Verzicht auf die Zinsen eine anormale Geschäftsführungsmaßnahme und bestätigte die Entscheidung der Finanzverwaltung, die bei der Darlehensgeberin für die Zeit der Darlehensgewährung Zinseinnahmen in Höhe des durchschnittlichen Zinssatzes der Banque de France für die Vergabe von Effektenkrediten angesetzt hatte*[68].

- *Verkauf von drei Eigentumswohnungen durch eine SA an den Mehrheitsaktionär unter dem Verkehrswert. Das Verwaltungs-Appellationsgericht von Nantes hat die Entscheidung der Finanzverwaltung bestätigt, die die Differenz zwischen dem vereinbarten Kaufpreis und dem darüber liegenden Verkehrswert als Einnahme dem Gewinn der SA hinzugerechnet hatte*[69].

- *Verkauf einer Mehrheitsbeteiligung an einer Grundstücksgesellschaft (SA) durch eine Familien-SA an ihre Aktionäre (alle Mitglieder der gleichen Familie) unter dem Verkehrswert der Beteiligung. Das Aktivvermögen der Grundstücks-SA bestand allein aus einem Geschäftsgrundstück. Dieses war an eine andere Gesellschaft vermietet worden, die es an eine dritte Gesellschaft (SA Mercedes-Benz) untervermietet hatte. Die Finanzverwaltung hatte den Verkehrswert der verkauften Mehrheitsbeteiligung an der Grundstücks-SA durch Kapitalisierung der aus der Vermietung des Geschäftsgrundstücks erzielten Mieterträge ermittelt und die Differenz zwischen dem vereinbarten Kaufpreis und dem Verkehrswert als Einnahme dem Gewinn der Familien-SA hinzugerechnet. Das zuständige Verwaltungsgericht hatte den Verkehrswert herabgesetzt, aber im übrigen die Entscheidung der Finanzverwaltung bestätigt. Der CE hat die Berufung gegen die Entscheidung des Verwaltungsgerichts zurückgewiesen*[70].

- *Abtretung einer Kaufoption auf den Kauf eines geleasten Flugzeugs im Wert von FF 450.350 durch eine SNC (= OHG) an ihre Gesellschafter ohne Gegenleistung. Die Finanzverwaltung hatte den Verkehrswert dieser Kaufoption aus der Differenz zwischen dem Verkehrswert des geleasten*

---

67 CE 25.11.81, Nr. 11.383, DF 82 com. 680.

68 S. Fn. 67.

69 CAA Nantes, 24.1.90, Nr. 89-648, DF 90 com. 2047.

70 CE 26.5.82, Nr. 29.053, DF 83 com. 123.

Flugzeugs bei Optionsausübung (FF 480.000) und dem im Rahmen der Optionsvereinbarung zugrunde gelegten Kaufpreis von FF 29.650 ermittelt und den Wert der Kaufoption dem Gewinn der SNC hinzugerechnet. Der CE sah in der unentgeltlichen Überlassung dieser Kaufoption an die Gesellschafter eine anormale Geschäftsführungsmaßnahme der SNC und bestätigte die Entscheidung der Finanzverwaltung[71].

cc) Unverhältnismäßige Risiken

Einen im französischen Schrifttum viel beachteten Fall einer anormalen Geschäftsführungsmaßnahme durch Übernahme unverhältnismäßiger Risiken hat der CE im Jahre 1990 entschieden:

Ein ehemaliger höherer Offizier betätigte sich nach seinem Ausscheiden aus der französischen Armee als Vermögensverwalter für Wertpapiervermögen. Um sich gegenüber der Konkurrenz durchzusetzen und seinen Kundenstamm zu erhalten und auszuweiten, gab er seinen Kunden eine Garantie für den Nichteintritt von Kursverlusten bei den Wertpapieren ab, die sie ihm zur Verwaltung überlassen hatten. Der Betrag der danach von dem Vermögensverwalter zu übernehmenden Kursverluste überstieg seine jährlich erzielten Gewinne um ein Mehrfaches.

Der CE hat diese Kursverluste für eine Anlaufphase von zwei Jahren ab Geschäftseröffnung anerkannt. Er hat dabei unterstellt, daß sich der Vermögensverwalter in der Anlaufphase seines Unternehmen von betrieblichen Interessen leiten ließ, weil er zunächst beruflich unerfahren und die Abgabe der Garantie für den Aufbau seines Unternehmens förderlich war.

Für die Zeit danach hat der CE jedoch die Aufrechterhaltung der Garantie als anormale Geschäftsführungsmaßnahme gewertet, weil angesichts der eingetretenen, zu übernehmenden Kursverluste für eine normale, am Unternehmensinteresse orientierte Unternehmensleitung offenbar geworden wäre, daß die mit der Garantie verbundenen Verlustrisiken zu den aus der Vermögensverwaltung zu erwartenden Gewinnen außer Verhältnis standen. Der CE hat somit die Berücksichtigung der Verluste, die dem Vermögensverwalter aus der Garantie entstanden waren, für die weitere Zeit nach der zweijährigen Anlaufphase abgelehnt[72].

---

71 CE 27.7.84, Nr. 41.959, 41.960, 41.961, RJF 84, Nr. 1125, S. 577.

72 CE 17.10.90, Nr. 83.310, DF 91 com. 2281; vgl. dazu Turot: L'entrepreneur, le risque et le fisc, RJF 1990, S. 735 ff. (736).

e) Systematische Einordnung der Theorie der anormalen Geschäftsführungsmaßnahme

aa) Anormale Geschäftsführungsmaßnahmen als Einkommensverwendung zugunsten von Gesellschaftern oder fremden Dritten

Mit der Theorie der anormalen Geschäftsführungsmaßnahme hat die französische Rspr. ein allgemeines Institut zur Abgrenzung der Sphäre der Einkünfteerzielung von der Sphäre der Einkünfteverwendung bei gewerblichen Unternehmen geschaffen. Sinn und Zweck dieses Instituts ist es, zu verhindern, daß der Gewinn eines Unternehmens, insbesondere einer Kapitalgesellschaft, durch Aufwendungen oder Einnahmeverzichte, die in die Sphäre der Einkommensverwendung fallen, gemindert wird[73]. Nach französischer Auffassung ist die außerbetriebliche Verwendung des Einkommens einer Kapitalgesellschaft nicht nur zugunsten von Gesellschaftern, sondern auch zugunsten fremder Dritter möglich[74]. Sie kann nicht nur durch erhöhte Aufwendungen, sondern auch in der Weise erfolgen, daß die Gesellschaft für eigene Leistungen auf ein angemessenes Entgelt verzichtet.

Verzichtet sie ohne betriebliche Gründe auf Einnahmen, dann verwendet sie damit im wirtschaftlichen Ergebnis den aus dem Rechtsgeschäft erzielbaren Erlös zugunsten des Gesellschafters oder Dritten („détournement de la matière imposable dans l'interêt d'un tiers")[75]. Dieser erhält den Erlös dem Werte nach durch die unentgeltliche Leistung (deren Wert dem erzielbaren Erlös entspricht).

Ob ein außerbetrieblicher Wertabfluß anzunehmen ist, bestimmt sich allein nach dem jeweiligen Unternehmensinteresse. Vom Äquivalenzprinzip abweichende, „unangemessene" Aufwendungen oder Einnahmeverzichte gelten nur dann als Einkommensverwendung, wenn sie nicht im Unternehmensinteresse gerechtfertigt sind. Das ist insbesondere der Fall, wenn die Gesellschaft dadurch vorsätzlich Gesellschafter oder fremde Dritte begünstigt, ohne daß sich dadurch für ihr Unternehmen ein annähernd gleichwertiger Vorteil ergibt.

Soweit unangemessene Aufwendungen oder Einnahmeverzichte als Einkommensverwendung zu qualifizieren sind, sind die darauf beruhenden Gewinnminderungen steuerlich unbeachtlich. Daraus folgt, daß im Falle einer überhöhten Aufwendung der überhöhte Teil dieser Aufwendung und im Falle eines betrieblich nicht gerechtfertigten Verzichts auf Einnahmen der aus dem Rechtsgeschäft erzielbare Erlös dem Gewinn hinzuzurechnen sind.

---

73 Vgl. dazu concl. Fouquet, RJF 92, S. 673 f., zu CE 10.07.92, Nr. 110.213, 110.214 (RJF 92, Nr. 1249, S. 743).

74 Concl. Fouquet, a. a. O.

75 Concl. Fouquet, a. a. O.

bb) Anormale Einnahmeverzichte bei Einzelunternehmen: Hinzurechnung des entgangenen Gewinns – keine Korrektur mit Hilfe der Entnahmeregelung

Das Gewinnberichtigungsinstitut der „actes anormaux de gestion" gilt in erster Linie für Kapitalgesellschaften, weil deren Gesellschaftszweck (intérêt social) in der Gewinnerzielung besteht (jedenfalls im typischen Fall einer Kapitalgesellschaft mit gewerblichem Geschäftsgegenstand). Es findet daneben aber auch bei Personengesellschaften und Einzelunternehmen Anwendung[76] und tritt hier an die Stelle der in Deutschland anwendbaren Entnahmeregelung (§ 4 Abs. 1 S. 1 und 2 EStG).

Die Korrektur betrieblich nicht gerechtfertigter Einnahmeverzichte mit Hilfe der Entnahmeregelung ist in Frankreich nicht üblich. Frankreich hat zwar auch die Regelung, daß bei der Gewinnermittlung die Entnahmen des Betriebsinhabers dem Gewinn hinzuzurechnen sind (Art. 38-2. CGI). Diese Regelung wird aber eng ausgelegt und auf Sach- und Leistungsentnahmen für eigene Zwecke des Betriebsinhabers beschränkt[77]. Betrieblich nicht gerechtfertigte Einnahmeverzichte zugunsten Dritter, die mit Sach- oder Leistungsentnahmen verbunden sind, werden mit dem Institut der „actes anormaux de gestion" korrigiert. Dadurch ergibt sich ein wesentlicher Unterschied zum deutschen Recht.

Wenn in Deutschland ein Einzelunternehmen Leistungen zu außerbetrieblichen Zwecken erbringt, z. B. ein Bauunternehmer mit Einsatz der Arbeiter und Maschinen seines Betriebes für einen Verwandten unentgeltlich Bauarbeiten ausführt, dann sind nur der Teilwert des für die Bauarbeiten verwandten Materials und die Selbstkosten des sonstigen betrieblichen Aufwandes (Maschinen-AfA, Gemeinkosten, anteilige Arbeitslöhne usw.) als Entnahmen dem Gewinn hinzuzurechnen. Keine Entnahme stellt jedoch die eigene Arbeitsleistung des Unternehmers dar. Sie ist kein Wirtschaftsgut und daher nicht entnahmefähig[78]. Ihr Wert wird somit nicht dem Gewinn hinzugerechnet.

Die französische Rspr. wertet dagegen die unentgeltliche Erbringung der Bauarbeiten zugunsten des Verwandten als Einkommensverwendung und rechnet den gesamten aus diesen Leistungen erzielbaren Erlös dem Gewinn des Unternehmers hinzu. Nach französischer Auffassung sind nur dann keine Einnahmen einzusetzen, wenn ein Unternehmer eindeutig als Privatmann ohne Einsatz von Mitteln seines Betriebes unentgeltlich Leistungen erbringt[79].

---

76 Vgl. dazu CE 23.11.92, Nr. 74.266, DF 93 com. 772; CAA Nantes, 07.10.92, Nr. 90-588, RJF 93, Nr. 189, S. 120.

77 Documentation fiscale Lefebvre, BIC IV, Rn. 2970 f., 3050.

78 H. M., vgl. dazu BFH BStBl. 1959 III, S. 421 (422); BStBl. 1990 II, S. 8 (9, 10); Hellwig, Verdeckte Gewinnausschüttung und verdeckte Entnahme, in: Festschrift für Georg Döllerer, Düsseldorf 1988, S. 205 f. (208, 209).

79 Vgl. dazu Cozian, Grands Principes, 4. Aufl., doc. 6, Rn. 60.

f) Typische Fallgruppen anormaler Geschäftsführungsmaßnahmen zugunsten Dritter

aa) Rechtsgeschäfte mit fremden Dritten, bei denen kein oder möglicherweise kein Interessengegensatz besteht

Bei Kapitalgesellschaften erfaßt das Institut der „actes anormaux de gestion" zunächst einmal außerbetriebliche Wertabgaben durch verdeckte Gewinnausschüttungen an Gesellschafter und diesen nahestehende Personen[80]. Darüber hinaus korrigiert dieses Institut aber auch außerbetriebliche Wertabgaben zugunsten fremder Dritter, die Gesellschaftern nicht nachweislich nahestehen. Das erscheint aus deutscher Sicht auf den ersten Blick unverständlich. Bei Rechtsgeschäften (einer Kapitalgesellschaft) mit fremden Dritten (die Gesellschaftern nicht nahestehen) gewährleistet i. d. R. der zwischen den Parteien bestehende Interessengegensatz angemessene Vertragsbedingungen. Diese Vorstellung liegt dem Fremdvergleich zugrunde, den die deutsche Rspr. bei der Feststellung von verdeckten Gewinnausschüttungen anwendet.

Es gibt jedoch unter den Rechtsgeschäften mit fremden Dritten Ausnahmefälle, bei denen kein oder möglicherweise kein Interessengegensatz besteht. Es handelt sich dabei im wesentlichen um zwei Fallgruppen:

1. Rechtsgeschäfte des Fremdgeschäftsführers (im Namen der Gesellschaft) mit Personen, die ihm, aber nicht Gesellschaftern, nahestehen, sowie Leistungen, die sich der Fremdgeschäftsführer (im Namen der Gesellschaft) selbst bewilligt.
2. Rechtsgeschäfte der Gesellschaft mit fremden Dritten, die möglicherweise einem Gesellschafter oder dem Fremdgeschäftsführer nahestehen, bei denen dies aber nach dem von der Finanzverwaltung ermittelten Sachverhalt offen bleibt.

In diesen Fällen sind unangemessene Vorteilszuwendungen an fremde Dritte denkbar. Sie werden in Frankreich als anormale Geschäftsführungsmaßnahmen erfaßt[81].

---

80 Serlooten, 5. Aufl., Rn. 167.

81 Unangemessene Vorteilszuwendungen der Fallgruppe 1 werden im deutschen Recht i. d. R. nicht der Gesellschaft zugerechnet (s. unten, S. 30 f.).
Bei den Rechtsgeschäften der Fallgruppe 2 kommt es aus französischer Sicht für die Qualifizierung einer unangemessenen Vorteilszuwendung an einen Dritten als anormal nicht darauf an, daß dieser einem Gesellschafter nahesteht, da das französische Recht allein auf die außerbetriebliche, dem Unternehmensinteresse zuwiderlaufende Einkommensverwendung abstellt, jedoch nicht auf ihre Veranlassung im Gesellschaftsverhältnis. Theoretisch ist allerdings bei nahezu jedem fremden Dritten eine Nähebeziehung zu einem Gesellschafter oder dem Geschäftsführer denkbar, weil ein persönliches oder wirtschaftliches Zuwendungsinteresse gegenüber jedermann bestehen kann.

α) Eigen- oder fremdnützige Veruntreuungen von Fremdgeschäftsführern

Das französische Recht qualifiziert also Leistungen aus dem Gesellschaftsvermögen ohne angemessene Gegenleistung, die sich Fremdgeschäftsführer vorsätzlich selbst bewilligen oder ihnen nahestehenden Personen gewähren, als anormale Geschäftsführungsmaßnahmen.

Als anormale Geschäftsführungsmaßnahmen hat die Rspr. z. B. angesehen:

- Die Gewährung eines zinslosen Darlehens aus der Gesellschaftskasse an sich selbst durch den angestellten kaufmännischen Direktor und faktischen Geschäftsführer einer großen SA, der an der Gesellschaft nicht beteiligt war[82].
- Die Unterschlagung von Gesellschaftsvermögen durch den Generaldirektor einer SA, der an der Gesellschaft nicht beteiligt war[83].

Die Zahlung unangemessener Gehälter an leitende Angestellte oder Arbeitnehmer gilt kraft gesetzlicher Regelung als anormale Geschäftsführungsmaßnahme, unabhängig davon, ob die begünstigten Personen als Gesellschafter beteiligt sind oder einem Gesellschafter nahestehen. Gemäß Art. 39-1.-1° Abs. 2 CGI ist die Abzugsfähigkeit von Gehaltszahlungen an leitende Angestellte und Arbeitnehmer insoweit untersagt, als sie den angemessenen Rahmen übersteigen. Die h. M. sieht darin einen gesetzlich geregelten Fall anormaler Geschäftsführungsmaßnahmen[84].

Schadenersatz- oder Bereichungsansprüche der Gesellschaft schließen die Qualifizierung der Veruntreuungen als anormale Geschäftsführungsmaßnahmen nicht aus.

Infolge der Veruntreuungen können Schadenersatz- und Bereicherungsansprüche der Gesellschaft entstehen, die den ungetreuen Geschäftsführer und die ihm nahestehenden Personen zur Rückgewähr der erlangten Vorteile bzw. Herausgabe der gezogenen Nutzungen verpflichten. Ansprüche auf Rückgewähr veruntreuter Beträge ergeben sich z. B. gegen den SARL-Geschäftsführer nach Art. L.223-22 Abs. 3 C. Com. oder gegen den PDG und die Mitglieder des Verwaltungsrats einer SA nach Art. L.225-251 C. Com.

Die Entstehung dieser Ansprüche ändert jedoch nichts an der Qualifizierung der Veruntreuungen als anormale Geschäftsführungsmaßnahmen,

---

82 CE 17.05.1989, Nr. 63.319, DF 89 com. 1744 mit concl. Liébert-Champagne.

83 CE 27.07.1988, Nr. 54.510, DF 88 com. 2361 mit concl. Fouquet (S. 1497, 1498).

84 Jur.-Cl. Fisc. Fasc. 226-2 Anm. 2; Bur, L'acte anormal de gestion, Paris 1999, Rn. 75.

weil es hierfür allein auf die tatsächliche unangemessene Vorteilsgewährung durch die Gesellschaft ankommt[85].

β) Anormale Vorteilszuwendungen bei Rechtsgeschäften mit fremden Dritten, die nicht nachweislich einem Gesellschafter nahestehen

Des weiteren qualifiziert das französische Recht als anormale Geschäftsführungsmaßnahmen Leistungen aus dem Gesellschaftsvermögen ohne angemessene Gegenleistung an fremde Dritte, auch wenn diese nicht nachweislich einem Gesellschafter nahestehen. Als anormale Geschäftsführungsmaßnahmen hat die Rspr. z. B. qualifiziert:

- Die Zahlung eines betrieblich nicht gerechtfertigten überhöhten Kaufpreises für eine Forderung durch eine SA an einen fremden Dritten[86].
- Den Verkauf einer Beteiligung an einer Tochtergesellschaft im Verkehrswert von FF 19.690.800,- durch die Muttergesellschaft an den Geschäftsführer der Tochtergesellschaft zu einem Preis von FF 11.529.000,-. Der Geschäftsführer der Tochtergesellschaft war an der Muttergesellschaft nicht beteiligt[87].

bb) Aufwendungen für gemeinnützige Zwecke

Außerdem können außerbetriebliche Aufwendungen zugunsten Dritter bei der Förderung gemeinnütziger Zwecke entstehen. In Frankreich erwartet die Öffentlichkeit von den Unternehmen (ähnlich wie in Deutschland) ein gewisses Engagement zur Förderung des Gemeinwohls. Aus diesem Grunde sind vor allem bei größeren Kapitalgesellschaften Aufwendungen für gemeinnützige Zwecke (z. B. Spenden) üblich, die nicht unmittelbar betrieblichen Zwecken dienen, sondern aus denen sich nur mittelbare Vorteile für das Unternehmen ergeben können, z. B. die Verstärkung seines Ansehens in der Öffentlichkeit (sog. „mécénat désinteressé")[88]. Dafür steht ihren Vertretungsorganen innerhalb gewisser Grenzen meistens ein autonomer Entscheidungsspielraum

---

85 Cozian, Grands Principes, 4. Aufl., doc. 6, Rn. 29, S. 101, 102. Der Grund für diese Auffassung dürfte darin liegen, daß die Ersatz- und Bereicherungsansprüche wegen Veruntreuung in dem Jahr ihrer Entstehung i. d. R. noch nicht als Vermögensgegenstände aktivierungsfähig sein werden. Zum einen muß mit dem Bestreiten dieser Ansprüche durch den Fremdgeschäftsführer und die Personen gerechnet werden, die an der Veruntreuung beteiligt sind. Zum anderen steht auch die Zahlungsfähigkeit dieser Personen nicht ohne weiteres fest (vgl. dazu Lefebvre Comptable, Rn. 2416, 2416-2).

86 CE 04.02.1976, Nr. 94.763, DF 76 com. 480.

87 CAA Paris, 02.02.1993, Nr. 91-842, RJF 93, Nr. 660, S. 398, 399. Das Verwaltungs-Appellationsgericht von Paris ließ dabei offen, ob die Behauptung des Fremdgeschäftsführers zutraf, er sei durch den verbilligten Verkauf für seine Verdienste bei der Sanierung der Tochtergesellschaft belohnt worden. Auf jeden Fall hätten diese Verdienste nicht die unentgeltliche Zuwendung eines Wertes von ca. FF 8.160.000,- gerechtfertigt. (Der Fremdgeschäftsführer bezog anscheinend bei der Tochtergesellschaft ein normales Gehalt.)

88 Vgl. dazu Cozian, 28. Aufl., Rn. 178, 179.

zu[89]. Die gemeinnützigen Aufwendungen sind im allgemeinen nicht aus den Interessen bestimmter Gesellschafter oder Personen, die den Vertretungsorganen nahestehen, zu erklären.

Sie gelten als anormale Geschäftsführungsmaßnahmen (Einkommensverwendung), soweit sie den steuerlich berücksichtigungsfähigen Rahmen übersteigen[90].

Daneben machen französische Unternehmen auch gemeinnützige Aufwendungen, mit denen sie unmittelbar Werbezwecke verfolgen (sog. „parrainage interessé"). Diese Aufwendungen sind – wie in Deutschland – in vollem Umfang als Betriebsausgaben abzugsfähig[91].

cc) Die Begünstigung Dritter durch die in Art. 39-4. Abs. 1 u. 5 (4.c.) CGI aufgeführten, nicht abziehbaren Repräsentationsaufwendungen

Schließlich qualifiziert die h. M. im französischen Recht auch die Begünstigung eingeladener Geschäftsfreunde durch die in Art. 39-4. Abs. 1 u. 5 (4.c.) CGI aufgeführten, nicht abziehbaren Repräsentationsaufwendungen einer Gesellschaft (Aufwendungen für Freizeitwohnsitze, Segeljachten, Motorboote, Jagd und Fischerei) als anormale Geschäftsführungsmaßnahmen zugunsten dieser Personen (s. dazu näher unten, S. 79 f.).

g) Unterschiedliche steuerliche Qualifizierung von Veruntreuungen durch Fremdgeschäftsführer in Deutschland und Frankreich

Aus deutscher Sicht gelten unangemessene, die Gesellschaft evident benachteiligende Geschäfte, die ein Fremdgeschäftsführer mit sich selbst oder Personen abschließt, die ihm nahestehen, nicht als Einkommensverwendung der Gesellschaft. Sie werden zivil- und steuerrechtlich nicht der Gesellschaft zugerechnet, weil der Fremdgeschäftsführer dabei seine Vertretungsmacht mißbraucht und dies auch für die begünstigten Dritten evident ist[92]. Sie gelten vielmehr als Schädigung der Gesellschaft. Kann die Gesellschaft ihre daraus

---

89 Vgl. dazu Cozian / Viandier / Deboissy, Rn. 26, und Art. L.225-115, 5° C. Com., der den Aktionären bezüglich der Gesamthöhe der Spendenaufwendungen innerhalb eines Wirtschaftsjahres ein Auskunftsrecht einräumt

90 In Frankreich erhalten Unternehmen für Spenden zu gemeinnützigen Zwecken bis zu einer Höhe von 5 ‰ des Jahresumsatzes einen Steuerkredit in Höhe von 60 % der im VZ geleisteten Spenden. Darüber hinaus geleistete Spenden können für Steuerkredite in der gleichen Größenordnung in den Folgejahren auf fünf Jahre vorgetragen werden (Art. 238 bis- 1., 4. CGI). Vgl. dazu Lefebvre fiscal, Rn. 1115, 1117; CE 26.02.1962, Nr. 51.683, Dupont 1962, S. 269, CE 31.10.1984, Nr. 40.787, DF 85 com. 1215.

91 Cozian, 28. Aufl., Rn. 180.

92 H. M., vgl. BFH 13.08.1957 I 161/56, StRK KStG 1934-1975, § 6 Abs. 1 S. 2, R. 58; Anm. Seeger zu BFH 13.09.1989 – I R 41/86, FR 90, S. 52 (53); Flume, DB 93, S. 1945-1948.

resultierenden Schadenersatzansprüche nicht realisieren, sind die durch die Veruntreuung bedingten Schäden bei ihr als Betriebsausgaben abzugsfähig[93].

Das gilt auch für unangemessene Zuwendungen des Fremdgeschäftsführers an sich selbst, wenn er in der Satzung oder durch Gesellschafterbeschluß von dem Selbstkontrahierungsverbot befreit worden ist. Jede Befreiung von dem Selbstkontrahierungsverbot ist so auszulegen, daß sie den Fremdgeschäftsführer nur zu dem Abschluß angemessener Geschäfte mit der Gesellschaft berechtigt, weil sie keinen Freibrief zur Schädigung der Gesellschaft abgeben soll. Außerdem ist bei Geschäften des Fremdgeschäftsführers mit Organmitgliedern, also auch bei Geschäften mit sich selbst, seine im Außenverhältnis grundsätzlich unbeschränkte Vertretungsmacht nach Maßgabe seiner internen Verpflichtungen gegenüber der Gesellschaft eingeschränkt[94]. Aus den gleichen Gründen sind im deutschen Recht auch Veruntreuungen eines nicht mehrheitlich beteiligten Ges.-GF. nicht als verdeckte Gewinnausschüttungen zu qualifizieren[95].

In Frankreich werden dagegen Veruntreuungen des Geschäftsführers durch Abschluß unangemessener Geschäfte zu eigenen Gunsten oder zugunsten Dritter steuerlich der Gesellschaft zugerechnet und als außerbetriebliche Wertabgaben der Gesellschaft angesehen. Das gleiche gilt für Unterschlagungen durch Geschäftsführer. Die Rspr. begründet dies damit, daß die gesetzlichen Vertretungsorgane von Kapitalgesellschaften, gleichgültig, ob es sich dabei um Gesellschafter- oder Fremdgeschäftsführer handelt, notwendige Organe der Gesellschaft darstellen und die Gesellschaft nur durch sie handeln kann. Daher seien steuerrechtlich alle Handlungen und Rechtsgeschäfte der Vertretungsorgane, die sie im Namen der Gesellschaft und in Ausübung ihrer Organfunktionen begehen bzw. abschließen, der Gesellschaft zuzurechnen, selbst wenn diese dadurch geschädigt wird[96].

Die französische Auffassung hat auch gesellschaftsrechtliche Gründe. Im französischen Gesellschaftsrecht ist die Vertretungsmacht der Geschäftsfüh-

---

93 Die Schäden sind betrieblich veranlaßt. Sie fallen in die betriebliche Risikosphäre, da der Fremdgeschäftsführer zu betrieblichen Zwecken angestellt wurde. H. M. vgl. Herrmann / Heuer / Raupach, alte Kommentierung § 4 EStG Anm. 62 (2); BFH-Urteil v. 22.09.94 IV R 41/93, DB 95, 855 (856).

94 H. M., vgl. dazu Hachenburg, GmbHG, 8. Aufl. 1996, § 37 GmbHG, Anm. 37; RGZ 73, S. 343 (345, 346).

95 S. Fn. 92; a. A. BFH BStBl. 93 II, S. 351 (352).

96 Vgl. dazu CE 27.07.1988, Nr. 54.510; DF 88 com. 2361 mit concl. Fouquet; a. A. Cozian, BF 99, S. 511 ff. (512), im Fall von Unterschlagungen eines Fremdgeschäftsführers, wenn die Gesellschaft ihre daraus resultierende Schadenersatzforderung geltend macht.

rungsorgane von Kapitalgesellschaften weniger eingeschränkt als in Deutschland. Für diese Organe besteht kein allgemeines Selbstkontrahierungsverbot[97].

Ihre Vertretungsmacht ist auch bei einem für den Geschäftsgegner evidenten Mißbrauch der Vertretungsmacht nicht nowendig unwirksam[98]. Von der organschaftlichen Vertretungsmacht sind nur solche Geschäfte nicht gedeckt, die außerhalb des Gesellschaftsgegenstandes liegen, wenn dies für den Geschäftsgegner zumindest erkennbar war (Art. L.223-18 Abs. 4, Art. L.225-51 Abs. 3 C. Com.).

h) Zusammenfassung

Die von der Rspr. entwickelte Theorie der anormalen Geschäftsführungsmaßnahme dient der Abgrenzung der Sphäre der Einkünfteerzielung von der Sphäre der Einkünfteverwendung bei gewerblichen Unternehmen, insbesondere Kapitalgesellschaften. Nach dieser Theorie sind sämtliche gewinnmindernden Vorteilszuwendungen durch betrieblich nicht gerechtfertigte, überhöhte Aufwendungen oder Verzichte auf erzielbare Einnahmen, die ein Unternehmen vorsätzlich Gesellschaftern oder fremden Dritten gewährt, als Einkommensverwendung bei der Gewinnermittlung unbeachtlich. Sie erfaßt damit vorsätzliche verdeckte Gewinnausschüttungen an Gesellschafter und diesen nahestehende Personen sowie sonstige betriebsfremde Vorteilszuwendungen an fremde Dritte. Dazu gehören aus französischer Sicht auch eigen- oder fremdnützige Veruntreuungen von Fremdgeschäftsführern durch Abschluß nachteiliger Geschäfte für die Gesellschaft. Im Gegensatz zum deutschen Recht rechnet das französische Recht auch solche Veruntreuungen von Fremdgeschäftsführern der Gesellschaft als Einkommensverwendung zu.

Da das französische Recht somit über ein gegenüber dem Institut der verdeckten Gewinnausschüttungen weitergehendes Gewinnberichtigungsinstitut verfügt, das den gesamten Bereich der Einkünfteverwendung einschließlich außerbetrieblich veranlaßter Wertabgaben zugunsten Dritter von der Sphäre der Einkünfteerzielung abgrenzt, kennt das französische Recht auf der Ebene der Gesellschaft keinen Begriff der verdeckten Gewinnausschüttungen.

4. Die Gewinnberichtigungsvorschrift für Geschäftsbeziehungen zwischen international verbundenen Unternehmen

a) Wortlaut und allgemeiner Überblick

Für Geschäftsbeziehungen französischer Unternehmen (Sitz in Frankreich) zu ausländischen Unternehmen (Sitz außerhalb Frankreichs) besitzt das französische

97 Vgl. dazu Ferid / Sonnenberger: Das französische Zivilrecht, 2. Aufl., Bd. I, Anm. 1 F 1041, S. 626, 627; Sonnenberger: Französisches Handels- und Wirtschaftsrecht, 2. Aufl., Anm. III 57, S. 130, 131.

98 Vgl. dazu Cozian / Viandier / Deboissy, Rn. 357, 708, 1312.

sische Recht eine gesetzliche Gewinnberichtigungsvorschrift, Art. 57 CGI. Die Vorschrift besteht sinngemäß bereits seit 1933 und wurde 1948 als Art. 57 in den CGI übernommen. Sie dient dem Schutz der französischen Fiskalinteressen gegen eine Verlagerung der Gewinne französischer Unternehmen in das Ausland und ist nach „arm's-length"-Grundsätzen ausgestaltet. Sie hat damit eine ähnliche Funktion wie § 1 AStG.

Art. 57 CGI lautet:

„Für die Festsetzung der Einkommensteuer, geschuldet von Unternehmen, die von einem außerhalb Frankreichs ansässigen Unternehmen abhängig sind oder ein solches beherrschen, sind die Gewinne, die durch Erhöhung oder Verringerung von Einkaufs- oder Verkaufspreisen oder in sonstiger Weise (indirekt) auf die letztgenannten (Unternehmen) verlagert worden sind, in das buchmäßige Ergebnis wieder einzubeziehen. In gleicher Weise ist bei Unternehmen zu verfahren, die von einem anderen Unternehmen oder von einer Gruppe von Unternehmen abhängig sind, das bzw. die die Kontrolle über ausländische Unternehmen besitzt.

Haben die ausländischen Unternehmen, auf die die Gewinne verlagert werden, ihren Sitz in einem Niedrigsteuerland i. S. v. Art. 238 A Abs. 2 CGI, dann entfällt das Erfordernis eines Abhängigkeits- oder Beherrschungsverhältnisses als Voraussetzung der Gewinnberichtigung.

Erfolgt keine Antwort auf die Aufforderung der Finanzverwaltung gem. Art. L.13 B LPF, dann berichtigt die Finanzverwaltung die Besteuerungsgrundlagen, die Gegenstand der Aufforderung sind, anhand der Feststellungen, über die sie verfügt. Die Gewinnberichtigung hat im kontradiktorischen Verfahren gem. Art. L.57 bis L.61 LPF zu erfolgen.[99]

Liegen keine genauen Anhaltspunkte vor, um die in den vorangegangenen Absätzen vorgesehenen Gewinnberichtigungen durchzuführen, dann sind die in Frankreich anzusetzenden Gewinne durch Vergleich mit den Gewinnen ähnlicher Unternehmen, die unter normalen Bedingungen betrieben werden, zu bestimmen[100]."

---

99 Dieser Absatz betrifft ausschließlich das Besteuerungsverfahren und wird hier nicht näher erläutert.

100 Art. 57. – Pour l'établissement de l'impôt sur le revenu dû par les entreprises qui sont sous la dépendance ou qui possèdent le contrôle d'entreprises situées hors de France, les bénéfices indirectement transférés à ces dernières, soit par voie de majoration ou de diminution des prix d'achat ou de vente, soit par tout autre moyen, sont incorporés aux résultats accusés par les comptabilités. Il est procédé de même à l'égard des entreprises qui sont sous la dépendance d'une entreprise ou d'un groupe possédant également le contrôle d'entreprises situées hors de France.
La condition de dépendance ou de contrôle n'est pas exigée lorsque le transfert s'effectue avec des entreprises établies dans un État étranger ou dans un territoire situé hors de France dont le régime fiscal est privilégié aus sens du deuxième alinéa de l'article 238 A.
En cas de défaut de réponse à la demande faite en application de l'article L. 13 B du livre des procédures fiscales, les bases d'imposition concernées par la demande sont évaluées par

Art. 57 CGI gilt gem. Art. 209-I. Abs. 1 CGI auch für KSt-Subjekte.

b) Voraussetzungen von Art. 57 CGI

Die grundlegenden Regelungen des Art. 57 sind in Abs. 1 und Abs. 4 enthalten. Voraussetzungen für eine Gewinnberichtigung sind demnach:

aa) Das Bestehen eines Abhängigkeitsverhältnisses zwischen einem französischen und einem ausländischen Unternehmen, wobei der beherrschende Einfluß bei dem französischen oder dem ausländischen Unternehmen oder einem dritten Unternehmen bzw. Gruppe von Unternehmen (Konzern) liegen kann.

bb) Die Verlagerung von Gewinnen des französischen auf das ausländische Unternehmen.

Zu aa)

Nach der Rspr. des CE kann die Abhängigkeit auf rechtlicher oder tatsächlicher Grundlage beruhen.

Der typische Fall einer rechtlichen Abhängigkeit liegt vor, wenn ein Unternehmen an dem anderen unmittelbar oder mittelbar mit einer Kapital- oder Stimmenmehrheit beteiligt ist[101].

Eine tatsächliche Abhängigkeit ist gegeben, wenn die vertraglichen oder tatsächlichen Beziehungen zwischen zwei Unternehmen bewirken, daß eines der beiden Unternehmen gegenüber dem anderen in seiner Preisgestaltung nicht mehr autonom ist[102].

Der CE hat z. B. im Fall einer französischen Vertriebsgesellschaft (Einzelhandelsboutique), die ausschließlich Damenbekleidung eines einzigen schwedischen Lieferanten vertrieb, mit dem sie gesellschaftsrechtlich nicht verbunden war, eine tatsächliche Abhängigkeit von dem schwedischen Lieferanten angenommen[103].

Ein Abhängigkeits- oder Beherrschungsverhältnis ist nach Art. 57 Abs. 2 CGI nicht erforderlich, wenn die Gewinnverlagerung an ein Unternehmen mit Sitz in einem Niedrigsteuerland erfolgt.

---

l'administration à partir des éléments dont elle dispose et en suivant la procédure contradictoire définie aux articles L. 57 à L. 61 du même livre.

A défaut d'éléments précis pour opérer les redressements prévus aux premier, deuxième et troisième alinéas, les produits imposables sont déterminés par comparaison avec ceux des entreprises similaires exploitées normalement.

101 Vgl. dazu z. B. CE 14.03.1984, Nr. 34.430 u. 36.880, DF 84 com. 1946 ; CE 25.01.1989, Nr. 49.847, DF 89 com. 1000 ; Anm. Tixier / Lamulle zu CE 18.03.1994, Nr. 68.799-70.814, DF 94 com. 1703, S. 1463, 1464.

102 Court / Entraygues: Gestion fiscale internationale des entreprises, 2. Aufl., Paris 1992, S. 113.

103 CE 27.07.1988, Nr. 50.020, DF 88 com. 2202.

Zu bb)

Die Voraussetzungen, unter denen eine Gewinnverlagerung angenommen werden kann, sind in Art. 57 CGI nicht allgemein und abstrakt definiert. Die Vorschrift nennt nur Beispiele für Gewinnverlagerungen des französischen Unternehmens, nämlich Überfakturierung beim Einkauf oder Unterfakturierung beim Verkauf. Die Voraussetzungen einer Gewinnverlagerung sind jedoch dem Sinn und Zweck der Vorschrift zu entnehmen. Art. 57 CGI soll Gewinnverlagerungen französischer Unternehmen durch Preisabweichungen erfassen, die auf die Beherrschung oder Abhängigkeit von verbundenen ausländischen Unternehmen zurückzuführen sind[104]. Die Vorschrift ist also an dem arm's-length-Grundsatz ausgerichtet[105].

Eine Gewinnverlagerung ist daher grundsätzlich anzunehmen, wenn das französische und das mit ihm verbundene ausländische Unternehmen in ihren Geschäftsbeziehungen von angemessenen Bedingungen abweichen, die unabhängige Unternehmen unter gleichen Umständen vereinbart hätten, und dadurch das ausländische Unternehmen zu Lasten der Gewinne des französischen Unternehmens unangemessene Vorteile erhält[106]. Die Vorteilszuwendung zugunsten des ausländischen Unternehmens ist jedoch ausnahmsweise dann gerechtfertigt, wenn sie im Interesse des französischen Unternehmens erfolgt[107].

Die Abweichung von den unter fremden Dritten üblichen Bedingungen, insbesondere den Marktpreisen, zum Nachteil des französischen und zum Vorteil des verbundenen ausländischen Unternehmens begründet somit nur eine Vermutung für eine Gewinnverlagerung in das Ausland. Diese Vermutung kann dadurch widerlegt werden, daß das französische Unternehmen nachweist, daß die mit der Preisabweichung verbundene Vorteilszuwendung an das

---

104 H. M., vgl. Gest / Tixier, 2. Aufl., Rn. 425, S. 464; concl. Laprade, in RJF 87, S. 262 f. (264 bei Nr. 3) zu CE 30.03.1987, Nr. 52.754, DF 87 com. 1434, und in DF 89 com. 945, S. 642 ff. (644) zu CE 03.03.1989, Nr. 77.581.

105 Nach diesem international anerkannten Grundsatz müssen die Geschäfte zwischen international verbundenen Unternehmen so ausgestaltet sein wie Geschäfte zwischen fremden Dritten, wenn sie steuerlich anerkannt werden sollen. Weichen die Geschäftsbeziehungen von den unter fremden Dritten üblichen Bedingungen (dealing at arm's length) ab, dann darf der Sitzstaat des benachteiligten Unternehmens dessen Gewinne berichtigen. Die Gewinnberichtigung hat nach Maßgabe der unter fremden Ditten üblichen Bedingungen zu erfolgen.
Dieser Grundsatz ist in Art. 9 Abs. 1 OECD-Musterabkommen und in den diesem Artikel nachgebildeten Regelungen der bilateralen DBAs ausdrücklich geregelt. S. dazu näher: Vogel, DBA, 4. Aufl. 2003, Art. 9, Anm. 3; Becker, in: Flick / Wassermeyer / Becker (alte Kommentierung Stand 1992), § 1 AStG, Anm. 6 c, d, e, 7, 7 a; Le Gall, Quelques réflections sur l'Arm's length principle, DF 92, S. 1941 f. (1941).

106 Gouthière, 6. Aufl., Rn. 2630, 2631, S. 814; Gest / Tixier a. a. O.; Le Gall a. a. O.; Doc. adm. FE 4 A-1211, Tz 17.

107 S. Fn. 108.

ausländische Unternehmen in seinem Interesse gerechtfertigt ist, also nicht auf der Abhängigkeit beruht[108].

Der Tatbestand des Art. 57 CGI wird damit von der Rspr. einem gesetzlich geregelten Spezialfall der Theorie der anormalen Geschäftsführungsmaßnahme angenähert.

Im Gegensatz zu einer gewöhnlichen anormalen Geschäftsführungsmaßnahme ist bei einer Vorteilszuwendung an ein verbundenes ausländisches Unternehmen der Nachweis einer Begünstigungsabsicht nicht erforderlich[109]. Dieses Erfordernis wird hier durch das Abhängigkeitsverhältnis ersetzt[110]. Aus der Abweichung von den unter fremden Dritten üblichen Bedingungen zum Nachteil des verbundenen französischen Unternehmens folgt eine widerlegbare Vermutung für eine anormale, dem Unternehmensinteresse zuwiderlaufende Vorteilszuwendung[111].

Im Verhältnis zu den Staaten, mit denen Frankreich ein DBA abgeschlossen hat, hat Art. 57 CGI die Funktion der nationalen Ausführungsregelung für entsprechende in den DBAs enthaltene Ermächtigungen[112].

c) Rechtsfolgen von Art. 57 CGI

Wenn das französische Unternehmen die aus der unangemessenen Vorteilszuwendung an das ausländische Unternehmen folgende Vermutung für eine Gewinnverlagerung nicht widerlegen kann, ist als Rechtsfolge des Art. 57 CGI die Gewinnverlagerung seinem Gewinn hinzuzurechen (Art. 57 Abs. 1 S. 1 a. E. CGI).

aa) Grundsätzlich geschäftsbezogene Gewinnberichtigung

Die Berichtigung hat nach Art. 57 Abs. 1 und Abs. 4 CGI grundsätzlich geschäftsbezogen in der Weise zu erfolgen, daß bei den Geschäften im

---

108 S. dazu insbesondere Doc. adm. FE 4 A 1212, Tz. 5-10; CE 13.04.1964, Nr. 56.173, DF 65, Nr. 8 Doctrine; CE 13.01.1967, Nr. 68.139, Dupont 1967, S. 205 ; CE 12.11.1975, Nr. 94.839, RJF 76, S. 16, Nr. 12 ; CE 30.03.1987, Nr. 52.754, DF 87 com. 1434 ; CE 03.03.1989, Nr. 77.581, DF 89 com. 945; CE 18.03.1994, Nr. 68.799-70.814, DF 94 com. 1703 (S. 1467).

109 Turot, Avantages consentis entre sociétés d'un groupe multinational, RJF 89, S. 263 f. (263).

110 S. Fn. 109.

111 Concl. Laprade, s. Fn. 104; der Rechtfertigungsgrund des Unternehmensinteresses bei Art. 57 CGI ähnelt dem bei Art. 9 Abs. 1 OECD-Musterabkommen und vergleichbaren DBA-Regelungen sowie bei § 1 AStG anerkannten Rechtfertigungsgrund des Vorteilsausgleichs; s. dazu näher Vogel, DBA, 4. Aufl., Art. 9, Anm. 110-113, 127; Flick / Wassermeyer / Baumhoff, § 1 AStG, Anm. 791-795.

112 Vgl. z. B. CE 18.03.1994, Nr. 68.799-70.814, DF 94 com. 1703.
Die französischen DBAs enthalten i. d. R. eine dem Art. 9 OECD-Musterabkommen nachgebildete Regelung, die den französischen Fiskus zur Berichtigung von Gewinnminderungen französischer Unternehmen ermächtigt, die dadurch zustande kommen, daß diese in ihren Geschäftsbeziehungen zu ausländischen Unternehmen zu deren Gunsten von arm's-length-Grundsätzen abweichen; vgl. z. B. Art. 5 DBA Frankreich – Deutschland; Art. 9 DBA Frankreich – Niederlande; Art. 9 DBA Frankreich – USA.

Rahmen der beiderseitigen Geschäftsbeziehungen, bei denen Gewinnminderungen zum Nachteil des französischen Unternehmens festgestellt wurden, die Preise nach arm's-length-Grundsätzen angesetzt werden[113].

bb) Pauschale Schätzung

Nur wenn eine geschäftsbezogene Gewinnberichtigung nicht möglich ist, weil geschäftsbezogene Vergleichsmaßstäbe, insbesondere gleichartige Geschäfte unter fremden Dritten oder indirekte Vergleichsmöglichkeiten fehlen, darf die Gewinnminderung bei dem französischen Unternehmen nach Art. 57 Abs. 4 CGI pauschal korrigiert werden, indem eine angemessene Rendite aus den Geschäftsbeziehungen mit dem verbundenen ausländischen Unternehmen geschätzt wird. Die Schätzung hat durch Vergleich mit ähnlichen Unternehmen (aus der gleichen Branche und mit ähnlichen Aktivitäten), die unter normalen Bedingungen betrieben werden, zu erfolgen (Art. 57 Abs. 4 CGI). Als zulässige Schätzmethode wurde von der Rspr. z. B. anerkannt eine Gewinnschätzung durch Anwendung des bei vergleichbaren Unternehmen üblichen Reingewinnsatzes auf die Umsätze aus den Geschäftsbeziehungen mit dem verbundenen ausländischen Unternehmen[114].

d) Zusammenfassung

Soweit es um Beziehungen französischer Unternehmen zu verbundenen ausländischen Unternehmen geht, übernimmt im französischen Recht die allgemeine Gewinnberichtigungsvorschrift für Gewinnverlagerungen an ausländische Unternehmen, Art. 57 CGI, die Funktion der Korrekturvorschrift für verdeckte Gewinnausschüttungen auf der Ebene der Gesellschaft. Sie tritt in diesem Bereich an die Stelle des Instituts der anormalen Geschäftsführungsmaßnahme. Dadurch kommt es im Ergebnis aber nur zu einer Beweislastumkehr.

Voraussetzung für eine Gewinnkorrektur nach Artikel 57 CGI ist eine Gewinnverlagerung zugunsten des ausländischen Unternehmens. Diese ist grundsätzlich dann anzunehmen, wenn das französische Unternehmen in seinen Geschäftsbeziehungen mit dem ausländischen Unternehmen zu seinem Nachteil von den Bedingungen abweicht, die unabhängige Unternehmen unter gleichen Umständen vereinbart hätten. Das französische Unternehmen kann jedoch die aus einer solchen Abweichung folgende Vermutung für eine Gewinnverlagerung dadurch widerlegen, daß es nachweist, daß die Begünstigung des ausländischen Unternehmens in seinem Interesse gerechtfertigt ist.

Aufgrund dieser Auslegung erhält Art. 57 CGI den Charakter eines gesetzlich geregelten Spezialfalls des Instituts der anormalen Geschäftsführungsmaßnahme.

---

113 Plagnet, Droit Fiscal International, Rn. 269, 277; Gouthière, 6. Aufl., Rn. 2643.

114 CE 23.3.53, Nr. 75.326, RO, S. 226; Gouthière a. a. O., Rn. 2643.

V. Zusammenfassung von Teil A

Das französische Recht kennt auf der Ebene der Kapitalgesellschaft keinen Begriff der verdeckten Gewinnausschüttung. Es korrigiert die aus deutscher Sicht aufgrund des Gesellschaftsverhältnisses zugewendeten Vorteile bei der Gesellschaft mit gesetzlichen Abzugsbeschränkungen für bestimmte Arten von Betriebsausgaben, einem von der Rspr. entwickelten Gewinnberichtigungsinstitut, genannt Theorie der anormalen Geschäftsführungsmaßnahme, und mit der Gewinnberichtigungsvorschrift des Art. 57 CGI für Geschäftsbeziehungen zwischen international verbundenen Unternehmen.

Diese Regelungen finden nicht nur im Verhältnis der Gesellschaft zu ihren Gesellschaftern, sondern auch im Verhältnis zu fremden Dritten Anwendung.

B. Die Erfassung verdeckter Gewinnausschüttungen auf der Ebene der Anteilseigner

I. Rechtslage vor Einführung einer allgemeinen Regelung zur Erfassung verdeckter Gewinnausschüttungen auf der Ebene der Anteilseigner im Jahre 1948

Die französische Regelung zur Erfassung verdeckter Gewinnausschüttungen auf der Ebene der Anteilseigner stammt aus dem Jahr 1948. Sie wurde im Rahmen einer Steuerreform geschaffen und ist am 01.01.1949 in Kraft getreten. Zum Verständnis dieser Regelung ist ein kurzer Überblick über die Rechtslage erforderlich, die vorher in Frankreich für die Besteuerung der ausgeschütteten Gewinne von Kapitalgesellschaften gegolten hat.

1. Schedulen-Einkommensteuersystem

Bis zum 01.01.1949 bestand in Frankreich ein Schedulen-Einkommensteuersystem (seit Einführung der Einkommensteuer in Frankreich im Jahr 1917). Bei diesem System wurden Schedulen-Steuern (impôts cédulaires) auf einzelne Einkunftsarten mit einer allgemeinen Einkommensteuer kombiniert. Die Besteuerung erfolgte gleichsam zweistufig.

Zunächst wurden die Einkünfte jedes Steuerpflichtigen nach verschiedenen Einkunftsarten getrennt erfaßt und mit unterschiedlichen Steuersätzen selbständig besteuert. Jede Einkunftsart hatte also ihre selbständige Steuer, die als Schedulen-Steuer bezeichnet wurde. Die Steuersätze waren proportional. Bei jeder Schedulen-Steuer waren nur die Unkosten abzugsfähig, die mit den betreffenden Einnahmen in wirtschaftlichem Zusammenhang standen. Zwischen den Einkünften der verschiedenen Einkunftsarten war grundsätzlich kein Verlustausgleich möglich[115].

Darüber hinaus wurde noch eine allgemeine progressive Einkommensteuer auf die Summe der Einkünfte erhoben (impôt général sur le revenu), um der individuellen Leistungsfähigkeit jedes Steuerpflichtigen Rechnung zu tragen. Im Rahmen des impôt général sur le revenu wurde z. B. die unterschiedliche Belastung mit familiären Unterhaltspflichten oder Schuldzinsen berücksichtigt. Diese Verpflichtungen waren ganz oder teilweise als Sonderausgaben abzugsfähig[116]. Besteuerungsgrundlage des impôt général sur le revenu war die Summe der einzelnen Einkunftsarten, die zuvor mit den impôts cédulaires besteuert worden waren. Die impôts cédulaires waren von der Bemessungsgrundlage des impôt général sur le revenu ebenfalls abzugsfähig[117].

Die Entscheidung für ein Einkommensteuersystem mit Schedulen-Steuern und unterschiedlichen Steuersätzen statt einer allgemeinen Einkommensteuer mit einem

---

115 Vgl. dazu Turq, S. 14, 15.

116 Allix / Lecerclé, Bd. 2, S. 201, 202, 217, 218 ; Allix, S. 635, 636.

117 Gest / Tixier, S. 375-378; Allix / Lecerclé, Bd. 2, S. 205 ff.

einheitlichen progressiven Steuersatz, wie sie in Deutschland seit Einführung der preußischen Einkommensteuer im Jahre 1891 praktiziert wurde, hängt mit der französischen Tradition der Realsteuern im 19. Jahrhundert zusammen. Diese hatte sich im Anschluß an die französische Revolution entwickelt. Die französische Vorliebe für Realsteuern beruhte u. a. auf der traditionell in Frankreich verbreiteten Abneigung der Steuerpflichtigen, ihre Einkommens- und Vermögensverhältnisse der Finanzverwaltung durch Abgabe von ESt-Erklärungen zu offenbaren[118].

Die getrennte Besteuerung der einzelnen Einkunftsarten ermöglichte dem Gesetzgeber, durch unterschiedliche Steuersätze den spezifischen Ermittlungs- bzw. Schätzverfahren, die die Abgabe von ESt-Erklärungen ganz oder teilweise ersetzten, und der mutmaßlichen Dunkelziffer bei den einzelnen Einkunftsarten Rechnung zu tragen[119].

2. Besteuerung der Kapitalgesellschaften

Die Kapitalgesellschaften unterlagen mit ihrem Gewinn der Schedulen-Steuer auf die Einkünfte aus Gewerbebetrieb, deren Steuersatz zuletzt 24 % betrug. Eine eigenständige Körperschaftsteuer (impôt sur les sociétés) wurde in Frankreich erst mit Wirkung ab dem 01.01.1949 eingeführt. Der impôt général sur le revenu wurde von den Kapitalgesellschaften nicht erhoben, da er nur die individuelle Leistungsfähigkeit natürlicher Personen berücksichtigen sollte[120].

3. Besteuerung der ausgeschütteten Gewinne

Die ausgeschütteten Gewinne unterlagen auf der Ebene der Anteilseigner zunächst einer Schedulen-Steuer auf Einkünfte aus Kapitalvermögen (impôt sur le revenu des valeurs mobilières) in Höhe von 30 % der Bruttoeinnahmen. Die Kapitalgesellschaft hatte diese Steuer für Rechnung der Gesellschafter von den ausgeschütteten Dividenden im Wege des Quellensteuerabzugs einzubehalten und abzuführen.

Die Schedulen-Steuer entstand jeweils an dem in der Dividendenbekanntmachung angegebenen Tag des Beginns der Ausschüttung[121].

Anschließend wurden die zugeflossenen Nettobeträge der ausgeschütteten Dividenden (nach Abzug der Schedulen-Steuer) noch ein zweites Mal bei den Gesellschaftern mit dem impôt général sur le revenu (Höchststeuersatz über 50 %) besteuert, bei dem Werbungskosten und Sonderausgaben abgezogen werden konnten.

---

118 Vgl. dazu Schnerb / Bouvier / Wolff, S. 228 f.
119 Vgl. dazu Gest / Tixier, S. 375-377.
120 Laferrière, S. 507, 508; Allix / Lecerclé, Bd. 2, S. 106.
121 Laferrière, S. 457.

4. Quellensteuerabzug als maßgeblicher Besteuerungstatbestand

Im Rahmen der zweistufigen Besteuerung der Dividenden war allein die Schedulen-Steuer fiskalisch ergiebig. Das Aufkommen des impôt général sur le revenu war im Vergleich dazu unbedeutend, weil die Dividendeneinkünfte in den persönlichen Steuererklärungen weitgehend nicht erklärt wurden und die dagegen von der Finanzverwaltung eingerichteten Kontrollmaßnahmen nur unzureichend funktionierten[122]. Hinzu kam, daß im Falle der Versteuerung von den Nettodividenden auch noch die persönlichen Werbungskosten und Sonderausgaben abgezogen werden konnten.

Der maßgebliche Tatbestand für die effektive Besteuerung der Dividenden war daher nicht der Zufluß bei den Anteilseignern, sondern die Ausschüttung bei der Gesellschaft.

5. Keine Erfassung von verdeckten Gewinnausschüttungen

Das Schedulen-Einkommensteuersystem erfaßte nur reguläre Gewinnausschüttungen, die eine Kapitalgesellschaft aufgrund eines gesellschaftsrechtlichen Gewinnverteilungsbeschlusses an ihre Anteilseigner ausschüttete[123]. Die französische Besteuerung der Einkünfte aus Anteilen an Kapitalgesellschaften orientierte sich bis zum 01.01.1949 im wesentlichen an der gesellschafts- und zivilrechtlichen Gestaltung. Die französische Rspr. hatte anders als die Rspr. des RFH und BFH[124] keinen Begriff der verdeckten Gewinnausschüttungen entwickelt, der die Möglichkeit bot, verdeckte Gewinnausschüttungen im Gewand entgeltlicher Austauschgeschäfte auf der Ebene der Anteilseigner abstrakt-generell zu erfassen.

Die zweistufige Dividendenbesteuerung konnte somit dadurch umgangen werden, daß die Gesellschaft (ohne betriebliche Veranlassung) mit den Anteilseignern unausgewogene Austauschgeschäfte zu deren Gunsten abschloß, also verdeckte Gewinnausschüttungen i. S. des deutschen Rechts zuwendete. In diesem Fall kam zwar eine Korrektur des Gewinns der Gesellschaft wegen anormaler Geschäftsführung in Betracht. Infolge der Orientierung an dem gesellschaftsrechtlichen Dividendenbegriff konnten die verdeckten Gewinnausschüttungen aber bei den Anteilseignern grundsätzlich nicht erfaßt werden[125]. Ihre Besteuerung auf dieser Ebene erfolgte nur in besonders gelagerten Einzelfällen, wenn der Gesellschaft und den Anteilseignern ein Gestaltungsmißbrauch nachgewiesen werden konnte[126].

---

122 Z. B. Meldepflichten der die Dividenden auszahlenden Kapitalgesellschaften und Banken; Laferrière, S. 485, 486.

123 Laferrière, S. 455-457.

124 Vgl. z. B. RFH RStBl. 1935, S. 1127.

125 Vgl. dazu Turot, RJF 90, 3 (5); Cozian, Grands Principes, 2. Aufl., Doc. 27, S. 460.

126 Vgl. dazu Wolff-Diepenbrock, S. 71-74 m. w. N.

II. Die Regelung zur Erfassung verdeckter Gewinnausschüttungen auf der Ebene der Anteilseigner aus dem Jahre 1948

1. Allgemeiner Überblick

Im Jahre 1948 führte der französische Gesetzgeber eine Steuerreform durch. Er schaffte das bisherige Schedulen-Einkommensteuersystem ab und ersetzte es durch eine der Intention nach einheitliche Einkommensteuer für natürliche Personen (impôt sur le revenu des personnes physiques). Gleichzeitig führte er eine Körperschaftsteuer für juristische Personen ein (impôt sur les sociétés). Im Rahmen der neuen Einkommensteuer schuf er erstmals eine Regelung, die eine generelle Erfassung verdeckter Gewinnausschüttungen auf der Ebene der Anteilseigner ermöglichte.

Trotz der Konzeption einer einheitlichen Einkommensteuer wurde aber weiterhin eine zweistufige Besteuerung nach der Art des bisherigen Schedulen-Einkommensteuersystems aufrechterhalten. An die Stelle der Schedulen-Steuern und des impôt général sur le revenu traten die sog. Proportionalsteuer (taxe proportionelle, grundsätzlich einheitlicher proportionaler Steuersatz von 18 %) und die progressive Zusatzsteuer (surtaxe progressive, Steuersatz bis zu 70 %)[127]. Auch die Besteuerung der ausgeschütteten Gewinne mit der Proportionalsteuer erfolgte ebenfalls weiter im Wege des Quellensteuerabzuges.

Bei der neuen Regelung zur Erfassung verdeckter Gewinnausschüttungen wurde jedoch das Erfordernis des tatsächlichen Beginns der Ausschüttung als Voraussetzung für den Quellensteuerabzug abgeschafft. Statt dessen schuf der Gesetzgeber in Art. 109-1.-1° und 2° CGI insbesondere für den Quellensteuerabzug zwei eigenständige steuerliche Ausschüttungsdefinitionen, die auch verdeckte Gewinnausschüttungen erfaßten.

Art. 109-1. CGI lautet:
„Es gelten als ausgeschüttete Einkünfte:
1° Alle Gewinnbeträge oder Erträge, die nicht in die Rücklagen eingestellt oder in Nennkapital umgewandelt werden;
2° Alle Werte oder Erträge, die (von der Gesellschaft) den Gesellschaftern, Aktionären oder sonstigen Inhabern von Gesellschaftsanteilen zur Verfügung gestellt werden und nicht aus den Gewinnen entnommen sind."

Die steuerpflichtigen Beträge werden für jeden KSt-Veranlagungszeitraum durch den Vergleich der Schlußbilanzen dieses Zeitraums und des vorhergehenden Zeitraums ermittelt, wobei weitere Einzelheiten durch eine mit Zustimmung des Conseil d'État erlassene Verordnung festgelegt werden[128].

---

127 Vgl. dazu Lefebvre in: Cahiers, Bd. 29, 1955, S. 42 ff.

128 Art. 109-1. CGI lautet:
Sont considérés comme revenus distribués:
1° Tous les bénéfices ou produits qui ne sont pas mis en réserve ou incorporés au capital;

Die beiden Ausschüttungsdefinitionen gem. Art. 109-1.-1° und Art. 109-1.-2° CGI haben unterschiedliche Anwendungsvoraussetzungen und Anwendungsbereiche, sind also streng zu unterscheiden.

Die Ausschüttungsdefinition gem. Art. 109-1.-1° ist nach der h. M. nur dann anwendbar, wenn die Gesellschaft in dem betreffenden Wirtschaftsjahr mit einem Gewinn abschließt (s. dazu unten, S. 57 f.). Ist dies nicht der Fall, findet die Ausschüttungsdefinition gem. Art. 109-1.-2° CGI Anwendung[129].

Der Absatz 2 von Art. 109-1. CGI schreibt als Methode zur Ermittlung der im Besteuerungszeitraum als ausgeschüttet geltenden Gewinnbeträge einen Bilanzvergleich vor. Diese Methode wird unten (S. 46 f.) näher erläutert.

2. Die Ausschüttungsdefinition gem. Art. 109-1.-1° CGI

a) Inhalt und Funktionsweise

Art. 109-1.-1° CGI enthält die Ausschüttungsdefinition und -fiktion, daß jeder Gewinnbetrag oder Ertrag einer Kapitalgesellschaft, der nicht in die Rücklagen eingestellt oder in Nennkapital umgewandelt wird, als ausgeschüttet anzusehen ist.

aa) Erfassung regulärer Gewinnausschüttungen

Die Ausschüttungsdefinition erfaßt zunächst alle regulären Ausschüttungen aus dem Handelsbilanzgewinn des vorangegangenen Geschäftsjahres 01. Nach ihrem Wortlaut gilt dieser als ausgeschüttet, soweit er nicht durch Gewinnverwendungsbeschluß in die Rücklagen eingestellt oder in Nennkapital umgewandelt worden ist. Bis zur Abschaffung der Proportionalsteuer im Jahre 1959 wurde dadurch die Gesellschaft nach Fassung ihres Gewinnverwendungsbeschlusses verpflichtet, von dem gesamten Bilanzgewinn des Vorjahres, soweit er nicht auf neue Rechnung vorgetragen[130], in die Rücklagen eingestellt oder in Nennkapital umgewandelt worden war, die Proportionalsteuer im Wege des Quellensteuerabzuges abzuführen[131].

2° Toutes les sommes ou valeurs mises à la disposition des associés, actionnaires ou porteurs de parts et non prélevées sur les bénéfices.
Les sommes imposables sont déterminées pour chaque période retenue pour l'établissement de l'impôt sur les sociétés par la comparaison des bilans de clôture de ladite période et de la période précédente selon des modalités fixées par décret en Conseil d'État.

129 Zu den unterschiedlichen Anwendungsbereichen der beiden Ausschüttungsdefinitionen s. unten, S. 52 f., 57 f. und 58 f.

130 Nach einer Ausführungsbestimmung zu Art. 109 CGI, Art. 44 b annexee II zum CGI, ist auch der Vortrag des Bilanzgewinnes auf neue Rechnung als Einstellung in die Rücklagen i. S. v. Art. 109-1.-1° CGI anzusehen.

131 Laferrière, S. 462.

bb) Erfassung unangemessener Vermögensvorteile, die die Gesellschaft ohne betriebliche Veranlassung im Rahmen von Austauschgeschäften zuwendet

Die Ausschüttungsdefinition erfaßt darüber hinaus auch alle Vermögensvorteile, die die Gesellschaft den Gesellschaftern im Ausschüttungsgeschäftsjahr 02 zusätzlich insbesondere durch unausgewogene Austauschgeschäfte außerbetrieblich zuwendet, soweit ihre Zuwendung den Handelsbilanzgewinn des Geschäftsjahres 02 mindert. Diese Vermögensvorteile sind nach den allgemeinen Gewinnberichtigungsregelungen des französischen Steuerrechts dem Handelsbilanzgewinn des Geschäftsjahres 02 hinzuzurechnen. Da ihre Thesaurierung durch Gewinnverwendungsbeschluß nicht erfolgen kann – sie sind nicht im Handelsbilanzergebnis enthalten –, gelten sie ebenfalls gem. Art. 109-1.-1° CGI als ausgeschüttet[132]. Das stellt Art. 110 Abs. 1 CGI nochmals ausdrücklich klar. Danach ist unter den Gewinnbeträgen, für die die Ausschüttungsfiktion gilt, der für die Besteuerung auf der Ebene der Gesellschaft maßgebliche steuerliche Gewinn zu verstehen, also der Gewinn, der sich u. a. nach der Hinzurechnung dieser Vermögensvorteile ergibt[133].

(Art. 110 Abs. 1 CGI lautet:
„Pour l'application du no. 1 du 1 de l'article 109, les bénéfices s'entendent de ceux qui ont été retenus pour l'assiette de l'impôt sur les sociétés.").

Beispiel:

Wenn eine Gesellschaft in einem Wirtschaftsjahr Gesellschaftern im Rahmen von Austauschgeschäften Vermögensvorteile ohne betriebliche Veranlassung zuwendet, sind je nach der Art der Zuwendung drei verschiedene Auswirkungen auf das Handelsbilanzergebnis denkbar:

1) *Die Gesellschaft nutzt Dienste, Kapital oder Wirtschaftsgüter des Gesellschafters gegen überhöhtes Entgelt, sie bezahlt z. B. ihrem Gesellschafter-Geschäftsführer ein überhöhtes Gehalt.*
   Das zuviel gezahlte Entgelt, das als anormale Vorteilszuwendung dem Gewinn hinzuzurechnen ist, hat das Handelsbilanzergebnis gemindert und kann nicht thesauriert werden.

2) *Die Gesellschaft erwirbt von einem Gesellschafter eine Beteiligung (an einer anderen Kapitalgesellschaft) zu einem überhöhten Kaufpreis. Zur Verschleierung der anormalen Vorteilszuwendung wird die Gesellschaft die erworbene Beteiligung i. d. R. mit den überhöhten Anschaffungskosten aktivieren.*

---

132 Vgl. dazu CE 10.03.72, Nr. 79.927, 79.925, Dupont 1972, S. 188, 189; Anm. zu CE 26.4.85, Nr. 40.799, DF 85 com. 1618, S. 1135.

133 Dieser Gewinn erhöht sich gem. Art. 110 Abs. 2 CGI noch um die steuerfreien Gewinnbeträge einschließlich der steuerfreien Erträge aus Schachtelbeteiligungen (s. dazu oben, S. 11 f.) und um die steuerfreien Gewinne aus ausländischen Betriebsstätten (s. dazu oben, S. 3 f.) und vermindert sich um die gezahlte Körperschaftsteuer.

In diesem Fall mindert die außerbetriebliche Vorteilszuwendung in Gestalt der überhöhten Kaufpreiszahlung zunächst das Handelsbilanzergebnis nicht, weil sie bei der Beteiligung aktiviert wird. Nach der h. M. ist daher in diesem Fall – zumindest, wenn die Gesellschaft die Beteiligung nicht im gleichen Geschäftsjahr wieder verkauft oder eine Teilwertabschreibung vornimmt – die Ausschüttungsdefinition des Art. 109-1.-1° CGI nicht anwendbar[134]. *Nach der h. M. erfolgt hier vielmehr eine Ausschüttung i. S. des Art. 109-1.-2° oder des Art. 111 c CGI*[135] *(s. dazu unten, S. 58 f., 68 f.).*

3) *Die Gesellschaft verzichtet bei Leistungen oder Lieferungen an einen Gesellschafter auf Einnahmen.*
Die infolge des Verzichts auf Einnahmen dem Gesellschafter aus außerbetrieblichen Gründen gewährten Vermögensvorteile, die als anormale Vorteilszuwendungen dem Gewinn hinzuzurechnen sind, sind in dem Handelsbilanzergebnis nicht erfaßt und können daher nicht thesauriert werden.

Da somit – abgesehen von dem Fall des Erwerbs von Anlagegegenständen mit überhöhten Anschaffungskosten – alle Vermögensvorteile, die die Gesellschaft einem Gesellschafter im Rahmen schuldrechtlicher Beziehungen außerbetrieblich zuwendet und die aus diesem Grunde wieder dem Gewinn hinzuzurechnen sind, das Handelsbilanzergebnis mindern und nicht thesaurierbar sind, gelten diese Vermögensvorteile gem. Art. 109-1.-1° CGI neben den gesellschaftsrechtlichen Ausschüttungen (aus dem Handelsbilanzgewinn des Vorjahres) ebenfalls als ausgeschüttet.

cc) Erfassung tatsächlicher Gewinnverkürzungen

Die Ausschüttungsfiktion erfaßt außerdem tatsächliche Gewinnmanipulationen bei der Gesellschaft, insbesondere Gewinnverkürzungen durch nicht verbuchte Einnahmen und/oder fiktive Ausgaben, die von den Finanzverwaltung nachträglich festgestellt werden. Auch die daraus resultierenden Gewinnberichtigungen bei der Gesellschaft sind nicht im Handelsbilanzergebnis enthalten und gelten somit gleichfalls als ausgeschüttet[136].

dd) Ausschüttungszeitpunkt bei verdeckten Gewinnausschüttungen

Nach der h. M. ist die Ausschüttung der ohne betriebliche Veranlassung zugewendeten Vermögensvorteile und der tatsächlichen Gewinnverkürzungen zum Ende des Wirtschaftsjahres anzunehmen, für das sie dem Gewinn der Gesellschaft hinzuzurechnen sind (da ihre Thesaurierung durch den späteren

---

134 Oudenot, 2. Aufl., Rn. 1319, 1333 m. w. N.; CE 28.02.01, Nr. 199.295, DF 2001 com. 592, mit concl. Bachelier, S. 992 f. (994, 996); Cozian, 28. Aufl., Rn. 639b.

135 S. Fn. 134.

136 Vgl. z. B. CE 06.12.1965, Nr. 47.850, 54.363, DF 66 Doctrine, S. 3, 4, 27; CE 20.10.1982, Nr. 23.942, RJF 1982, S. 553 (554); CE 14.06.1989, Nr. 64.114, DF 1989 com. 2487.

Gewinnverwendungsbeschluß nicht in Betracht kommt)[137]. Diese Regelung ermöglichte erstmals eine generelle Erfassung verdeckter Gewinnausschüttungen auf der Ebene der Anteilseigner. Sie werden in der französischen Terminologie im Gegensatz zu den regulären Gewinnausschüttungen aufgrund der gesellschaftsrechtlichen Gewinnverteilung als irreguläre Ausschüttungen (distributions irrégulières) bezeichnet[138]. Diesem Begriff entspricht im deutschen am ehesten der Begriff verdeckte Gewinnausschüttungen, da auch verdeckte Gewinnausschüttungen dadurch gekennzeichnet sind, daß sie außerhalb der gesellschaftsrechtlichen Gewinnverteilung erfolgen.

b) Technische Regelung für den Quellensteuerabzug und darüber hinausgehende allgemeine Bedeutung für die Erfassung verdeckter Gewinnausschüttungen

aa) Technische Regelung für den Quellensteuerabzug

Die Ausschüttungsdefinition des Art. 109-1.-1° CGI war zunächst für den Quellensteuerabzug mit der Proportionalsteuer konzipiert. Durch die Fiktion der Ausschüttung aller nicht thesaurierten Gewinnbeträge ermöglichte sie den Quellensteuerabzug ohne Nachweis eines Zuflusses bei den Anteilseignern. Die Finanzverwaltung konnte dadurch im Besteuerungsverfahren der Gesellschaft bei der Aufdeckung anormaler Vorteilszuwendungen gleichzeitig mit der Körperschaftsteuer auch noch die Proportionalsteuer für Rechnung der Anteilseigner erheben[139]. Die Gesellschaft war Steuerschuldnerin der Proportionalsteuer[140]. Sie konnte diese bei offenen Gewinnausschüttungen durch den Quellensteuereinbehalt auf die Anteilseigner abwälzen[141]. Die bezogenen Dividenden unterlagen bei den Anteilseignern netto, d. h. nach Abzug der Proportionalsteuer, der progressiven Zusatzsteuer (surtaxe progressive)[142]. Bei verdeckten Gewinnausschüttungen wurde den Anteilseignern die Möglichkeit eingeräumt, die darauf erhobene Proportionalsteuer der Gesellschaft zu erstatten. In diesem Fall wurden die verdeckten Gewinnausschüttungen ebenfalls netto bei den Anteilseignern angesetzt (Art. 1649 septies E CGI a. F.).

bb) Grundlage für das Verwaltungszwangsverfahren zur Ermittlung unbekannter Empfänger von verdeckten Gewinnausschüttungen

Wenn die Finanzverwaltung tatsächliche Gewinnverkürzungen festgestellt hat, wird allerdings oft nicht feststehen, ob ihre Beträge überhaupt von der Gesellschaft abgeflossen und einem oder mehreren Gesellschaftern zugeflossen sind. Die Ausschüttungsfiktion unterstellte hier jedoch einen Abfluß und ermöglichte

---

137 Vgl. dazu Conclusions Bissara zu CE 26.04.1985, Nr. 40.799, DF 85 com. 1618, S. 1138.
138 Cozian, 28. Aufl., Rn. 632; Serlooten, 5. Aufl., Rn. 783.
139 Vgl. dazu z. B. den Sachverhalt von CE 10.03.1972, Nr. 79.927, Dupont 1972, S. 188 (189).
140 Laferrière, S. 467, 468, 473.
141 Laferrière, S. 467, 468, 473.
142 Lefebvre in: Cahiers, Bd. 29, 1955, S. 48 f.

die Erfassung der unterstellten Vermögensabflüsse mit der Proportionalsteuer für Rechnung der Gesellschafter oder sonstiger Vorteilsempfänger[143].

Die unmittelbare Besteuerung der aus den Gewinnverkürzungen erlangten Beträge bei den Empfängern mit der surtaxe progressive war dagegen nur möglich, wenn diese bekannt waren und ihnen ein Zufluß nachgewiesen werden konnte[144]. Für diese Fälle führte jedoch der Gesetzgeber auf der Grundlage der Ausschüttungsfiktion gleichzeitig noch ein Verwaltungszwangsverfahren ein, das die Gesellschaft zur Benennung der Empfänger verpflichtete (s. dazu unten, S. 65 f.).

cc) Allgemeine Bedeutung durch Umqualifizierung unangemessener Vorteilszuwendungen in verdeckte Gewinnausschüttungen

Neben ihrer Bedeutung für die Proportionalsteuer kam der Ausschüttungsdefinition des Art. 109-1.-1° CGI aber auch eine allgemeine Bedeutung für die Erfassung verdeckter Gewinnausschüttungen auf der Ebene der Anteilseigner zu, da sie unangemessene Vorteilszuwendungen im Rahmen schuldrechtlicher Austauschgeschäfte, die als anormale Geschäftsführungsmaßnahmen oder aus sonstigen Gründen dem Gewinn hinzuzurechnen waren, und die Beträge tatsächlicher Gewinnverkürzungen als verdeckte Gewinnausschüttungen qualifizierte.

Die Regelung des Art. 109-1.-1° CGI und das darauf beruhende Verwaltungszwangsverfahren zur Ermittlung der unbekannten Empfänger verdeckter Gewinnausschüttungen wurden daher auch nach Abschaffung der Proportionalsteuer und Einführung einer einheitlichen Einkommensteuer (ohne zweistufige Besteuerung) im Jahre 1959 und auch nach der Abschaffung des Quellensteuerabzugs für Dividenden und verdeckte Gewinnausschüttungen innerhalb Frankreichs im Jahre 1965 beibehalten. Sie ist auch zum jetzigen Zeitpunkt noch geltendes Recht.

c) Die Methoden zur Ermittlung verdeckter Gewinnausschüttungen i. S. des Art. 109-1.-1° CGI

aa) Die gesetzlich geregelte Methode

Nach Art. 109-1. Abs. 2 CGI ist zur Ermittlung der in einem Besteuerungszeitraum als ausgeschüttet geltenden Gewinnbeträge ein Bilanzvergleich vorgeschrieben. Die ausgeschütteten Beträge sind durch Vergleich der Anfangs- und Schlußbilanz für den Besteuerungszeitraum festzustellen[145]. In einer Ausführungsverordnung zu Art. 109-1. Abs. 2 CGI werden nähere Einzelheiten dieser Ermittlungsmethode geregelt (Art. 40-47 annexe II zum CGI).

---

143 Nach französischer Auffassung sind verdeckte Gewinnausschüttungen i. S. des Art. 109-1.-1° CGI auch an Nicht-Gesellschafter möglich, s. dazu S. 52 f.

144 Vgl. dazu z. B. Précis de l'adm. fisc. 1978, Bd. 1, Rn. 1472.

145 Zum Gesetzestext und der deutschen Übersetzung s. Fn. 128 und S. 41.

Diese Methode ist jedoch in der praktischen Anwendung wenig hilfreich. Sie bezieht sich sowohl auf die gesellschaftsrechtlichen Ausschüttungen aus dem Handelsbilanzgewinn des vorangegangenen Geschäftsjahres 01 (einschließlich der Ausschüttungen aus Gewinnvorträgen und aus der Auflösung von Rücklagen) als auch auf verdeckte Gewinnausschüttungen des laufenden Ausschüttungs-Geschäftsjahres 02. Beide Arten von Ausschüttungen sind innerhalb eines Besteuerungszeitraumes möglich.

Z. B. gilt nach Art. 42 Abs. 1 1. HS. annexe II zum CGI, wenn aufgrund des Bilanzvergleichs eine Erhöhung des Gesellschaftsvermögens im Besteuerungszeitraum festzustellen ist, als ausgeschütteter Gewinn der Betrag, um den der Handelsbilanzgewinn zum Ende des Ausschüttungs-Geschäftsjahres diese Erhöhung übersteigt. Dieser Betrag muß von dem Handelsbilanzgewinn (des vorangegangenen Geschäftsjahres) ausgeschüttet worden sein, da insoweit der im Ausschüttungs-Geschäftsjahr erwirtschaftete Gewinn die Erhöhung des Betriebsvermögens zum Ende dieses Geschäftsjahres übersteigt[146].

Wurden jedoch innerhalb des Ausschüttungs-Geschäftsjahres auch Vermögensvorteile ohne betriebliche Veranlassung gewährt, dann sind diese zunächst dem Bilanzgewinn zum Ende dieses Geschäftsjahres hinzuzurechnen. Ob diese Hinzurechnung zu erfolgen hat, kann jedoch nicht anhand der Bilanzvergleichsmethode, sondern nur nach den allgemeinen Gewinnberichtigungsregelungen entschieden werden. Erst nach dieser Hinzurechnung gehen diese Vermögensvorteile in den Differenzbetrag ein, um den der Bilanzgewinn zum Ende des Ausschüttungs-Geschäftsjahres die Erhöhung des Betriebsvermögens zu diesem Zeitpunkt übersteigt. Die entscheidende Frage, ob im Rahmen von Austauschgeschäften mit Gesellschaftern Vermögensvorteile ohne betriebliche Veranlassung gewährt wurden und ob diese dem Gewinn zum Ende des Ausschüttungs-Geschäftsjahres hinzuzurechnen sind, kann also mit Hilfe der Bilanzvergleichsmethode nicht beantwortet werden[147].

---

146 Vgl. dazu im einzelnen die Darstellung von Plagnet in: Jur.- cl. fisc., Fasc. 651, II.A, Anm. 31-35.

147 Das gleiche gilt für die Ermittlung der ausgeschütteten Beträge in Gewinnperioden, wenn der Bilanzvergleich ergibt, daß sich das Betriebsvermögen in dem Besteuerungszeitraum vermindert hat, und in Verlustperioden. Im ersten Fall gilt nach Art. 42 Abs. 1 2. Hs. annexe II zum CGI als ausgeschütteter Gewinn die Summe der Betriebsvermögensminderung und des Handelsbilanzgewinns zum Ende des Ausschüttungs-Geschäftsjahres. Auch dieser Ausschüttungsbetrag bezieht sich zunächst nur auf Ausschüttungen aus dem Handelsbilanzgewinn des Vorjahres (einschließlich der Ausschüttungen aus Gewinnvorträgen und aus der Auflösung von Rücklagen). Da die durch diese Ausschüttungen eingetretene Betriebsvermögensminderung durch den im Ausschüttungs-Geschäftsjahr erwirtschafteten Gewinn teilweise wieder kompensiert wird, muß der Gesamtbetrag dieser Ausschüttungen mit der Summe aus den Beträgen der Betriebsvermögensminderung und des Handelsbilanzgewinns zum Ende dieses Geschäftsjahres identisch sein (vgl. dazu im einzelnen die Darstellung von Plagnet in: Jur.-cl. fisc. Fasc. 651, II.A, Anm. 36 und 37).

Bei Einführung der Bilanzvergleichsmethode hatte der Gesetzgeber offensichtlich hauptsächlich die Fälle verdeckter Gewinnausschüttungen durch Nichtverbuchung von Einnahmen oder Ansatz fiktiver Ausgaben vor Augen[148]. In diesen Fällen sind die von der Finanzverwaltung festgestellten und dem Gewinn hinzugerechneten unterschlagenen Beträge in der Differenz zwischen dem berichtigten Gewinn und der tatsächlichen Erhöhung des Betriebsvermögens zum Ende des Wirtschaftsjahres enthalten (bzw. in der Summe aus der tatsächlichen Minderung des Betriebsvermögens und des berichtigten Gewinns).

Zur Feststellung verdeckter Gewinnausschüttungen aufgrund unangemessener Austauschgeschäfte mit Gesellschaftern oder Dritten ist die Bilanzvergleichsmethode jedoch nicht geeignet[149]. Sie wird daher in der Praxis auch nicht zu diesem Zweck angewendet. In der Praxis dient sie nur als Interpretationshilfe zur Entscheidung von Grenzfällen, da sie Rückschlüsse auf die gesetzgeberische Konzeption zuläßt, die Art. 109-1.-1° CGI zugrunde liegt[150] (s. dazu auch unten, S. 50).

bb) *Die in der Praxis angewendete Methode*

Die Finanzverwaltung stellt in der Praxis die gesellschaftsrechtlichen Ausschüttungen aufgrund der Gewinnverwendungsbeschlüsse und die verdeckten Gewinnausschüttungen nach der sog. Methode der Gewinnberichtigung fest.

Ihre Betriebsprüfer überprüfen die einzelnen Posten der Gewinn- und Verlustrechnung auf ihre Richtigkeit und Vollständigkeit und die Geschäftsvorfälle der Gesellschaft auf ihre Angemessenheit. Stellen sie nichtverbuchte Einnahmen, fiktive Ausgaben, unangemessene Aufwendungen oder unangemessene Einnahmeverzichte fest, dann ist deswegen der Gewinn der Gesellschaft zu

---

Ob diesem Handelsbilanzgewinn auch noch im Ausschüttungs-Geschäftsjahr infolge unausgewogener Austauschgeschäfte zugewendete Vermögensvorteile hinzuzurechnen sind, kann wiederum anhand der Bilanzvergleichsmethode nicht beantwortet werden.
In Verlustsituationen der Gesellschaft gilt nach Art. 42 Abs. 2 annexe II zum CGI als ausgeschütteter Betrag die Differenz zwischen der Minderung des Betriebsvermögens und dem Verlust zum Ende des Ausschüttungs-Geschäftsjahres. Da ein Teil der Betriebsvermögensminderung zum Ende des Ausschüttungs-Geschäftsjahres auf den in diesem Geschäftsjahr erwirtschafteten Verlust zurückzuführen ist, kann von dem Handelsbilanzgewinn des Vorjahres nur der Betrag der Betriebsvermögensminderung abzüglich des Verlusts ausgeschüttet worden sein (vgl. dazu Plagnet in: Jur.-cl. fisc. Fasc 651, II.A, Anm. 38, 39). Ob dieser Verlust infolge der Hinzurechnung verdeckter Gewinnausschüttungen des Ausschüttungs-Geschäftsjahres zu reduzieren ist, kann ebenfalls mit Hilfe der Bilanzvergleichsmethode nicht entschieden werden.

148 Nach französischer Auffassung ist die Unterschlagung von Einnahmen durch einen Geschäftsführer der Gesellschaft auch dann als verdeckte Gewinnausschüttung zuzurechnen, wenn er an der Gesellschaft nicht allein oder überhaupt nicht beteiligt ist (s. dazu oben, S. 27, 30). Das gleiche gilt für Unterschlagungen durch Gesellschafter, die an der Geschäftsführung nicht beteiligt sind (s. dazu unten, S. 60, 113).

149 Gl. A. Turot, RJF 1990, S. 3 f. (5).

150 Vgl. dazu Cozian, Grands Principes, 2. Aufl., S. 460, 461; Turot, a. a. O.; concl. Schricke zu CE 09.01.82, Nr. 20.003, DF 82 com. 1376, S. 877 f. (878); Anm. zu CE 10.03.1972, Nr. 79.927, 79.925, Dupont 72, S. 190.

berichtigen und nach Art. 109-1.-1° CGI gleichzeitig eine Ausschüttung der Berichtigungsbeträge anzunehmen, da sie nicht im Handelsbilanzergebnis enthalten sind[151]. In Übereinstimmung mit dieser Praxis bestimmt auch Art. 47 annexe II zum CGI, daß jede positive Berichtigung des Gesellschaftsgewinns durch die Finanzverwaltung für ein Wirtschaftsjahr als Ausschüttung desselben Wirtschaftsjahres zu erfassen ist („Tout redressement du bénéfice imposable à l'impôt sur les sociétés au titre d'une période sera pris en compte au titre de la même période pour le calcul des sommes distribuées").

d) Zu weite Fassung des Wortlauts von Art. 109-1.-1° CGI

aa) Das Problem

Die neu geschaffene Regelung für die Besteuerung verdeckter Gewinnausschüttungen auf der Ebene der Anteilseigner in Art. 109-1.-1° CGI ist dem Wortlaut nach zu weit gefaßt. Nach dem Wortlaut von Art. 109-1.-1° CGI wird bei jeder positiven Gewinnberichtigung durch die Finanzbehörden auf der Ebene der Gesellschaft eine Ausschüttung des Betrages dieser Gewinnberichtigung fingiert, weil eine solche Gewinnberichtigung immer voraussetzt, daß ihr Ergebnis bisher nicht in der Handelsbilanz enthalten sind.

Nicht alle Gewinnberichtigungen, die die Finanzbehörden im Rahmen steuerlicher Betriebsprüfungen bei Kapitalgesellschaften durchführen, beruhen aber auf verdeckten Gewinnausschüttungen; z. B. ist das nicht der Fall bei der Korrektur von überhöhten Abschreibungen, die eine Kapitalgesellschaft bei ihren Anlagegegenständen vorgenommen hat.

bb) Einschränkung des Anwendungsbereichs von Art. 109-1.-1° CGI durch eine Ausführungsverordnung

Das Problem des zu weit gefaßten Wortlauts von Art. 109-1.-1° CGI wurde bereits im Jahre 1950 von dem französischen Verordnungsgeber bei Erlaß der Durchführungsbestimmungen (Art. 40 bis 47 Annexe II zum CGI) für die Neuregelung zur Erfassung verdeckter Gewinnausschüttungen erkannt. Diese enthalten nämlich die Regelung, daß u. a. die Berichtigung überhöhter Abschreibungen oder ungerechtfertigter oder überhöhter Rückstellungen einer Einstellung in die Rücklagen gleichsteht, so daß die Ausschüttungsfiktion nach Art. 109-1.-1° CGI für diese Gewinnberichtigungen nicht eingreift (Art. 44 b Annexe II zum CGI. Der Wortlaut und eine deutsche Übersetzung dieser Vorschrift sind im Anhang, S. 151, wiedergegeben).

---

151 H. M., vgl. dazu Cozian, Grands Principes, 2. Aufl., Doc. 27, Rn. 8, 9, 10, S. 460, 461; Turot, RJF 1990, S. 3 f. (5); Plagnet, DF 1990, S. 368 f. (368); Plagnet, in: Jur.-cl. fisc., Fasc. 651 II C, Anm. 49, 50.

cc) Einschränkende Auslegung von Art. 109-1.-1° CGI durch das Erfordernis eines „désinvestissement"

Die französische Rspr., Finanzverwaltung und h. L. haben dieser Ausführungsbestimmung des Art. 44 b Annexe II zum CGI den allgemeinen Rechtsgedanken entnommen, daß die Geltung der Ausschüttungsfiktion des Art. 109-1.-1° CGI für steuerlich gebotene Gewinnberichtigungen bei der Kapitalgesellschaft davon abhängig sein soll, daß das Ergebnis der Gewinnberichtigung nicht im Unternehmen investiert bleibt[152]. Auf eine solche Absicht des Gesetzgebers deutet auch die in Art. 109-1. Abs. 2 CGI geregelte Bilanzvergleichsmethode hin, wonach sämtliche in der Gesellschaft zum Ende des Wirtschaftsjahres nicht mehr vorhandenen Vermögenswerte, die für die Körperschaftsteuer als steuerpflichtige oder als steuerfreie Einkünfte zu erfassen sind, als ausgeschüttet gelten[153].

Art. 109-1.-1° CGI wurde daher schon einige Jahre nach seinem Inkrafttreten am 01.01.1949 von der h. M. folgendermaßen einschränkend ausgelegt: Jede steuerlich gebotene positive Gewinnberichtigung auf der Ebene der Kapitalgesellschaft gilt nur dann gleichzeitig als ausgeschüttet, wenn ihr Ergebnis nicht im Unternehmen der Gesellschaft investiert bleibt, sondern „desinvestiert" wird, d. h. von der Gesellschaft abfließt (vgl. dazu anschließend dd)). Verdeckte Gewinnausschüttungen i. S. d. Art. 109-1.-1° CGI sind danach alle aus steuerlichen Gründen dem Gewinn der Gesellschaft hinzuzurechnenden Vermögenswerte, die zum Bilanzstichtag nicht mehr in ihrem Vermögen vorhanden sind[154].

dd) Erste Stellungnahme der Finanzverwaltung zu dem Erfordernis des désinvestissement im Jahre 1954

Die einschränkende Auslegung von Art. 109-1.-1° CGI mit dem Erfordernis eines désinvestissement wurde von der französischen Finanzverwaltung zum ersten Mal 1954 in der sog. réponse Denais (Beantwortung einer parlamentarischen Anfrage des Abgeordneten Denais durch einen Vertreter des Finanzministeriums) veröffentlicht[155].

Im französischen Steuerrecht haben gesetzesinterpretierende Verwaltungsvorschriften und Stellungnahmen der Finanzverwaltung, die bei einer parlamentarischen Anfrage oder in anderer Weise offiziell verkündet werden, zugunsten der Steuerpflichtigen Außenwirkung und Verbindlichkeit (Art. L 80 A u. B LPF).

---

152 Vgl. dazu Turot, RJF 1990, S. 3 ff. (5).

153 S. dazu oben, S. 46 f., und Cozian, Grands Pricipes, 2. Aufl., doc. 27, Rn. 9, S. 461; Viegener, RIW 1988, S. 788 f. (796, 797).

154 Cozian, Grands Pricipes, 2. Aufl., doc. 27, Rn. 9, S. 461; Viegener, RIW 1988, S. 788 f. (796, 797).

155 JO AN 06.01.1954, Nr. 8460.

Das gilt auch dann, wenn die Verwaltungsvorschriften und Stellungnahmen gesetzwidrig sind[156].

Der réponse Denais lag folgender Sachverhalt zugrunde:

Eine Kapitalgesellschaft hatte im Rahmen von Geschäftsbeziehungen mit Kunden (offensichtlich nach Ausführung ihrer Leistungen) im Jahre 1952 Wechsel erfüllungshalber angenommen, aber die Wechselforderungen nicht sofort, sondern erst zum Zeitpunkt ihrer Diskontierung im Wirtschaftsjahr 1953 als Erträge verbucht. Nach den französischen Grundsätzen der Bilanzierung einseitig erfüllter Verträge hätten die Wechselforderungen (wie in Deutschland nach den GOB) bereits bei der Annahme erfüllungshalber im Jahre 1952 als Erträge verbucht werden müssen. Infolge der falschen Verbuchung kam es zu einer Gewinnverlagerung in das Wirtschaftsjahr 1953, die von der Betriebsprüfung berichtigt wurde.

Gegenstand der parlamentarischen Anfrage des Abgeordneten Denais war nun, ob für die Gewinnberichtigung der Betriebsprüfung, mit der die Bilanzierung der Erträge aus der Annahme der Wechselforderungen in das Jahr des Erwerbs der Wechselforderungen zurückbezogen wurde, auch die Ausschüttungsfiktion des Art. 109-1.-1° CGI gelten würde.

In seiner Antwort hat das Finanzministerium ausgeführt, daß Gewinnberichtigungen der Betriebsprüfung nach Art. 109-1.-1° und Art. 110 CGI nur insoweit als ausgeschüttet anzusehen sind und der Ausschüttungssteuer (Proportionalsteuer) unterliegen, als die entsprechenden Beträge nicht in dem Unternehmen investiert bleiben. Auf die konkrete Fragestellung ging es dabei weiter nicht ein. Es lag jedoch nahe, daß bei der Berichtigung der Gewinnverlagerung durch den Ansatz der Wechselerträge in dem Jahr der Gewinnrealisierung (1952) ein Verbleib der berichtigten Erträge im Unternehmen anzunehmen war und daher die Ausschüttungsfiktion nicht eingriff, weil aus den Wechseln für Ausschüttungen verwendbare Mittel vor ihrer Diskontierung im Jahr 1953 nicht zu Verfügung standen.

Die Antwort des Finanzministeriums lautet im Original: „En vertu des articles 109 et 110 du code général des impôts, tout redressement apporté au bénéfice imposable à l'impôt sur les sociétés, au titre d'une période, doit, en principe, être pris en compte, au titre de la même période, pour l'établissement de la taxe proportionnelle et de la surtaxe progressive dues du chef des revenus mobiliers. Toutefois, les bénéfices correspondant auxdits redressements ne sont effectivement soumis à l'impôt de distribution que dans la mesure où ils ne sont pas demeurés investis dans la société."

---

156 Vgl. dazu Les grands arrêts, 4. Aufl., thème 9, S. 179-194.

e) Umdeutung der Ausschüttungsfiktion gem. Art. 109-1.-1° CGI in eine Ausschüttungsvermutung – Fortbestand von Elementen einer Ausschüttungsfiktion

Wegen des Erfordernisses des Abflusses des Betrages der Gewinnberichtigung (désinvestissement) wird die Regelung des Art. 109-1.-1° CGI, wonach grundsätzlich jede positive Gewinnberichtigung bei einer Gesellschaft als ausgeschüttet gilt, von der h. M. in eine bloße Ausschüttungsvermutung umgedeutet, die durch den Nachweis des Nichtabflusses des Berichtigungsbetrags (Fehlen eines désinvestissement) widerlegt werden kann[157].

Art. 109-1.-1° CGI enthält aber auch in dieser Auslegung weiterhin Elemente einer Fiktion. Zum Beispiel kann bei der Hinzurechnung nichtabziehbarer Betriebsausgaben zum Gewinn die „Ausschüttungsvermutung" nach der h. M. nicht mit dem Nachweis widerlegt werden, daß insoweit materiell gar keine verdeckte Gewinnausschüttung vorliegt (s. dazu unten, S. 71, 79 f.)[158].

f) Verdeckte Gewinnausschüttungen an Nicht-Gesellschafter

aa) Allgemeines

Seit einer Grundsatzentscheidung des CE aus dem Jahre 1972[159] greift die Ausschüttungsvermutung des Art. 109-1.-1° CGI nach der h. M. auch dann ein, wenn der Vermögensabfluß nicht an einen Anteilseigner, sondern an einen Dritten erfolgt. Das bedeutet, daß nach französischer Auffassung verdeckte Gewinnausschüttungen nicht nur an Gesellschafter, sondern auch an Dritte möglich sind.

Vorher hatte die Rspr. die Anwendung der Ausschüttungsvermutung im Verhältnis zu Dritten abgelehnt, weil verdeckte Gewinnausschüttungen nur im Verhältnis zu Gesellschaftern angenommen werden könnten[160].

bb) Sachverhalt und Begründung der Entscheidung des CE vom 10.3.1972

1. Der Entscheidung des CE aus dem Jahr 1972 lag folgender Sachverhalt zugrunde:

   Bei einer Aktiengesellschaft (SA) hatte für die Wirtschaftsjahre 1962 und 1963 eine Betriebsprüfung stattgefunden. Der Geschäftsgegenstand der SA wird in dem Urteil nicht genannt. Président-directeur général (PDG) der

---

157 Vgl. dazu z. B. CE 6.12.65, Nr. 47.850 u. 54.363, DF 66, doctrine, S. 3, 4, mit concl. Poussière, a. a. O., S. 4, 27; Précis de l'adm. fisc. 1996, Rn. 1553 f.; Jur.-cl. fisc. Fasc. 652-B, Rn. 8-12; Plagnet DF 90, S. 368 f.

158 Die Regelung des Art. 109-1.-1° CGI wird deshalb im folgenden entsprechend dem französischen Sprachgebrauch ebenfalls als Ausschüttungsvermutung bezeichnet, mit dem Vorbehalt, daß sie auch Elemente einer Fiktion enthält.

159 CE 10.3.1972, Nr. 79.927, 79.925, Dupont 1972, S. 188-190.

160 Vgl. z. B. CE 22.1.69, Nr. 72.565, DF 69 com. 329; CE 3.5.68, Nr. 70.904, Lebon, S. 278.

SA war eine Dame, die gleichzeitig als Aktionärin an der SA beteiligt war. Das französische Aktienrecht schreibt vor, daß der PDG einer SA (wie auch die übrigen Mitglieder des Verwaltungsrates der SA) eine Anzahl von Aktien der SA halten muß, deren Zahl von der Satzung festzulegen ist und für eine Teilnahme an der Hauptversammlung ausreichend sein muß (Art. L.225-25 C. Com.).

Der Ehemann der PDG (D) war ebenfalls bei der SA beschäftigt und übte dort die Funktion eines angestellten kaufmännischen Direktors aus. Er besaß keine Aktien der Gesellschaft.

Die Finanzverwaltung hatte festgestellt, daß ein Teil der von der SA dem D in den Jahren 1962 und 1963 erstatteten und als Betriebsausgaben abgesetzten Hotel-, Reise- und Bewirtungsspesen nicht betrieblich veranlaßt war, weil es sich insoweit um Hotelübernachtungen und Restaurantkosten mit privatem Charakter handelte. Obwohl im Sachverhalt der Entscheidung nicht ausgeführt, ist anzunehmen, daß D und die durch seine Ehefrau als PDG vertretene SA bei der ungerechtfertigten Spesenerstattung kollusiv zusammengewirkt haben.

Der zu Unrecht erstattete private Teil der Spesenrechnungen (FF 4.200 im Jahr 1962 und FF 3.900 im Jahr 1963) wurde von der Finanzverwaltung dem Gewinn der SA wieder hinzugerechnet. Gleichzeitig qualifizierte die Finanzverwaltung diese Beträge in Anwendung der Ausschüttungsvermutung des Art. 109-1.-1° CGI auch noch als Gewinnausschüttungen an D, was zu entsprechenden Steuerforderungen gegen die SA (Kapitalertragsteuer) und D (Einkommensteuer) führte. Gegen diese Festsetzungen der Finanzverwaltung erhoben die Gesellschaft und D Klage.

2. Der CE bestätigte im Verfahren der Gesellschaft (Körperschaftsteuer) die Entscheidung der Finanzverwaltung, die die als Geschäftsspesen deklarierten privaten Hotel- und Bewirtungskosten ihrem Gewinn hinzugerechnet hatte. Nach der Rspr. gelten als Geschäftsspesen deklarierte, verdeckt einem Arbeitnehmer zugewendete geldwerte Vorteile als unangemessener Arbeitslohn, der gem. Art. 39-1.-1° Abs. 2 CGI nicht als Betriebsausgabe abzugsfähig ist[161].

Gegen die Besteuerung der ungerechtfertigten Spesenerstattungen als Gewinnausschüttungen an D hatten die Gesellschaft und D ebenfalls Rechtsmittel eingelegt, mit der Begründung, daß D nicht an der SA beteiligt und Gewinnausschüttungen nur an Anteilseigner möglich seien.

Der CE wies diese Argumentation mit folgender Begründung zurück:

Die Ausschüttungsvermutung des Art. 109-1.-1° CGI gelte für jeden dem Gewinn hinzuzurechnenden Betrag, der nicht im Unternehmen investiert bleibt, unabhängig davon, ob die Gewinnberichtigung auf unangemes-

---

161 Vgl. dazu z. B. CE 25.03.1991, Nr. 66.491, DF 93 com. 219, und oben, S. 15, 16.

senen Zuwendungen an Gesellschafter oder Dritte beruht. Die Regelung des Art. 109-1.-1° CGI sei daher im vorliegenden Fall auch auf die ungerechtfertigte Spesenerstattung an D anzuwenden, obwohl dieser nicht Aktionär der Gesellschaft sei.

Der CE hat hiernach die Anwendbarkeit des Art. 109-1.-1° CGI auch im Falle von unangemessenen Vergütungen an Dritte ohne Gesellschaftereigenschaft bejaht, weil der Wortlaut dieser Vorschrift insoweit keine Einschränkung enthält. Auch an Dritte gezahlte unangemessene Vergütungen sind gem. Art. 39-1.-1° Abs. 2 CGI vom steuerlichen Gewinn der Kapitalgesellschaft nichtabzugsfähig und gelten daher, da ihre Thesaurierung nicht erfolgen kann, gem. Art. 109-1.-1° CGI als an diese ausgeschütteter Gewinn. An dieser Auslegung hat der CE in ständiger Rspr. festgehalten.

g) Typische Fallgruppen verdeckter Gewinnausschüttungen an Nicht-Gesellschafter

Die nach französischem Steuerrecht möglichen verdeckten Gewinnausschüttungen an Nicht-Gesellschafter umfassen unterschiedliche Fallkonstellationen.

aa) Verdeckte Gewinnausschüttungen an Gesellschaftern nahestehende Personen

Um eine solche Fallgestaltung dürfte es sich z. B. bei dem der Entscheidung des CE vom 10.03.1972 (s. oben, S. 52 f.) zugrunde liegenden Sachverhalt[162] handeln.

Hier ist mangels gegenteiliger Ausführungen in dem Urteil anzunehmen, daß der Ehemann der Aktionärin und PDG für seine Tätigkeit als kaufmännischer Direktor von der SA ein angemessenes Gehalt erhielt. Somit dürften die zusätzlichen ihm eingeräumten geldwerten Vorteile, die als Geschäftsspesen verschleiert wurden, nicht aus betrieblichen Gründen gewährt, sondern durch die Gesellschafterstellung der Ehefrau ermöglicht worden sein.

Das französische Recht rechnet also seit der Entscheidung des CE vom 10.03.1972 verdeckte Gewinnausschüttungen an Personen, die einem Gesellschafter nahestehen, nach Art. 109-1.-1° CGI nicht dem Gesellschafter, sondern der nahestehenden Person zu und erfaßt sie bei dieser als Einkünfte aus Kapitalvermögen (bzw. als betrieblich zugeflossener Vorteil, wenn es sich bei der nahestehenden Person um einen Gewerbetreibenden oder um ein KSt-Subjekt handelt).

Entsprechend ist nach französischer Auffassung im Fall von Zuwendungen zwischen Schwestergesellschaften der der Schwestergesellschaft gewährte

---

162 S. Fn. 159.

Vorteil, z. B. die Gewährung eines zinslosen Darlehens, dieser zuzurechnen und nicht bei der Muttergesellschaft steuerlich zu erfassen[163].

bb) Vorteilszuwendungen an Dritte, die als anormale Geschäftsführungsmaßnahmen dem Gewinn hinzuzurechnen sind

α) Eigen- oder fremdnützige Veruntreuungen von Fremdgeschäftsführern durch Abschluß nachteiliger Geschäfte für die Gesellschaft

Das französische Recht rechnet Leistungen aus dem Gesellschaftsvermögen ohne angemessene Gegenleistung, die sich Fremdgeschäftsführer vorsätzlich selbst bewilligen oder ihnen nahestehenden Personen gewähren, der Gesellschaft zu (s. oben, S. 30). Da die unangemessenen Vorteilszuwendungen den Handelsbilanzgewinn mindern (abgesehen von dem Fall des Erwerbs von Anlagegegenständen mit überhöhten Anschaffungskosten [s. oben, S. 43]), aber steuerlich als „anormal" diesem hinzuzurechnen sind, gelten sie gem. Art. 109-1.-1° CGI als Gewinnausschüttungen an die Vorteilsempfänger[164].

Beispiel:

In dem bereits oben (S. 27) erwähnten, von dem CE im Jahre 1989 entschiedenen Fall hatte sich der angestellte kaufmännische Direktor und faktische Geschäftsführer einer SA, der an der Gesellschaft nicht beteiligt war, aus der Gesellschaftskasse ein unverzinsliches Darlehen zur Anschaffung einer Eigentumswohnung bewilligt. Der CE hat die Hinzurechnung einer angemessenen Verzinsung zum Gesellschaftsgewinn und die daraus nach Art. 109-1.-1° CGI folgende Gewinnausschüttung an den kaufmännischen Direktor bestätigt[165].

---

[163] H. M., vgl. dazu z. B. CE 19.12.1986, Nr. 54.101, DF 87 com. 852 mit Anm. Tixier und Rommer.

[164] Vgl. dazu z. B. CE 11.05.1984, Nr. 47.658, DF 84 com. 1576, S. 1096 mit concl. Fouquet, S. 1098; concl. Latournerie zu CE 05.12.1984, Nr. 46.962 in RJF 85, S. 96 (98); CE 17.05.1989, Nr. 63.319, DF 89 com. 1744 mit concl. Liébert-Champagne.

[165] CE 17.05.1989, Nr. 63.319, DF 89 com. 1744 mit concl. Liébert-Champagne.
Unangemessene Gehaltszahlungen oder sonstige Vorteilszuwendungen einer Kapitalgesellschaft an ihre Fremd-Geschäftsführer oder leitenden Angestellten sind aus deutscher Sicht als Einkünfte aus nichtselbständiger Arbeit zu qualifizieren, wenn ein Veranlassungszusammenhang mit dem Arbeitsverhältnis besteht (d. h., wenn die Zuwendungen wirtschaftlich gesehen noch als Gegenleistung für die Zurverfügungstellung der Arbeitskraft angesehen werden können; vgl. Offerhaus BB 82, 1061 f. (1064); Blümich-Thürmer, § 19 EStG, Anm. 190). Bei eigenmächtigen Unterschlagungen und Veruntreuungen liegen aus deutscher Sicht überhaupt keine steuerpflichtigen Einkünfte vor (h. M., vgl. BGH HFR 90, S. 521; BFH BStBl. 1991 II, S. 802 (804)).
Für die abweichende steuerliche Behandlung in Frankreich dürften folgende steuerrechtliche Besonderheiten und Wertungen mit ursächlich sein:
Einkünfte aus nichtselbständiger Arbeit wurden in Frankreich bis Ende des VZ 2005 im Verhältnis zu anderen Einkunftsarten erheblich steuerlich privilegiert. Zunächst wurde und wird ohne Nachweis ein pauschaler Werbungskostenabzug von 10 % der Einnahmen anerkannt bis zu einer Höchstgrenze von € 13.328 für im Jahr 2006 bezogene Einnahmen (Art. 83-3° CGI). Zusätzlich wurde bis Ende des VZ 2005 für diese Einkünfte auch noch ein Freibetrag von 20 %

Schadenersatz- oder Bereicherungsansprüche der Gesellschaft gegen die Vorteilsempfänger schließen den Ausschüttungstatbestand des Art. 109-1.-1° CGI nur dann aus, wenn sie bereits zum Ende des Wirtschaftsjahres der Vorteilszuwendung in der Handelsbilanz aktiviert werden, was i. d. R. nicht der Fall sein wird[166].

β) Sonstige anormale Vorteilszuwendungen bei Rechtsgeschäften mit fremden Dritten, die nicht nachweislich einem Gesellschafter nahestehen

Sonstige unausgewogene, die Gesellschaft benachteiligende Austauschgeschäfte mit fremden Dritten, mit denen die Gesellschaft diese vorsätzlich begünstigt und die nicht nachweislich durch die Beziehung zu einem Gesellschafter beeinflußt sind, gelten aus den gleichen Gründen wie die Vorteilszuwendungen der Fallgruppe α) gem. Art. 109-1.-1° CGI als Gewinnausschüttungen an die begünstigten Dritten. Das hat die Rspr. z. B. entschieden im Falle der Zahlung eines betrieblich nicht gerechtfertigten überhöhten Kaufpreises oder im Falle des Verkaufs eines Vermögensgegenstandes der Gesellschaft ohne angemessene Gegenleistung an einen fremden Dritten[167].

γ) Spenden einer Kapitalgesellschaft zu gemeinnützigen Zwecken, die den abzugsfähigen Rahmen übersteigen

Soweit eine Kapitalgesellschaft Spenden zu gemeinnützigen Zwecken leistet, die den abzugsfähigen Rahmen übersteigen[168], stellen diese nach französischer Auffassung ihrem Gewinn hinzuzurechnende anormale Vorteilszuwendungen dar (s. oben, S. 28, 29). Da sie den Handelsbilanz-

---

der Nettoeinkünfte gewährt bis zu einer Höchstgrenze von € 120.100 Jahreseinkünften im Jahr 2005 (Art. 158-5a Abs. 4 u. 5 CGI).

Mit Wirkung ab VZ 2006 wurde der Freibetrag von 20 % bei den Einkünften aus nichtselbständiger Arbeit scheinbar aufgehoben, dies aber nur deswegen, weil er in die allgemeine Steuertabelle eingearbeitet wurde. Zum Ausgleich dafür werden verdeckte Gewinnausschüttungen ab dem VZ 2006 auf der Ebene der Anteilseigner mit 125 % der zugeflossenen Beträge angesetzt (Art. 158-7.-2° CGI).

Bei den Einkünften aus Anteilen an Kapitalgesellschaften besteht dagegen nicht die Möglichkeit für einen pauschalen Werbungskostenabzug, sondern die Werbungskosten müssen im einzelnen nachgewiesen werden. Außerdem besteht im Vergleich zu dem bis Ende 2005 bei den Einkünften aus nichtselbständiger Arbeit gültigen Freibetrag auch nur ein wesentlich geringerer Freibetrag von € 1.525 für Ledige und € 3.050 für Ehepaare im Kalenderjahr (Art. 158-3.-5° CGI).

Man ist also in Frankreich offensichtlich der Auffassung, daß unangemessene Gehaltszahlungen und Zuwendungen an Fremdgeschäftsführer und Angestellte, die nicht Gesellschafter sind, nicht die steuerlichen Privilegierungen verdienen, die sonst mit den Einkünften aus unselbständiger Tätigkeit verbunden sind.

166 Das ergibt sich aus dem Wortlaut von Art. 109-1.-1° CGI.

167 CE 04.02.1976, Nr. 94.763, DF 76 com. 480. CAA Paris, 02.02.1993, Nr. 91-842, RJF 93, Nr. 660, S. 398, 399.

168 S. Fn. 90.

gewinn mindern, aber steuerlich diesem hinzuzurechnen sind, gelten sie gem. Art. 109-1.1° CGI als Gewinnausschüttungen an die Spendenempfänger[169]. Die Finanzverwaltung sieht allerdings von der Besteuerung der Empfänger ab, wenn es sich um einmalige Spenden zu mildtätigen, erzieherischen oder sozialen Zwecken handelt[170].

δ) Die Begünstigung Dritter durch die in Art. 39-4. Abs. 1 und 5 CGI aufgeführten, nicht abziehbaren Repräsentationsaufwendungen

(Aufwendungen für Freizeitwohnsitze, Segeljachten, Motorboote, Jagd und Fischerei)

Da die nicht abziehbaren Repräsentationsaufwendungen den Handelsbilanzgewinn mindern, aber steuerlich diesem hinzuzurechnen sind, gelten sie gem. Art. 109-1.-1° CGI als Gewinnausschüttungen an die eingeladenen Gäste, wenn diesen daraus wirtschaftliche Vorteile zufließen (s. unten, S. 70 f., 79 f.).

cc) Zahlungen und Aufwendungen einer Kapitalgesellschaft zugunsten fremder Dritter, die aus formalen Gründen von ihrem Gewinn nicht abzugsfähig sind

Zahlungen und Aufwendungen einer Kapitalgesellschaft zugunsten fremder Dritter, die aus formalen Gründen von ihrem Gewinn nicht abzugsfähig sind – z. B. gezahlte Schmiergelder, bei denen nicht die gesetzlich vorgeschriebene Mitteilung der Empfänger an die Finanzverwaltung erfolgt (s. unten, S. 61, 63 f., 80 f.), gelten aus den gleichen Gründen wie die nichtabziehbaren Repräsentationsaufwendungen der Fallgruppe δ) gem. Art. 109-1.-1° CGI als Gewinnausschüttungen an die Zahlungsempfänger bzw. die durch die Aufwendungen begünstigten Dritten.

h) Anwendbarkeit der Ausschüttungsdefinition des Art. 109-1.-1° CGI nur im Falle eines positiven Jahresergebnisses der Gesellschaft

Die Ausschüttungsdefinition und -vermutung des Art. 109-1.-1° CGI, die auch verdeckte Gewinnausschüttungen an Nicht-Gesellschafter erfaßt, ist nach der ständigen Rspr. nur dann anwendbar, wenn die Gesellschaft in dem betreffenden Geschäftsjahr mit einem Gewinn abgeschlossen hat oder nach einer Betriebsprüfung in die Gewinnzone gelangt[171].

Für diese Auffassung spricht der Wortlaut von Art. 109-1.-1° CGI, wonach jeder Gewinnbetrag, der nicht in die Rücklagen eingestellt oder in Nennkapital umgewandelt wird, als ausgeschüttet gilt. Die Möglichkeit der Einstellung von

---

[169] CE 26.02.1962, Nr. 51.683, Dupont 1962, S. 269.

[170] Doc. adm. 4 J 1213, Tz. 6.

[171] Vgl. z. B. CE 06.12.1965, Nr. 47.855 u. 54.363, DF 66, Heft 8, doctrine, S. 3, 4, 27, mit concl. Poussière; CE 18.12.1974, Nr. 93.538, DF 75 com. 422; CE 14.12.1988, Nr. 60.134, DF 90 com. 1452.

Gewinnbeträgen in die Rücklagen oder ihre Umwandlung in Nennkapital setzt ein positives Handelsbilanzergebnis voraus. Außerdem sind gem. Art. 110 CGI unter den Gewinnbeträgen, für die die Ausschüttungsdefinition des Art. 109-1.-1° CGI gilt, die körperschaftsteuerpflichtigen und steuerfreien Gewinnbeträge zu verstehen. Auch daraus ist zu entnehmen, daß die Anwendbarkeit der Ausschüttungsvermutung ein positives steuerliches Ergebnis zum Ende des maßgeblichen Ausschüttungsgeschäftsjahres voraussetzt.

Nach der ständigen Rspr. ist also Art. 109-1.-1° CGI nur anwendbar, wenn die steuerlichen Korrekturen durch die Finanzverwaltung entweder das positive Jahresergebnis der Gesellschaft erhöhen oder in einer Verlustsituation zumindest zur Entstehung eines positiven Jahresergebnisses führen. Im letzten Fall gilt Art. 109-1.-1° CGI auch nur insoweit, als die Ergebniskorrektur über die Abdeckung des bisherigen Jahresverlustes hinaus die Entstehung eines positiven Jahresergebnisses bewirkt[172].

Art. 109-1.-1° CGI findet schließlich auch dann keine Anwendung, wenn eine Gesellschaft zwar ein positives Jahresergebnis erwirtschaftet hat und dieses durch Gewinnberichtigungen der Betriebsprüfung erhöht wird, die Gesellschaft aber über einen Verlustvortrag verfügt, der dieses Ergebnis auf Null reduziert[173].

3. Die in Verlustjahren einer Gesellschaft anwendbare Ausschüttungsdefinition des Art. 109-1.-2° CGI

Liegen die Voraussetzungen für die Anwendung des Art. 109-1.-1° CGI nicht vor, weil sich die Gesellschaft auch nach den steuerlichen Korrekturen durch eine Betriebsprüfung weiter in einer Verlustsituation befindet oder über einen entsprechenden Verlustvortrag verfügt, dann kommt die Ausschüttungsdefinition des Art. 109-1.-2° CGI als Regelung zur Erfassung verdeckter Gewinnausschüttungen zur Anwendung.

Gem. Art. 109-1.-2° CGI gelten als Einkünfte aus Ausschüttungen auch alle Beträge oder Werte, die (von der Gesellschaft) den Gesellschaftern, Aktionären oder

---

172 S. Fn. 171.

173 CE in ständiger Rspr., vgl. z. B. CE 18.12.1974, Nr. 93.538, a. a. O.; CE 14.12.1988, Nr. 60.134, DF 90 com. 1452.
Art. 209-I. Abs. 3 CGI gewährt einen Verlustvortrag für 5 Jahre.
Kapitalgesellschaften, die einen Verlust erwirtschaften, müssen diesen grundsätzlich mit dem Gewinn der folgenden 5 Wirtschaftsjahre verrechnen. Die Verrechnung erfolgt in der Weise, daß der Verlustvortrag bis zu seinem Verbrauch als Aufwand der folgenden Gewinnjahre behandelt wird. Der Verlustvortrag muß mit den Gewinnen der jeweils ersten Gewinnjahre voll verrechnet werden. Nur soweit sich dabei ein Verlustüberhang ergibt, ist innerhalb des 5-Jahres-Zeitraumes ein Vortrag auf spätere Gewinnjahre möglich.
Daneben besteht auch noch eine Option für einen Verlustrücktrag auf 3 Jahre (Art. 220 quinquies-I. Abs. 1 CGI). Dieser hat jedoch keinen Einfluß auf die Anwendung der Ausschüttungsvermutung des Art. 109-1.-1° CGI.

sonstigen Inhabern von Gesellschaftsanteilen zur Verfügung gestellt werden und nicht aus den Gewinnen entnommen sind[174].

a) Inhalt

Art. 109-1.-2° CGI bezieht sich wie die Ziff. 1 dieser Vorschrift sowohl auf gesellschaftsrechtliche Ausschüttungen durch Gewinnverteilungsbeschluß als auch auf verdeckte Gewinnausschüttungen. Im Gegensatz zur Ziff. 1 erfaßt die Ziff. 2 nur Ausschüttungen an Gesellschafter. Gesellschaftsrechtliche Ausschüttungen an Gesellschafter in Verlustjahren i. S. der Ziff. 2 sind z. B. Ausschüttungen aus Gewinnvorträgen oder Rücklagen oder Rückzahlungen an Gesellschafter im Wege einer Kapitalamortisation[175].

Verdeckte Gewinnausschüttungen i. S. der Ziff. 2 sind alle sonstigen Vermögensvorteile, die eine Kapitalgesellschaft ihren Gesellschaftern nicht im Rahmen angemessener Vertragsbeziehungen oder aus anderen betrieblichen Gründen zuwendet. Das folgt aus Art. 112-4° CGI und entspricht der ständigen Rspr. des CE[176].

Verdeckte Gewinnausschüttungen i. S. der Ziff. 2 sind also, anders ausgedrückt, alle Vermögensvorteile, die eine Kapitalgesellschaft Gesellschaftern

---

174 Art. 109-1.-2° CGI lautet:
„Sont considérés comme revenus distribués: 2. Toutes les sommes ou valeurs mises à la disposition des associés, actionnaires ou porteurs de parts et non prélevées sur les bénéfices."

175 Laferrière, S. 462.
Die Kapitalamortisation ist eine Besonderheit des französischen Aktienrechts. Sie kommt heutzutage nur noch sehr selten vor. Sie besteht in der Rückzahlung der Einlagenbeträge der Aktionäre aus laufenden Gewinnen oder freien Rücklagen. Das Stammkapital bleibt unberührt. Die amortisierten Aktien sind nur noch am laufenden Gewinn und Liquidationsgewinn, aber nicht mehr an der Einlagenrückgewähr beteiligt. Die Kapitalamortisation ist also eine Art Vorabausschüttung auf den Liquidationsgewinn. Vgl. dazu Lefebvre, Sociétés commerciales, 2004, Rn. 12100-12102; Cozian / Viandier / Deboissy, Rn. 1013; Sonnenberger, Rn. III 173, S. 179.
Rückzahlungen an Gesellschafter im Wege einer Kapitalamortisation werden gem. Art. 112-1° CGI wie Dividendenausschüttungen besteuert. Vgl. dazu Cozian, 258 Aufl., Rn. 1178.

176 Vgl. dazu z. B. CE 05.12.1984, Nr. 46.962, RJF 85, S. 139 (140).
Art. 112-4° CGI lautet:
„Ne sont pas considérés comme revenus distribués:
4° Les sommes mises à la disposition des associés dès lors qu'elles constituent la rémunération d'un prêt, d'un service ou d'une fonction et sont valablement comprises dans les charges déductibles pour l'assiette de l'impôt sur les sociétés."
Deutsche Übersetzung:
„Es gelten nicht als ausgeschüttete Gewinne:
4. Die Beträge, die (von der Gesellschaft) den Gesellschaftern zur Verfügung gestellt werden, wenn es sich dabei um Vergütungen handelt für die Gewährung eines Darlehens, für die Durchführung einer Dienstleistung oder für die Übernahme einer Funktion, und wenn die Beträge in steuerlich wirksamer Weise (bei der Gesellschaft) als Betriebsausgaben angesetzt sind."

ohne angemessene Gegenleistung gewährt, ohne daß die Zuwendung im Unternehmensinteresse gerechtfertigt ist[177].

b) Kein Fremdvergleich

Da nach der Ziff. 2 Ausschüttungen nur an Gesellschafter möglich sind, scheint die Ziff. 2 auf die Veranlassung der Vorteilszuwendungen im Gesellschaftsverhältnis abzustellen[178]. Das dürfte aber nur für gesellschaftsrechtliche, jedoch nicht für verdeckte Gewinnausschüttungen i. S. der Ziff. 2 gelten. Das französische Recht kennt bei Kapitalgesellschaften nur außerbetriebliche Zuwendungen, aber keinen Begriff der verdeckten Zuwendungen, die ihre Ursache im Gesellschaftsverhältnis haben. Es grenzt außerbetriebliche Zuwendungen an Gesellschafter und fremde Dritte von betrieblichen Zuwendungen einheitlich mit dem Maßstab des jeweiligen Unternehmensinteresses ab, stellt diese also nicht mit Hilfe des Fremdvergleichs fest. Im Ergebnis sind allerdings Vorteilszuwendungen an Gesellschafter i. S. der Ziff. 2 weitgehend mit verdeckten Gewinnausschüttungen im Rahmen von Austauschgeschäften i. S. des deutschen Rechts identisch (s. oben, S. 1, 2, 15).

c) Keine Ausschüttungsvermutung

Die Ziff. 2 enthält anders als die Ziff. 1 keine Ausschüttungsvermutung, sondern stellt auf tatsächliche Ausschüttungsvorgänge ab[179]. Eine Ausschüttung i. S. der Ziff. 2 setzt also den Zufluß eines ohne betriebliche Veranlassung gewährten Vermögensvorteils bei dem Gesellschafter voraus. Diesen Zufluß muß die Finanzverwaltung nachweisen[180].

Art. 109-1.-2° CGI kommt in erster Linie in Verlustsituationen einer Gesellschaft zur Anwendung, ist aber auch anwendbar, wenn eine Gesellschaft (ohne Verlustvortrag) Gewinne erzielt, z. B. bei Unterschlagungen von Gesellschaftern[181].

4. Kritik des Schrifttums an der herrschenden Auslegung von Art. 109-1.-1° u. 2° CGI, wonach verdeckte Gewinnausschüttungen an Nicht-Gesellschafter nur dann erfaßt werden, wenn die Gesellschaft mit einem positiven Jahresergebnis abschließt

Die herrschende Auslegung von Art. 109-1.1° u. 2° CGI, wonach die Ziff. 1 verdeckte Gewinnausschüttungen an Gesellschafter und Dritte erfaßt, aber nur dann anwendbar ist, wenn sich die Gesellschaft in der Gewinnzone befindet, die Ziff. 2 dagegen nur verdeckte Gewinnausschüttungen an Gesellschafter erfaßt, aber auch

---

177 Vgl. z. B. CE 05.12.1984, Nr. 46.962, a. a. O.

178 So Viegener, RIW 88, S. 788 (796).

179 Das folgt aus dem Wortlaut der Vorschrift.

180 H. M., vgl. Cozian, Grand Pricipes, 2. Aufl., doc. 27, Rn. 23, S. 464, 465.

181 Concl. Poussière zu CE 06.12.1965, Nr. 47.850 u. 54.363, DF 66, Heft 8, doctrine, S. 4 (27); Plagnet, DF 90, S. 368 (369).

anwendbar ist, wenn sich die Gesellschaft in der Verlustzone befindet, wird im Schrifttum kritisiert[182].

Für die steuerliche Freistellung verdeckter Gewinnausschüttungen an Nicht-Gesellschafter, wenn sich die Gesellschaft in einer Verlustsituation befindet, bestehe keine sachliche Rechtfertigung. Hier gehe es nicht um die Ausschüttung von Handelsbilanzgewinnen, sondern um die Zuwendung von Vermögensvorteilen aus außerbetrieblichen Gründen. Deren Erfassung bei fremden Dritten sei wie bei Gesellschaftern auch dann geboten, wenn sich die Gesellschaft in der Verlustzone befindet[183].

Auch nach Auffassung der kritischen Stimmen im Schrifttum ist jedoch mit einer Änderung der gefestigten Rspr., wonach verdeckte Gewinnausschüttungen an Nicht-Gesellschafter nur dann der Besteuerung unterliegen, wenn sich die Gesellschaft in der Gewinnzone befindet, nicht zu rechnen[184]. Nach einhelliger Auffassung wären für eine Änderung der Rechtslage Maßnahmen des Gesetzgebers erforderlich.

III. Verdeckte Gewinnausschüttungen aus formalen Gründen

Im französischen Steuerrecht ist die Anerkennung bestimmter Arten von Betriebsausgaben nicht nur von ihrer tatsächlichen Entstehung, sondern auch von der Einhaltung von Formvorschriften abhängig.

1. Formale Voraussetzungen für den Betriebsausgabenabzug gezahlter Honorare

Alle Arten von Vergütungen (Provisionen, Honorare und dgl.), die ein Unternehmen, insbesondere eine Kapitalgesellschaft, aus betrieblichen Gründen unabhängigen Dritten (keine Arbeitnehmer) für erbrachte Leistungen gewährt, sind von diesem hinsichtlich Art, Höhe und der Empfänger der Finanzverwaltung gesondert mitzuteilen (Art. 240 CGI). Nur unter dieser Voraussetzung sind die gezahlten Vergütungen als Betriebsausgaben abzugsfähig (Art. 238 CGI). Sinn dieser Regelung ist, der Finanzverwaltung die Kontrolle der Versteuerung der Vergütungen bei den Empfängern zu ermöglichen[185].

Die Mitteilung hat auf einem Formular zu erfolgen (DADS 1, s. dazu Fn. 194 a. E. oder DAS 2). Darin sind sämtliche innerhalb eines Kalenderjahres gezahlten Vergütungen und deren Empfänger anzugeben. Das Formular ist jeweils bis zum Ablauf der Abgabefrist für die KSt- (bzw. ESt-) Erklärung (grundsätzlich der 30. April nach Ablauf des Kalenderjahres) bei der Finanzverwaltung einzureichen (Art. 87 Abs. 3 i. V. m. Art. 223-1. Abs. 2 CGI). Von der Erklärungspflicht waren bis Ende 1998

---

182 Turot, S. 4; Cozian, Grands Principes, 3. Aufl., Doc. 34, Rn. 15, S. 490.

183 Cozian, s. Fn. 182.

184 Cozian, Turot, s. Fn 182.

185 Cozian, 28. Aufl., Rn. 139.

Vergütungen bis zu FF 500 pro Empfänger im Kalenderjahr ausgenommen. Ab 1999 besteht diese Ausnahme nicht mehr.

Von dem Abzugsverbot ausgenommen ist der erste Verstoß gegen die Verpflichtung zur Empfängermitteilung, wenn das Unternehmen von sich aus oder auf erste Anforderung der Finanzverwaltung die Mitteilung bis zum Ende des Kalenderjahres nachreicht, in dem sie innerhalb der Abgabefrist für die Steuererklärung hätte eingereicht werden müssen (Art. 238 Abs. 1 Satz 2 CGI).

Die gesonderte Meldepflicht für gezahlte Vergütungen gilt auch für Leistungsbeziehungen der Gesellschaft mit ihren Gesellschaftern, soweit die Leistungen nicht aufgrund eines Anstellungsverhältnisses erbracht werden.

2. Formale Voraussetzungen für die steuerliche Anerkennung geldwerter Vorteile, die im Rahmen eines Dienstverhältnisses eingeräumt werden

a) Geldwerte Vorteile, die ein Unternehmen, insbesondere eine Kapitalgesellschaft, seinen Geschäftsführern und Mitarbeitern, insbesondere den „Führungskräften", als zusätzliches Entgelt im Rahmen des Dienstverhältnisses gewährt, z. B. die private Nutzung von Firmenfahrzeugen, die unentgeltliche Überlassung einer Dienstwohnung oder der Abschluß einer Lebensversicherung, müssen in der Buchführung nach Art und Wert gesondert ausgewiesen werden (Art. 54 bis Abs. 2 i. V. m. Art. 223-3. CGI). Diese Regelung hat den Zweck, der Finanzverwaltung eine Angemessenheitskontrolle und Erfassung der geldwerten Vorteile bei den Empfängern zu ermöglichen[186].

Da in dem staatlich geregelten Kontenplan eine spezielle Rubrik für die Verbuchung von geldwerten Vorteilen fehlt, hat die Finanzverwaltung in einem Erlaß (Doc. adm. 4G 2331, Rn. 29) gestattet, daß die geldwerten Vorteile nicht unmittelbar in der Buchführung ausgewiesen werden müssen. Sie hat dafür ersatzweise vorgesehen, daß die Vorteile in einer Anlage zu den Buchführungsunterlagen und in der gesetzlich vorgeschriebenen jährlichen Meldung sämtlicher Angestelltengehälter (DADS 1, s. dazu Fn. 194 a. E.) nach Art, Wert und Empfänger gesondert aufzuzeichnen sind.

b) Unterbleibt die gesonderte Aufzeichnung, so hat dies nach der h. M. zur Folge, daß die Aufwendungen der Gesellschaft für die gewährten geldwerten Vorteile nicht als Betriebsausgaben abzugsfähig sind[187].

---

[186] Cozian, 28. Aufl., Rn. 147, 160, 653.

[187] Cozian, 28. Aufl., Rn. 653.
Dafür fehlt allerdings eine ausdrückliche gesetzliche Regelung. Im neueren Schrifttum werden deshalb Einwendungen gegen das Abzugsverbot vorgebracht (vgl. dazu Turot: Le charme discret des avantages en nature, RJF 91, S. 511 f. (512)). Indirekt ergibt sich das Abzugsverbot aber aus Art. 111 c CGI, wonach die Gewährung von nicht gesondert ausgewiesenen geldwerten Vorteilen als „verborgener Vorteil" (avantage occulte) und Gewinnausschüttung gilt (s. unten, S. 63). Diese Regelung setzt voraus, daß die nicht gesondert ausgewiesenen geldwerten Vorteile vom steuerlichen Gewinn der Kapitalgesellschaft nichtabzugsfähig sind. Dem-

c) Darüber hinaus wird ohne gesonderte Aufzeichnung auch das Dienstverhältnis steuerrechtlich nicht als causa für die Zuwendung der geldwerten Vorteile anerkannt[188].

Das hat Bedeutung in den Fällen, in denen die Gesellschaft Gegenstände des Gesellschaftsvermögens als geldwerte Vorteile „unentgeltlich" überläßt, z. B. eine Dienstwohnung oder ein Wochenendhaus an den Geschäftsführer. Weist sie diese geldwerten Vorteile nicht gesondert aus, ist bei ihr nach der h. M. grundsätzlich ein angemessenes Entgelt für die Nutzungsüberlassung anzusetzen (anormaler Einnahmeverzicht), da wegen der Nichtanerkennung des Dienstverhältnisses als causa ein betrieblicher Grund für die Nutzungsüberlassung fehlt[189].

3. Konsequenzen der Nichteinhaltung der Formvorschriften für die Besteuerung der Honorare und geldwerten Vorteile bei den Empfängern

Wegen der Nichtabzugsfähigkeit als Betriebsausgaben qualifiziert Art. 109-1.-1° CGI Vergütungen, die eine Kapitalgesellschaft an unabhängige Dritte (einschließlich Gesellschafter) bezahlt, aber nicht vorschriftsmäßig mitgeteilt hat, in verdeckte Gewinnausschüttungen an die Empfänger um. Das gleiche gilt für geldwerte Vorteile, die eine Kapitalgesellschaft im Rahmen eines Dienstverhältnisses gewährt, aber nicht gesondert ausgewiesen hat, da diese ebenfalls dem Handelsbilanzergebnis hinzuzurechnen sind[190].

Die Umqualifizierung der nicht vorschriftsmäßig mitgeteilten Zahlungen und nicht gesondert ausgewiesenen geldwerten Vorteile in verdeckte Gewinnausschüttungen erfolgt gem. Art. 109-1.-1° CGI auch dann, wenn diesen Leistungen angemessene Vertragsbedingungen zugrunde liegen[191]. Sie findet allerdings nur unter der Bedingung statt, daß sich die Gesellschaft in dem betreffenden Geschäftsjahr in der Gewinnzone befindet, da Art. 109-1.-1° CGI nur in diesem Fall anwendbar ist.

Infolge einer Sonderregelung kommt es aber auch dann zu der Umqualifizierung, wenn die Gesellschaft in dem betreffenden Geschäftsjahr mit einem Verlust abschließt. Nach Art. 111 c CGI gelten als verdeckte Gewinnausschüttungen i. S.

---

gemäß hat auch der CE das Betriebsausgaben-Abzugsverbot in ständiger Rspr. bestätigt. Vgl. dazu CE 02.02.1996, Nr. 127.833, RJF 96, Nr. 302, S. 172 mit concl. Loloum in BDCF 96, S. 35; ebenso CE 22.03.1991, Nr. 60.844, RJF 91, Nr. 566, S. 350; CE 24.07.1987, Nr. 51.770, DF 88 com. 1158; CE 25.01.1984, Nr. 36.755, DF 84 com. 1017.

188 CE 25.11.81, Nr. 11.383, DF 82 com. 680, S. 496; CE 28.11.86, Nr. 66.294, RJF 87, Nr. 180, S. 116; CE 27.05.88, Nr. 62.764, RJF 88, Nr. 859, S. 473.

189 S. Fn. 188.

190 H. M., vgl. dazu Cozian, 28. Aufl., Rn. 637, 653; CE 29.09.89, Nr. 69.722, RJF 89, Nr. 1225, S. 637, 638.

191 S. Fn. 190.

des Art. 109-1.-1° u. 2° CGI insbesondere die verborgenen Vergütungen und Vorteile[192].

Diese Sonderregelung bewirkt, daß gezahlte Vergütungen ohne Empfängermitteilung und gewährte geldwerte Vorteile ohne gesonderten Ausweis auch als Unterfälle des Art. 109-1.-2° anzusehen sind und auch dann als verdeckte Gewinnausschüttungen gelten, wenn sich die Gesellschaft in der Verlustzone befindet[193]. In diesem Fall werden die „verborgenen Vergütungen und Vorteile" allerdings nur dann in verdeckte Gewinnausschüttungen umqualifiziert, wenn sie an Gesellschafter erfolgen[194].

---

192 Art. 111 c CGI lautet:
„Sont notamment considérés comme revenus distribués:
c) Les rémunérations et avantages occultes;".

193 H. M., vgl. Doc. adm. FE 4 J 1212, Rn. 62, 68.

194 H. M., vgl. Doc. adm., a. a. O.
Bis 1987 war auch die Anerkennung weiterer Arten von Betriebsausgaben von der Erfüllung bestimmter Mitteilungspflichten abhängig. Gem. Art. 54 quater CGI i. V. m. Art. 39-5. CGI und Art. 4 J, K, L annexe IV zum CGI hat jede Gesellschaft (Personen- oder Kapitalgesellschaft) folgende weitere Arten von Betriebsausgaben, wenn diese im Wirtschaftsjahr bestimmte Grenzen überschreiten, der Finanzverwaltung gesondert mitzuteilen:

aa. Die Gehälter (einschließlich geldwerter Vorteile und Aufwandsentschädigungen) der 10 bzw. 5 (bei Unternehmen mit weniger als 200 Arbeitnehmern) am besten bezahlten Generaldirektoren (PDG), Geschäftsführer und leitenden Angestellten, wenn die insgesamt an diese Personen im Wirtschaftsjahr gezahlten Gehälter FF 2 Mio bzw. 1 Mio übersteigen oder soweit sie einzeln FF 325.000 im Wirtschaftsjahr übersteigen.

bb. Die Reisekosten dieser Personen, wenn sie insgesamt den Betrag von FF 100.000 im Wirtschaftsjahr überschreiten.

cc. Die Aufwendungen für Fahrzeuge und sonstige Verkehrsmittel (Schiffe und Flugzeuge), die die Gesellschaft diesen Personen zur Nutzung außerhalb des betrieblichen Geländes zur Verfügung gestellt hat, wenn dieser Aufwand zusammen mit dem Aufwand nach dd. den Betrag von FF 200.000 im Wirtschaftsjahr übersteigt.

dd. Die Aufwendungen für Wohngebäude und Wohnungen, die die Gesellschaft diesen Personen zur Verfügung gestellt hat, wenn dieser Aufwand zusammen mit dem Aufwand nach cc. den Betrag von FF 200.000 im Wirtschaftsjahr übersteigt.

ee. Den Aufwand für Geschenke (ausgenommen sind Werbegeschenke bis zu einem Wert von FF 200 pro Geschenk), wenn dieser Aufwand den Betrag von FF 20.000 im Wirtschaftsjahr übersteigt.

ff. Den Aufwand für Empfangs- und Bewirtungskosten einschl. der Kosten für Theater- und Filmvorführungen oder sonstige Darbietungen aus diesem Anlaß, wenn der Gesamtbetrag im Wirtschaftsjahr FF 40.000 übersteigt.

Die gesonderte Mitteilung hat auf einem Formular (Nr. 2067) zu erfolgen, das den jährlichen Steuererklärungen als Anlage beizufügen ist. Dies soll der Finanzverwaltung eine Überprüfung der Angemessenheit dieser Aufwendungen ermöglichen (Cozian, 28. Aufl., Rn. 653, 565). Die Verpflichtungen nach ee. und ff. bestehen auch für Einzelunternehmen.
Für entgegen diesen Verpflichtungen nicht mitgeteilte Aufwendungen wurde bis 1987 der Betriebsausgabenabzug versagt (Art. 39-5. CGI a. F.). Dies hatte zur Folge, daß die nicht abzugsfähigen Aufwendungen gleichzeitig nach Art. 109-1.-1° CGI in Gewinnausschüttungen umqualifiziert wurden.
1987 wurde das Betriebsausgaben-Abzugsverbot aufgehoben und durch die Sanktion einer Geldbuße ersetzt. Dadurch entfiel auch die Umqualifizierung in Gewinnausschüttungen. Die Geldbuße beträgt 5 % der Beträge der nach Art. 54 quater CGI mitteilungspflichtigen, aber nicht mitgeteilten Betriebsausgaben (Art. 1734 bis Abs. 1 CGI). Die Geldbuße ermäßigt sich auf 1 %

IV. Das Verwaltungszwangsverfahren zur Ermittlung der unbekannten Empfänger verdeckter Gewinnausschüttungen

1. Das Verfahren nach Art. 117 CGI

Da gem. Art. 109-1.-1° CGI grundsätzlich jede Gewinnberichtigung bei der Gesellschaft als ausgeschüttet gilt, wenn ihr Betrag von der Gesellschaft abgeflossen ist, können sich verdeckte Gewinnausschüttungen ergeben, deren Empfänger nicht bekannt sind. Der französische Gesetzgeber hat daher ein Verfahren zur Ermittlung der unbekannten Empfänger verdeckter Gewinnausschüttungen geschaffen. Es steht insbesondere in Zusammenhang mit den verdeckten Gewinnausschüttungen wegen fehlender Mitteilung der Empfänger von Zahlungen oder geldwerten Vorteilen und den verdeckten Gewinnausschüttungen wegen nicht verbuchter Einnahmen und fiktiver Betriebsausgaben (s. dazu oben, S. 44). Das Verfahren soll der Verwaltung ermöglichen, die Empfänger zu besteuern bzw., falls diese im Ausland ansässig sind, die Kapitalertragsteuer bei der Gesellschaft zu erheben.

a) Jede Gesellschaft hat der Finanzverwaltung jährlich zusammen mit der KSt-Erklärung ihre im vergangenen Geschäftsjahr vorgenommenen gesellschaftsrechtlichen Gewinnausschüttungen, die ihr bekannten verdeckten Gewinnausschüttungen dieses Zeitraums und die Empfänger mitzuteilen (Art. 116 i. V. m. Art. 223-2.-2° CGI i. V. m. Art. 23 H und 23 I annexe IV zum CGI). Wenn die Gesellschaft die Empfänger nicht feststellen kann (im Fall einer Publikumsaktiengesellschaft mit Inhaberaktien), sind diese von den Kreditinstituten mitzuteilen, die mit der Auszahlung der Dividenden beauftragt sind[195]. Die mitgeteilten Ausschüttungsbeträge gelten gem. Art. 116 CGI für Zwecke der Besteuerung der Empfänger diesen als zugeflossen (widerlegbare Vermutung).

b) Wenn die Finanzverwaltung aufgrund einer Betriebsprüfung weitere verdeckte Gewinnausschüttungen feststellt, deren Empfänger sie nicht ermitteln kann – z. B. nicht verbuchte Einnahmen, fiktive Betriebsausgaben oder an unabhängige Dritte gezahlte Vergütungen ohne Empfängermitteilung, die gem. Art. 109-

---

dieser Beträge, wenn die Gesellschaft in den drei vorangegangenen Jahren gegen die Mitteilungspflichten nicht verstoßen hat.
Eine weitere gesonderte Mitteilungspflicht im Rahmen des Betriebsausgabenabzugs besteht schließlich noch bezüglich des im Kalenderjahr entstandenen Lohnaufwandes eines Unternehmens für seine Arbeitnehmer. Die Finanzverwaltung benötigt diese Mitteilung zu Kontrollzwecken, weil es in Frankreich keine vom Arbeitgeber einzubehaltende und abzuführende Lohnsteuer gibt. Gem. Art. 87 CGI i. V. m. Art. 39 annexe III zum CGI muß jedes Unternehmen (Einzelunternehmen, Personen- oder Kapitalgesellschaft) die gesamten innerhalb eines Jahres an seine Arbeitnehmer gezahlten Gehälter einschl. gewährter geldwerter Vorteile und Aufwandsentschädigungen nach Betrag und Empfänger der Finanzverwaltung auf einem Formular (DADS 1 (= déclaration annuelle des données sociales)) bis zum 1. Februar des Folgejahres gesondert mitteilen. Die Nichterfüllung dieser Mitteilungspflicht ist ebenfalls nur mit Geldbußen bedroht (grundsätzlich eine Geldbuße von jeweils FF 100 für jede Unterlassung einer der in diesem Zusammenhang vorgeschriebenen Meldungen, wobei die Mindestgeldbuße FF 1.000 beträgt; Art. 1725-1., 2. i. V. m. Art. 1726 CGI) und führt nicht zur Versagung des Betriebsausgabenabzugs.

195 Cozian / Viandier, 9. Aufl., Rn. 914, S. 341.

1.-1° CGI als verdeckte Gewinnausschüttungen gelten –, hat sie die Gesellschaft gem. Art. 117 Abs. 1 CGI zur Bekanntgabe der Empfänger aufzufordern[196]. Die Gesellschaft wird aufgrund dieser Aufforderung verpflichtet, der Finanzverwaltung die Empfänger und die auf sie entfallenden Ausschüttungsbeträge innerhalb von 30 Tagen mitzuteilen (Art. 117 Abs. 1 CGI)[197].

Beispiel:

An einer Familiengesellschaft in der Rechtsform einer SARL sind ein Mehrheitsgesellschafter mit 60 % und seine beiden Söhne mit je 20 % beteiligt. Der Mehrheitsgesellschafter ist bereits aus dem aktiven Erwerbsleben ausgeschieden.

Im Jahr 1999 findet bei der Gesellschaft eine Betriebsprüfung statt. Sie stellt für das Geschäftsjahr 1996, in dem die Gesellschaft mit einem Gewinn abgeschlossen hat, nichtverbuchte Einnahmen in Höhe von FF 200.000 fest. Die Nichtverbuchung ist teils den betrieblichen Unterlagen zu entnehmen, teils ergibt sie sich aufgrund einer betrieblichen Nachkalkulation[198]. Die Gesellschaft erhebt gegen diese Prüfungsfeststellungen keine Einwendungen.

Die Betriebsausgaben des Jahres 1996 sind in der Gewinn- und Verlustrechnung vollständig erfaßt. Der Prüfer stellt jedoch bei den Ausgaben zwei Vergütungszahlungen von je FF 25.000 fest, bei denen die vorgeschriebene Mitteilung der Empfänger nicht erfolgt ist.

Die Prüfungsergebnisse führen zu einer Erhöhung des ausgewiesenen Handelsbilanzgewinns 1996 um FF 250.000. Der Erhöhungsbetrag gilt gleichzeitig gem. Art. 109-1.-1° CGI als ausgeschüttet[199].

---

196 Die Aufforderung steht im Ermessen der Verwaltung.

197 Nach der Vorstellung des Gesetzgebers sollten die verdeckten Gewinnausschüttungen, bei denen das Verfahren zur Ermittlung der unbekannten Empfänger einzuleiten ist, durch Vergleich von Gesamtbeträgen festgestellt werden. Der Gesamtbetrag der Ausschüttungen, der sich aufgrund der Ausschüttungsdefinitionen des Art. 109-1.-1° u. 2° CGI, insbesondere aufgrund der Bilanzvergleichsmethode ergab (s. dazu oben, S. 46 f.), war dem von der Gesellschaft angegebenen Gesamtbetrag gegenüberzustellen (Laferrière, S 464-466).
Soweit der Gesamtbetrag laut Ausschüttungsdefinitionen dem von der Gesellschaft angegebenen Gesamtbetrag entsprach, galt er nach Maßgabe der von der Gesellschaft mitgeteilten Beträge an die mitgeteilten Empfänger als ausgeschüttet (Art. 116 CGI). Soweit er den von der Gesellschaft angegebenen Gesamtbetrag überstieg, war das Verfahren zur Ermittlung der unbekannten Empfänger einzuleiten (Art. 117 Abs. 1 CGI; Laferrière, S. 466).
In der Praxis ermittelt die Finanzverwaltung die verdeckten Gewinnausschüttungen mit den unbekannten Empfängern jedoch nicht durch Vergleich von Gesamtbeträgen, sondern direkt nach der Methode der Gewinnberichtigung (s. dazu oben, S. 48, und das anschließende Beispiel im Text).

198 Vgl. dazu z. B. den Sachverhalt der Entscheidung des CE vom 14.12.88, Nr. 60.134, DF 90 com. 1452.

199 Nach französischer Auffassung besteht infolge der Nichtverbuchung der Einnahmen eine Vermutung für ihren Abfluß aus dem Gesellschaftsvermögen. Diese Vermutung ist für kleine Familiengesellschaften praktisch nicht widerlegbar. Bei solchen Gesellschaften wird die Trennung der liquiden Beträge der Gesellschaft von dem Vermögen der Gesellschafter nur anerkannt,

Die Finanzverwaltung fordert die Gesellschaft gem. Art. 117 Abs. 1 CGI schriftlich auf, ihr innerhalb von 30 Tagen die Personen mitzuteilen, denen diese Ausschüttungsbeträge zuzurechnen sind.

Kommt die Gesellschaft der Aufforderung nicht fristgerecht nach, so wird sie dadurch zur Zahlung einer Steuerstrafe (pénalité fiscale) in Höhe von 100 % der festgestellten Ausschüttungsbeträge mit den unbekannten Empfängern verpflichtet (Art. 117 Abs. 2 i. V. m. Art. 1759 S. 1 CGI). Das gilt auch dann, wenn die Gesellschaft zur Bekanntgabe der Empfänger nicht in der Lage ist. Die Organe der Gesellschaft haften für die Entrichtung der Steuerstrafe gesamtschuldnerisch (Art. 1754-V.-3. CGI).

Die Steuerstrafe fällt auch an, wenn die Gesellschaft zwar Angaben zu den Empfängern macht, aber die Finanzverwaltung feststellt, daß diese Angaben nicht zutreffen oder nicht genügend bestimmt sind. Die Angaben müssen so genau sein, daß sie der Finanzverwaltung ermöglichen, die jedem Empfänger zuzurechnenden Ausschüttungsbeträge bei diesen nach Betrag und Zeitpunkt steuerlich zu erfassen[200].

Wegen der gravierenden Steuerfolgen für die Gesellschaft bei Nicht- oder Schlechterfüllung der Bekanntgabepflicht stellt die Rspr. an die Aufforderung durch die Finanzverwaltung und die Antwort der Gesellschaft formale Anforderungen. Die Aufforderung muß schriftlich erfolgen, den Hinweis auf die Frist von 30 Tagen und die Androhung der Steuerstrafe enthalten und der Gesellschaft förmlich zugestellt werden. Die Antwort ist ebenfalls schriftlich zu geben. Ohne Einhaltung dieser Anforderungen ist die Aufforderung nichtig und gilt die Antwort als nicht abgegeben[201].

Teilt die Gesellschaft nach der Aufforderung die Empfänger und die ihnen jeweils zugeflossenen Ausschüttungsbeträge ausreichend genau mit und besteht kein Anlaß, an der Richtigkeit dieser Angaben zu zweifeln, so folgt daraus aber keine automatische Zurechnung der mitgeteilten Beträge bei diesen Personen. Die Mitteilung der Gesellschaft hat nur die Wirkung einer einfachen Information und begründet im Verhältnis zu den mitgeteilten Empfängern keine Vermutung für den Bezug der Ausschüttungsbeträge[202]. Bestreiten diese den Empfang, kann ihnen die Verwaltung die Ausschüttungsbeträge nach allgemeinen Grund-

---

wenn sie in der Buchführung und Bilanzierung der Gesellschaft zum Ausdruck kommt. Vgl. dazu Turot, RJF 90, 3 (6).

200 CE 22.01.82, Nr. 22.554 u. 22.556, DF 82 com. 1102.

201 CE 07.11.86, Nr. 47.307, DF 87 com. 325; CE 21.01.82, Nr. 22.554 u. 22.556, DF 82 com. 1102.

202 CE 08.11.74, Nr. 83.219, 83.823, 87.994, DF 75 com. 1430; Doc. adm., FE 4 J 1212, Rn. 96, 97; Plagnet, Jur.-cl. fisc. Fasc. 652-C, Rn. 58, 59; Cozian, Grands Principes, 2. Aufl., Doc. 27, Rn. 55.

sätzen nur dann zurechnen, wenn sie nachweist, daß sie ihnen zugeflossen sind[203].

Für die Betriebsprüfer ist es also günstiger, wenn die Gesellschaft bezüglich der Empfänger keine Angaben macht. In diesem Fall erhalten sie als sicheres Mehrergebnis auf der Ebene der Vorteilsempfänger die Steuerstrafe in Höhe von 100 % der nicht identifizierten verdeckten Gewinnausschüttungen. Teilt dagegen die Gesellschaft die Empfänger mit, dann haben sie, falls diese den Zufluß der Ausschüttungsbeträge bestreiten, diesen nachzuweisen und erhalten als Mehrergebnis höchstens 40 % (ESt-Höchstsatz) x 125 % (= 50 %) der Ausschüttungsbeträge[204].

Aus dem Verfahrensablauf wird deutlich, daß eine wesentliche Funktion der Ausschüttungsvermutung des Art. 109-1.-1° CGI im Vergleich zur Ziff. 2 darin besteht, der Finanzverwaltung die Einleitung und Durchführung des Zwangsverfahrens zur Ermittlung der unbekannten Empfänger verdeckter Gewinnausschüttungen zu ermöglichen.

Nach der Ziff. 2 kann dieses Verfahren nur ausnahmsweise eingeleitet werden, wenn die Finanzverwaltung zuvor nachgewiesen hat, daß die verdeckten Gewinnausschüttungen Gesellschaftern zugeflossen sind[205]. Es dient in diesem Fall nur zur Ermittlung des auf jeden Gesellschafter entfallenden Anteils[206].

2. Sonderregelung für zwei typische Fälle verdeckter Gewinnausschüttungen mit unbekannten Empfängern: die „verborgenen Vergütungen und Ausschüttungen"

a) Für die verdeckten Gewinnausschüttungen, deren Empfänger nicht bekannt sind und bei denen das Verfahren nach Art. 117 CGI eingeleitet wird, hat das französische Schrifttum zwei Begriffstypen herausgebildet: die „verborgenen Vergütungen" (rémunérations occultes) und „verborgenen Ausschüttungen" (distributions occultes)[207].

Die verborgenen Vergütungen und Ausschüttungen sind in Art. 111 c CGI besonders geregelt. Sie werden dort als „verborgene Vergütungen und Vorteile" bezeichnet und gelten nach dieser Vorschrift ausdrücklich als Gewinnausschüttungen[208]. Im Schrifttum und in den Ausführungserlassen der Finanz-

---

203 Doc. adm., a. a. O., Rn. 96, 97; Plagnet, DF 90, S. 368 f. (370).

204 Vgl. dazu Plagnet, DF 90, S. 368 ff. (370), u. Fn. 165.

205 Doc. adm., a. a. O., Rn. 98-102.

206 Plagnet, Jur.-cl. fisc. Fasc. 652-C, Rn. 13 (Erg. 1999).

207 Vgl. dazu Cozian, Grands Principes, 2. Aufl., Doc. 27, Rn. 48-51, S. 443, 474; Cozian, 28. Aufl., Rn. 637.

208 Zum Wortlaut von Art. 111 c CGI s. Fn. 192.

verwaltung haben sich dagegen dafür die Bezeichnungen „verborgene Vergütungen und Ausschüttungen" eingebürgert[209].

b) Als rémunérations occultes (verborgene Vergütungen) werden die Vergütungen bezeichnet, die die Kapitalgesellschaft ohne Benennung des Empfängers als Aufwand gebucht hat. Darunter fallen z. B. gezahlte Provisionen für die Vermittlung von Geschäften mit ausländischen Handelspartnern, bei denen sich der Vermittler Anonymität ausbedungen hat, alle sonstigen Zahlungen an unabhängige Dritte ohne Empfängerbenennung und an Angestellte gewährte geldwerte Vorteile, die als als Betriebsausgaben gebucht und nicht gesondert ausgewiesen wurden[210].

c) Als distributions occultes (verborgene Ausschüttungen) werden Geldabflüsse bezeichnet, die die Gesellschaft überhaupt nicht verbucht hat. Dazu werden z. B. gerechnet nichtverbuchte Einnahmen oder durch überhöhte oder fiktive Eingangsrechnungen verkürzte Gewinne[211].

d) Die Sonderregelung für die verborgenen Vergütungen und Ausschüttungen in Art. 111 c CGI hat zur Folge, daß diese auch dann als verdeckte Gewinnausschüttungen gelten, wenn sich die Gesellschaft in der Verlustzone befindet. In diesem Fall ist aber zusätzlich erforderlich, daß sie Gesellschaftern zugeflossen sind (s. dazu oben, S. 63, 64).

3. Freiwillige Besteuerung

Wenn eine Gesellschaft die „rémunérations und distributions occultes" eines Geschäftsjahres in ihrer folgenden Jahressteuererklärung freiwillig mitteilt, ermäßigt sich die Steuerstrafe auf 75 % der Ausschüttungen (Art. 1759 S. 2 CGI). Diese Regelung soll Gesellschaften die Möglichkeit bieten, Provisionszahlungen an in- oder ausländische Vermittler, die sich Anonymität ausbedungen haben, zu einer „vertretbaren" Belastung auf legale Weise abzuwickeln[212].

---

209 Vgl. dazu Doc. adm., a. a. O., Rn. 63; Cozian, Grand Principes, 2. Aufl. doc. 27, Rn. 48, S. 473.

210 H. M. vgl. Cozian, 25. Aufl., Rn. 637; Grands Principes, a. a. O., Rn. 48, S. 474.

211 H. M. vgl. Cozian, 28. Aufl., Grands Principes, a. a. O.; CE 6.12.65, Nr. 47.850 u. 54.363, DF 66, Heft 8 doctrine, S. 25-27; CE 20.10.82, Nr. 23.942, RJF 82, Nr. 1122, S. 553; CE 14.6.89, Nr. 64.114, DF 89 com. 2487; CE 9.2.77, Nr. 85.633, DF 77 com. 499.

212 Cozian, 28. Aufl., Rn. 637; Viegener RIW 88, 788 (802).

V. Weitere Einschränkung und Präzisierung des Anwendungsbereiches der Ausschüttungsdefinition des Art. 109-1.-1° CGI durch die neuere Rechtsprechung

1. Fortbestand und Verschärfung der Problematik des zu weiten Anwendungsbereichs von Art. 109-1.-1° CGI durch die Einführung von gesetzlichen Abzugsbeschränkungen für „aufwendige" Betriebsausgaben in den Jahren 1959 und 1961

In den 80er Jahren wurde die Ausschüttungsdefinition des Art. 109-1.-1° CGI durch die Rspr. weiter eingeschränkt und präzisiert. Nach ihrer bisherigen Auslegung galt jede positive Berichtigung des Handelsbilanzgewinns durch die Finanzbehörden, deren Betrag aus dem Vermögen der Gesellschaft abgeflossen war, als ausgeschüttet (s. dazu oben, S. 50 f.). Diese Auslegung führte teilweise zu Ergebnissen, die mit dem ursprünglichen Zweck der Vorschrift, verdeckte Gewinnausschüttungen bei den Begünstigten zu erfassen, nicht mehr vereinbar waren[213].

Neue Probleme infolge des zu weiten Anwendungsbereichs der Ausschüttungsdefinition entstanden vor allem durch die Einführung gesetzlicher Abzugsbeschränkungen für Betriebsausgaben.

a) In den Jahren 1959 und 1961 führte der französische Gesetzgeber Beschränkungen für den Abzug bestimmter „aufwendiger" Betriebsausgaben (dépenses somptuaires) ein, die die Lebensführung berühren. So wurde durch Gesetz vom 28.12.1959 der Abzug untersagt von betrieblichen Aufwendungen für Freizeitwohnsitze (résidences de plaisance ou d'agrément), zum Empfang, zur Bewirtung und Unterbringung von Gästen und ähnlichen Zwecken. Ebenso wurde untersagt der Abzug von betrieblichen Aufwendungen für Segeljachten und Motorboote sowie für Jagd und Fischerei (Art. 39-4. Abs. 1 u. 5 CGI).

Bisher waren diese „Luxusaufwendungen" als Betriebsausgaben abzugsfähig, wenn damit betriebliche Zwecke verfolgt wurden, z. B. die Anknüpfung und Pflege von Geschäftsbeziehungen[214]. Sie waren jedoch i. d. R. nicht betriebsnotwendig und dienten immer zu einem wesentlichen Teil der Freizeitgestaltung. Besonders für größere Unternehmen ergab sich dadurch die Möglichkeit, umfangreiche Aufwendungen für Freizeitgestaltung in den betrieblichen Bereich

---

213 Vgl. dazu allgemein Plagnet: La définition des revenus distribués: A propos de deux arrêts récents, BF 1985, S. 257 ff. (257, 258), und Plagnet, in: Les grands arrêts, 4. Aufl., thème 39: Les revenus distribués, Rn. 5, 6 S. 651 f.

214 Die Abzugsfähigkeit war nur dann wegen anormaler Geschäftsführung ausgeschlossen, wenn die Belange der Freizeitgestaltung gegenüber dem betrieblichen Zweck überwogen. Aus diesem Grunde hat die Rspr. z. B. bei einer Gesellschaft mit Sitz in Paris die Abzugsfähigkeit der Abschreibungen und sonstigen Aufwendungen für ihr an der Côte d'Azur gelegenes Repräsentationsgebäude abgelehnt. Die Gesellschaft hatte das Gebäude im Laufe eines Wirtschaftsjahres nur gelegentlich zum Empfang von Geschäftsfreunden oder sonstigen betrieblichen Zwecken benutzt (CE 18.04.1966, Nr. 63.120, Dupont 1966, S. 290, Nr. 8326). Eine dem § 12 Nr. 1 S. 2 EStG vergleichbare Vorschrift, die den Abzug von Repräsentationsaufwand allgemein verbietet, fehlt im französischen Recht.

zu verlagern, wovon auch in erheblichem Umfang Gebrauch gemacht wurde. Diese Praxis wollte der Gesetzgeber aus Gründen der Steuergerechtigkeit und wegen der damit verbundenen Steuerausfälle durch die Abzugsverbote unterbinden[215].

Aus ähnlichen Gründen führte der französische Gesetzgeber mit Gesetz vom 21.12.1961 Abschreibungsbeschränkungen für betrieblich genutzte Personenautos ein. Die Abschreibungsbeschränkung erfolgte in der Weise, daß bei Personenautos eine Obergrenze für das Abschreibungsvolumen eingeführt wurde und die Abschreibungen von dem Teil der Anschaffungskosten, der die Obergrenze überstieg, für unzulässig erklärt wurden. Bis zum 1.1.1975 betrug die Obergrenze des Abschreibungsvolumens bei betrieblichen PKWs FF 20.000. Danach wurde sie wiederholt erhöht. Derzeit (ab dem 1.1.1996) beträgt sie € 18.300 (Art. 39-4. Abs. 3(a) i. V. m. Abs. 1 CGI).

Eine allgemeine Regelung, wonach auch sonstige die Lebensführung berührende Aufwendungen vom Abzug ausgeschlossen werden, soweit sie unangemessen sind, wurde dagegen nicht eingeführt.

b) Nach dem Tatbestand des Art. 109-1.-1° CGI in seiner bisherigen Auslegung durch die h. M. war in allen Fällen der neu eingeführten Abzugsverbote für aufwendige Betriebsausgaben eine verdeckte Gewinnausschüttung anzunehmen. Sie waren dem Handelsbilanzergebnis hinzuzurechnen und konnten, da sie abgeflossen waren, weder thesauriert noch in Nennkapital umgewandelt werden. Ein Vermögensabfluß erfolgte auch bei den aktivierten Aufwendungen für Freizeitwohnsitze, Segeljachten, Motorboote und „Luxus"-PKWs aufgrund der jährlichen Abschreibungen.

c) Die von den Abzugsbeschränkungen betroffenen Aufwendungen stellten jedoch in vielen Fällen nach allgemeinen Grundsätzen Betriebsausgaben dar[216]. Das galt insbesondere für die steuerlich nicht abzugsfähigen Abschreibungen bei betrieblichen PKWs, deren Anschaffungskosten die Abschreibungsobergrenzen überstiegen. Diese waren immer nach allgemeinen Grundsätzen als Betriebsausgaben anzusehen, wenn das Fahrzeug ausschließlich betrieblich genutzt wurde.

d) Auch die verdeckten Gewinnausschüttungen aus formalen Gründen waren häufig nach allgemeinen Grundsätzen als Betriebsausgaben zu qualifizieren. Das war immer dann der Fall, wenn den gezahlten Vergütungen und eingeräumten geldwerten Vorteilen, die aus formalen Gründen nicht abzugsfähig waren, angemessene Vertragsbedingungen zugrunde lagen.

---

215 Cozian, Grands Principes, 4. Aufl., Doc. 9, Rn. 2, S. 139.

216 Vgl. z. B. concl. Léger zu CE 19.04.1982, Nr. 24.989, DF 82 com. 1889, S. 1186, 1187.

e) Dennoch qualifizierten die Rspr. und Finanzverwaltung aufgrund der Ausschüttungsdefinition des Art. 109-1.-1° CGI zunächst alle Fälle der neu eingeführten nicht abzugsfähigen Betriebsausgaben und weiterhin alle Fälle der Abzugsverbote aus formalen Gründen als verdeckte Gewinnausschüttungen[217].

2. Beispielsfälle für die Besteuerung nichtabziehbarer Betriebsausgaben als verdeckte Gewinnausschüttungen

a) Veranstaltung von Jagden

Die Rspr. bestätigte z. B. wiederholt Entscheidungen der Finanzbehörden, die bei der Veranstaltung von Jagden durch Kapitalgesellschaften verdeckte Gewinnausschüttungen an die eingeladenen Geschäftsfreunde angenommen hatten. Einen typischen Fall hat der CE im Jahre 1982 entschieden:

Eine Baustoffirma in der Rechtsform einer Kapitalgesellschaft hatte in den Jahren 1968 bis 1972 mehrmals Jagden veranstaltet und dazu Geschäftsfreunde eingeladen. Ihre eigenen Geschäftsführer und Gesellschafter waren keine Jäger und besaßen keine Jagdscheine. Die Veranstaltung der Jagden erfolgte also in betrieblichem Interesse.

Die Gesellschaft hatte aus diesem Grunde die gesamten Jagdaufwendungen in ihren Jahresabschlüssen als Betriebsausgaben angesetzt. Die Finanzverwaltung rechnete sie jedoch wegen des Abzugsverbots ihren in diesen Jahren erzielten Handelsbilanzgewinnen wieder hinzu und setzte sie gleichzeitig gem. Art. 109-1.-1° CGI bei den eingeladenen Gästen (Nicht-Gesellschafter) als verdeckte Gewinnausschüttungen an.

Da der Finanzverwaltung die eingeladenen Gäste im einzelnen nicht bekannt waren, leitete sie gem. Art. 117 Abs. 1 CGI das Verfahren zu ihrer Ermittlung ein und forderte die Gesellschaft auf, die Namen und Adressen der Jagdteilnehmer bekanntzugeben.

Die Gesellschaft kam dieser Aufforderung dadurch nach, daß sie Listen mit den eingeladenen Jagdteilnehmern einreichte. Darin waren Ort und Datum jeder

---

217 Außerdem wurde im Jahre 1967 durch Regierungsdekret eine Vorschrift in den CGI eingefügt (Art. 111 e CGI), wonach die nichtabzugsfähigen Luxusaufwendungen und PKW-Abschreibungen nach Art. 39-4. Abs. 1-5 CGI immer gleichzeitig auch als Gewinnausschüttungen i. S. v. Art. 109-1.-1° oder 2° CGI gelten, also auch im Falle des Art. 109-1.-2° CGI, wenn sich die Gesellschaft in einer Verlustsituation befindet. Diese Vorschrift wurde jedoch zunächst nach einer verbreiteten Auffassung von Vertretern der Rspr. und des Schrifttums wegen einer fehlenden gesetzlichen Ermächtigungsgrundlage als illegal angesehen (vgl. z. B. Chronique Léger, RJF 82, S. 68, 69; concl. Schricke zum Urteil des CE vom 8.1.1982, Nr. 20.003, DF 82 com. 1376, S. 878, 879; Turot, RJF 90, 3(7); TA Orléans 17.12.87, Nr. 844-855, RJF 89, S. 572). Die h. M. behandelte daher nichtabzugsfähige Luxusaufwendungen und PKW-Abschreibungen einer Kapitalgesellschaft nur im Falle der Anwendbarkeit der Ausschüttungsdefinition des Art. 109-1.-1° CGI als Gewinnausschüttungen, wenn sich die Gesellschaft in einer Gewinnsituation befand.

Jagd, die jeweils eingeladenen Gäste und die meisten ihrer Adressen angegeben.

Die Finanzverwaltung hielt diese Angaben jedoch für unzureichend, weil der von jedem eingeladenen Gast bezogene geldwerte Vorteil daraus nicht unmittelbar ersichtlich war. Sie zog deshalb die Gesellschaft selbst zur Einkommensteuer für diese Ausschüttungen einschließlich des geldwerten Vorteils aus der Übernahme dieser Steuer zum ESt-Höchstsatz heran[218].

Der CE folgte grundsätzlich dem Standpunkt der Finanzverwaltung, daß aufgrund der Ausschüttungsdefinition des Art. 109-1.-1° CGI die Ausschüttung der dem Gewinn hinzuzurechnenden Jagdaufwendungen an die eingeladenen Jagdteilnehmer anzunehmen sei. Er hob jedoch die Heranziehung der Gesellschaft zur Einkommensteuer für diese Ausschüttungen auf, weil sie entgegen der Auffassung der Finanzverwaltung auf die Aufforderung ausreichend geantwortet habe. Der jedem Gast aus der Jagdteilnahme zugeflossene Vorteil sei aufgrund der eingereichten Listen feststellbar[219].

Der CE bestätigte damit implizit den Entscheidungsvorschlag des commissaire du gouvernement. Nach dessen Ansicht waren die eingeladenen Gäste als Empfänger der aus der Nichtabziehbarkeit der Jagdaufwendungen folgenden Gewinnausschüttungen anzusehen, weil ihnen daraus geldwerte Vorteile zugeflossen seien.

b) PKW-Abschreibungen, die die gesetzlichen Abschreibungshöchstgrenzen übersteigen

Ebenso besteuerte die Finanzverwaltung auch die Gewinnberichtigungen infolge der Abschreibungsbeschränkungen bei betrieblichen PKWs als verdeckte Gewinnausschüttungen an die Geschäftsführer oder Angestellten, die die Fahrzeuge im betrieblichen Einsatz genutzt hatten. Auch diese Auffassung der Finanzverwaltung wurde von der Rspr. bestätigt, z. B. in einem Urteil des CE vom 08.01.1982[220].

In seinem Entscheidungsvorschlag zu diesem Urteil räumte der commissaire du gouvernement allerdings ein, daß hier die Annahme einer Gewinnausschüttung nach Art. 109-1.-1° CGI auf einer Fiktion beruhe, weil wegen der betriebswirtschaftlich gerechtfertigten PKW-Abschreibungen tatsächlich Aufwand vorliege, der nur aus steuerlichen Gründen wegen des Abzugsverbots als fiktiver steuerlicher Gewinn behandelt werde. Dennoch schloß er sich der Auffassung der Finanzverwaltung an, weil sich die Annahme einer verdeckten Gewinn-

---

218 Diese Sanktion war nach der damals geltenden Gesetzeslage, Art. 9, 169, 197-IV CGI a. F., vorgesehen anstelle der jetzt geltenden Steuerstrafe von 100 % des Betrags der hinsichtlich der Empfänger nicht ausreichend identifizierten Gewinnausschüttungen.

219 CE 19.04.82, Nr. 24.989, DF 82 com. 1889, concl. Léger.

220 CE 08.01.1982, Nr. 20.003, DF 82 com. 1376; CE 12.10.84, Nr. 31.528, RJF 84, Nr. 1452, S. 750.

ausschüttung nach Art. 109-1.-1° CGI als gesetzliche Konsequenz aus der steuerlich vorgeschriebenen Hinzurechnung der betriebswirtschaftlich gebotenen Abschreibungen zum Gewinn ergäbe[221]. Diese Auffassung wurde vom CE bestätigt.

3. Mißbräuchlicher Einsatz des Verwaltungszwangsverfahrens zur Feststellung der unbekannten Empfänger fiktiver Gewinnausschüttungen

Die Besteuerung der nicht abziehbaren Abschreibungen als verdeckte Gewinnausschüttungen führte teilweise zu kuriosen Situationen bei dem Einsatz des Verfahrens zur Ermittlung der Empfänger dieser Ausschüttungen.

Nach Auffassung der Finanzverwaltung waren die Benutzer der Firmen-PKWs als Empfänger anzusehen. Wenn ein Firmen-PKW laufend von verschiedenen Führungskräften oder Mitarbeitern benutzt wurde, war aber ihre genaue Ermittlung und die Feststellung der ihnen jeweils zuzurechnenden PKW-Nutzung nahezu unmöglich. Die betreffende Gesellschaft geriet dadurch in eine Zwangslage. Wenn sie die Empfänger der Gewinnausschüttungen nicht ausreichend identifizierte, konnte sie selbst zur Versteuerung dieser Gewinnausschüttungen einschl. der geldwerten Vorteile aus der Übernahme dieser Steuern mit dem ESt-Höchstsatz herangezogen werden[222]. Bei vielen Kapitalgesellschaften zogen es daher die Geschäftsführer vor, sich selbst als Empfänger der Ausschüttungen zu bezeichnen, die sich aus den nichtabzugsfähigen PKW-Abschreibungen ergaben. In diesem Fall kam es zu einer günstigeren Besteuerung als bei der Heranziehung der Gesellschaft[223].

4. Weitere Einschränkung des Anwendungsbereichs der Ausschüttungsdefinition des Art. 109-1.-1° CGI durch die neuere Rechtsprechung

Diese Konsequenzen der Ausschüttungsdefinition des Art. 109-1.-1° CGI, die zur Besteuerung fiktiver verdeckter Gewinnausschüttungen führten, ohne daß den Empfängern außerbetrieblich Vermögensvorteile zugeflossen waren, wurden in der Folgezeit aber doch als zu überspitzt empfunden und lösten eine Änderung der Rspr. sowie Maßnahmen des Gesetzgebers aus.

Die Rechtsprechungsänderung kommt insbesondere in zwei Entscheidungen des CE aus dem Jahre 1984 zum Ausdruck.

a) Die Entscheidung des CE vom 11.05.1984[224]

Der PDG einer SA (G, gleichzeitig Aktionär, wozu eine gesellschaftsrechtliche Verpflichtung besteht, s. oben, S. 53) hatte in den Jahren 1968 bis 1972 Firmen-PKWs seiner Gesellschaft auch für private Zwecke genutzt. Die Finanz-

---

221 Concl. Schricke abgedr. in DF 82 com. 1376, S. 877-880.

222 S. Fn. 218 und CE 12.10.1984, Nr. 31.528, RJF 84, Nr. 1452, S. 750.

223 Vgl. dazu Turot, a. a. O., RJF 90, S. 3 f. (5).

224 Nr. 47.658, DF 84 com. 1576 mit concl. Fouquet.

verwaltung hatte für jedes Jahr der Benutzung der firmeneigenen PKWs einen Privatanteil des G von FF 13.200,- ermittelt.

Die SA hatte G die private Mitbenutzung ihrer Firmenfahrzeuge „gestattet"[225]. Sie verbuchte jedoch die gesamten PKW-Unkosten als Betriebsausgaben und wies die dem G eingeräumten geldwerten Vorteile aus der privaten Mitbenutzung der Betriebsfahrzeuge nicht gesondert aus.

Wegen des Fehlens des gesonderten Ausweises und der Empfängermitteilung versagte die Finanzverwaltung der SA für die dem G eingeräumte private PKW-Nutzung den Betriebsausgabenabzug und setzte gleichzeitig bei G nach Art. 109-1.-1° CGI in entsprechender Höhe verdeckte Gewinnausschüttungen an.

Gegen den Ansatz dieser Einkünfte erhob G Klage. Die Feststellung der Betriebsprüfung bezüglich seiner privaten PKW-Nutzung konnte er nicht widerlegen. Hilfsweise machte er jedoch geltend, daß die gewährten Nutzungsvorteile nicht als verdeckte Gewinnausschüttungen, sondern als zusätzliche Vergütung im Rahmen seines Dienstverhältnisses zu qualifizieren seien.

Nach der bisherigen Rspr. waren in diesem Fall verdeckte Gewinnausschüttungen gem. Art. 109-1.-1° CGI anzunehmen. Die dem Gewinn hinzuzurechnenden laufenden PKW-Unkosten und -Abschreibungen wegen des nicht erfolgten gesonderten Ausweises der dem G eingeräumten Nutzungsvorteile waren mit entsprechenden Vermögensabflüssen bei der Gesellschaft verbunden. Es lagen somit verdeckte Gewinnausschüttungen aus formalen Gründen vor (s. dazu oben, S. 62 f.).

Der CE gab jedoch der Klage statt. Er lehnte die Qualifizierung der dem G eingeräumten Nutzungsvorteile als verdeckte Gewinnausschüttungen ab, sondern wertete sie als weiteres Entgelt im Rahmen seines Anstellungsverhältnisses. Er begründete dies entsprechend dem Entscheidungsvorschlag des commissaire du gouvernement damit, daß dem leitenden Personal eines Unternehmens die private Mitbenutzung von Dienstwagen üblicherweise als weitere Vergütung im Rahmen des Dienstverhältnisses eingeräumt wird und daß die Gesamtvergütung von G auch unter Einbeziehung der privaten PKW-Nutzungen den angemessenen Rahmen nicht überstieg[226].

---

225 Der PDG einer SA kann (ebenso wie der Geschäftsführer einer SARL) grundsätzlich Geschäfte im Namen der Gesellschaft mit sich selbst wirksam abschließen. Für diese Organe besteht kein allgemeines Selbstkontrahierungsverbot. S. dazu oben, S. 30.

226 Der Fall wäre allerdings anders entschieden worden, wenn objektive Umstände für eine Verschleierungsabsicht der Gesellschaft bezüglich der dem G gewährten geldwerten Vorteile gesprochen hätten (s. dazu unten, S. 80, 81).

b) Die Entscheidung des CE vom 05.12.1984[227]

aa) Eine Kapitalgesellschaft in der Rechtsform einer SARL betrieb Anfang der 70er Jahre in der südöstlich von Paris gelegenen Stadt Alfortville ein Unternehmen für Papierverarbeitung. Die Ehefrau eines Gesellschafters, der zu 50 % am Grundkapital der SARL beteiligt war, Madame Etienvre (Mme E.), war für das Unternehmen als „voyageur-représentant-placier" (V.R.P.) tätig.

bb) Der V.R.P. ist ein angestellter Handelsvertreter. Es handelt sich um einen eigenständigen Handelsvertretertypus des französischen Rechts, der im deutschen Recht unbekannt ist[228]. Daneben gibt es in Frankreich auch selbständige Handelsvertreter, die als „agent commercial" bezeichnet werden.

Die Begriffsmerkmale des V.R.P. und die Rechtsbeziehungen zu seinem Auftraggeberunternehmen sind in Art. L 751-1 f. des französischen Arbeitsgesetzbuches (Code du travail [C. Trav.]) geregelt. Faktisch entspricht die Tätigkeit und der Aufgabenkreis eines V.R.P. weitgehend demjenigen eines selbständigen Handelsvertreters nach deutschem Recht. Aus historischen Gründen, insbesondere um dem V.R.P. die Vorteile arbeitsrechtlicher Schutzvorschriften zukommen zu lassen, wurde sein Status jedoch als Angestelltenverhältnis geregelt[229].

cc) Im Oktober 1971 verstarb der Ehemann von Mme E. Sie erbte seine Anteile an der SARL in Höhe von 50 % des Stammkapitals, gab ihre Tätigkeit als Handelsvertreterin auf und übernahm die Geschäftsführung der SARL.

Im Jahr 1974 fand bei der SARL eine Betriebsprüfung statt. Diese stellte fest, daß die Gesellschaft Mme E. in den Jahren 1971 und 1972 jeweils einen Betrag von FF 84.000 als Entschädigung für den mit der Aufgabe ihrer Handelsvertretertätigkeit verbundenen Verlust ihres Kundenstammes gezahlt hatte. Die Gesellschaft hatte diese Entschädigungszahlungen als Betriebsausgaben verbucht.

Mme E. selbst hatte die Entschädigungszahlungen in ihren eigenen Steuererklärungen nicht angegeben.

Die Finanzverwaltung versagte den Abzug der gezahlten Entschädigungen als Betriebsausgaben, weil die Gesellschaft dafür ein immaterielles Wirtschaftsgut des Anlagevermögen erworben habe. Die Entschädigungszahlungen wurden als Anschaffungsaufwand für dieses immaterielle Wirtschaftsgut aktiviert. Gleichzeitig setzte die Finanzverwaltung nach Art. 109-1.-1° CGI die an Mme E. gezahlten Entschädigungen bei dieser als Gewinnausschüttungen an.

---

227 Nr. 46.962, RJF 85, S. 139, mit concl. Latournerie, RJF 85, S. 96-99.

228 Vgl. dazu Sonnenberger, § 4 II, S. 85 f.

229 Vgl. dazu Guyon, S. 794. Wegen näherer Einzelheiten wird auf die Darstellung des V.R.P. in Sonnenberger, a. a. O., und Guyon, a. a. O., S. 793 f., verwiesen.

Dagegen erhob Mme E. Klage und machte geltend, daß die Entschädigungszahlungen als Veräußerungsgewinne im Vermögensbereich bei ihr steuerfrei seien.

dd) Die Auffassung der Finanzverwaltung, daß die an Mme E. gezahlten Entschädigungen bei der Gesellschaft zu aktivieren seien, wurde vom CE aus folgenden Gründen bestätigt:

α) Der angestellte Handelsvertreter (V.R.P.) erhält bei einer Beendigung seines Anstellungsverhältnisses, die er nicht zu vertreten hat, einen Entschädigungsanspruch, wenn durch seine Tätigkeit ein Kundenstamm geschaffen oder erweitert wurde (Art. L 751-9 C. Trav.). Er verliert diesen wegen eines zwingenden nachvertraglichen Wettbewerbsverbots[230]. Dafür soll ihm der Entschädigungsanspruch einen Ausgleich gewähren[231].

β) Da das Ausscheiden des V.R.P. zwangsläufig den Verlust seines Kundenstamms zur Folge hat, liegt darin wirtschaftlich eine Übertragung des Kundenstamms auf den Unternehmer, wenn zu erwarten ist, daß diesem der Kundenstamm als ergiebiger Absatzmarkt erhalten bleibt. In diesem Fall ist die Entschädigungsverpflichtung des Unternehmers wegen des Ausscheidens des V.R.P. als Anschaffungsaufwand für den Erwerb seines Kundenstamms (immaterielles Wirtschaftsgut) zu aktivieren[232].

Diese Voraussetzungen waren offensichtlich in dem vorliegenden Fall erfüllt, so daß der CE die von der Finanzverwaltung vorgenommene Aktivierung der Entschädigungszahlungen bei der Gesellschaft nicht beanstandet hat.

ee) Der CE gab jedoch der Klage von Mme E. gegen die Besteuerung der an sie gezahlten Entschädigungen als Gewinnausschüttungen statt, obwohl nach Auffassung der Finanzverwaltung die Voraussetzungen für die Anwendung der Ausschüttungsdefinition des Art. 109-1.-1° CGI erfüllt waren. Der Betrag der

---

230 Guyon, S. 802.

231 Vgl. dazu Teyssié, Art. L 751-9 C. Trav., Anm. 46 m.w.N.
Der V.R.P. erhält üblicherweise als Entgelt ein fixes Grundgehalt und Provisionen für Geschäftsabschlüsse mit seinem Kundenstamm (Guyon, S. 798). Häufig fallen diese Provisionen auch dann an, wenn Geschäfte mit dem Kundenstamm seines Bezirks ohne seine Mitwirkung zustande gekommen sind (Guyon, S. 800). Gesetzliche Regelungen, die § 87 HGB entsprechen, bestehen in Frankreich nicht, jedoch werden häufig Regelungen dieses Inhalts tarif- oder einzelvertraglich vereinbart.

232 Vgl. Lefebvre Comptable, 2004, Anm. 1512.
Im deutschen Bilanz- und Steuerrecht wird dagegen die Aktivierung der Ausgleichsverpflichtung des Auftraggeberunternehmens gegenüber dem Handelsvertreter nach § 89 b HGB abgelehnt (h. M. vgl. Blümich, Kommentar zum EStG, § 5 EStG, Anm. 920 „Ausgleichsverpflichtung", m. w. N.). Der Unterschied zu den französischen Bilanzierungsgrundsätzen erklärt sich daraus, daß der deutsche Handelsvertreter bei Beendigung seines Vertragsverhältnisses in seiner Wettbewerbsfreiheit gegenüber seinem bisherigen Auftraggeber grundsätzlich nicht beschränkt wird und die Möglichkeit behält, seinen Kundenstamm weiter zu nutzen. Der Auftraggeber erwirbt also daran kein Exklusivrecht (vgl. dazu Schlegelberger, § 89 b HGB, Anm. 22; Baumbach / Hopt, HGB, 31. Aufl., § 90 a HGB, Rn. 2).

Gewinnberichtigung bei der Gesellschaft (Aktivierung der Entschädigungszahlungen) war Mme E. in Form der Entschädigungszahlungen zugeflossen (désinvestissement)[233].

Der CE entschied jedoch, daß eine Gewinnausschüttung nach Art. 109-1.-1° CGI nicht vorliege, weil Mme E. die Entschädigung als angemessene Gegenleistung für die Übertragung ihres Kundenstammes erhalten habe. Aus diesem Grunde seien auch die Voraussetzungen einer Gewinnausschüttung nach Art. 109-1.-2° CGI (Vorteilsgewährung an Gesellschafter) nicht erfüllt.

5. Ergebnis der geänderten Rechtsprechung seit 1984

Den beiden Entscheidungen des CE ist zu entnehmen, daß er die Ausschüttungsdefinition des Art. 109-1.-1° CGI weiter eingeschränkt hat. Nach der neuen geänderten Rspr. des CE setzt die Anwendung dieser Vorschrift außer einem Vermögensabfluß des Betrages der Gewinnberichtigung (désinvestissement) zusätzlich voraus, daß eine Gewinnverwendung zugunsten von Gesellschaftern oder Dritten erfolgt (z. B. unangemessene Gehaltszahlungen an Angestellte)[234].

Jede steuerlich gebotene Erhöhung des Gewinns der Kapitalgesellschaft gilt also grundsätzlich nur noch dann gem. Art. 109-1.-1° CGI als ausgeschüttet, wenn der Betrag der Gewinnberichtigung von der Gesellschaft abfließt (désinvestissement) und wenn für den Vermögensabfluß kein angemessener betrieblicher Grund besteht. Gleichzeitig hat der CE bestätigt, daß auch die Regelung des Art. 109-1.-2° CGI grundsätzlich eine Einkommensverwendung zugunsten von Gesellschaftern voraussetzt. An dieser Auslegung von Art. 109-1.-1° und 2° CGI hat der CE seitdem in ständiger Rspr. festgehalten[235].

Im Anschluß an diese Rspr. hat der Gesetzgeber in dem Jahressteuergesetz für 1988 den aufgrund eines Regierungsdekretes erlassenen Art. 111 e CGI, wonach alle nicht abziehbaren Betriebsausgaben einer Kapitalgesellschaft gleichzeitig als Gewinnausschüttungen gelten, dahingehend geändert, daß diese Regelung nicht mehr für die nicht abziehbaren Abschreibungen von „Luxus"-PKWs gilt, deren Anschaffungskosten die Abschreibungsobergrenzen übersteigen.

---

233 Hier ließe sich allerdings auch die Auffassung vertreten, daß kein désinvestissement vorlag, weil der Gegenstand der Gewinnberichtigung, der Kundenstamm, im Unternehmen investiert blieb.

234 So ausdrücklich Mme commissaire du gouvernement Latournerie in ihren conclusions, a. a. O., S. 98, und Turot, RJF 90, S. 3 f. (7).

235 Vgl. z. B. CE 20.2.85, Nr. 39.700, 39.701, DF 86 com. 953; CE 29.9.89, Nr. 75.304, DF 90 com. 142, mit concl. Fouquet; CE 10.2.93, Nr. 96.430, DF 93 com. 1388.

VI. Ausnahmen von dem Grundsatz der neueren Rechtsprechung, daß verdeckte Gewinnausschüttungen im Sinne des Art. 109-1.-1° und 2° CGI eine Gewinn- bzw. Einkommensverwendung zugunsten von Gesellschaftern oder fremden Dritten voraussetzen

Der Grundsatz der Rspr., daß verdeckte Gewinnausschüttungen i. S. des Art. 109-1.-1° und 2° CGI eine Einkommensverwendung zugunsten von Gesellschaftern oder Dritten (Art. 109-1.-1° CGI) bzw. nur von Gesellschaftern (Art. 109-1.-2° CGI) voraussetzen, wird jedoch durch gesetzliche Sonderregelungen durchbrochen. Es handelt sich hierbei insbesondere um die Regelungen des Art. 111 e und Art. 111 c CGI.

1. Die nicht abziehbaren Repräsentationsaufwendungen, i. S. des Art. 39-4. Abs. 1 und 5 CGI als scheinbare Ausnahmen

Nach Art. 111 e CGI gelten grundsätzlich alle nicht abziehbaren Betriebsausgaben i. S. d. Art. 39-4. Abs. 1 u. 5 CGI (Aufwendungen für Freizeitwohnsitze, Segeljachten, Motorboote, Jagd und Fischerei) weiterhin als verdeckte Gewinnausschüttungen. Art. 111 e CGI wurde zwar zunächst von der überwiegenden Meinung als illegal angesehen[236]. Mit der Änderung dieser Vorschrift durch das Jahressteuergesetz 1988 dahingehend, daß sie nicht mehr für die nicht abziehbaren Abschreibungen von PKWs gilt, hat der Gesetzgeber jedoch nach Auffassung der h. M. konkludent die Gültigkeit und Weitergeltung dieser Vorschrift für die anderen nicht abziehbaren Betriebsausgaben bestätigt. Von der h. M. wird daher die Gültigkeit und Legalität von Art. 111 e CGI in der neuen, durch das Jahressteuergesetz 1988 geänderten Fassung nicht mehr in Zweifel gezogen[237].

Die Rspr. und h. M. nimmt aus diesem Grunde in den Fällen der nicht abziehbaren Repräsentationsaufwendungen i. S. d. Art. 39-4. Abs. 1 u. 5 CGI verdeckte Gewinnausschüttungen auch dann an, wenn die Vorteilszuwendung nicht in erster Linie die Gesellschafter, sondern fremde Dritte begünstigt und damit nach allgemeinen Grundsätzen als Betriebsausgabe abzugsfähig wäre.

a) Z. B. gilt die Veranstaltung von Jagden, die eine Kapitalgesellschaft zur Pflege der Geschäftsbeziehungen durchführt, nach der Rspr. und h. M. weiterhin als verdeckte Gewinnausschüttung an die eingeladenen Geschäftsfreunde, sofern sich die Gesellschaft im Gewinnbereich befindet. Wenn sich die Gesellschaft dagegen bei einem ansonsten gleichen Sachverhalt im Verlustbereich befindet, bleiben die aus der Jagdteilnahme zugeflossenen Vorteile hingegen steuerfrei.

Der Grund für diese unterschiedliche steuerliche Behandlung liegt darin, daß Art. 111 e CGI nach der h. M. einen spezifischen Anwendungsfall verdeckter Gewinnausschüttungen i. S. v. Art. 109-1.-1° und 2° regelt. Da, wenn sich eine Gesellschaft im Verlustbereich befindet, nach der Ziff. 2 Ausschüttungen nur an

---

236 S. Fn. 217.

237 Vgl. dazu Cozian, 28. Aufl., Rn. 128 ; 23. Aufl., Rn. 1232; Serlooten, 5. Aufl., Rn. 781; a. A. Turot, RJF 90, S. 3 (7).

Gesellschafter möglich sind, bleibt in diesem Fall der Vorteil der Geschäftsfreunde aus der Jagdteilnahme bei diesen steuerfrei[238].

b) Für die Besteuerung der nicht abziehbaren Repräsentationsaufwendungen i. S. d. Art. 39-4. Abs. 1 u. 5 CGI als verdeckte Gewinnausschüttungen besteht aber außer der gesetzlichen Regelung auch noch ein sachlicher Grund.

Die h. M. interpretiert die Abzugsverbote für diese Repräsentationsaufwendungen als gesetzlich geregelte Fälle anormaler Geschäftsführungsmaßnahmen[239]. Diese Aufwendungen dienen im wesentlichen der gesellschaftlichen Repräsentation und/oder Freizeitgestaltung und fördern daneben, da sie nicht betriebsnotwendig sind, betriebliche Belange nur unwesentlich. Der Gesetzgeber habe daher mit den Abzugsverboten für diese Aufwendungen eine unwiderlegliche Vermutung dafür aufgestellt, daß sie jeweils den betrieblichen Interessen der Gesellschaft zuwiderlaufen[240].

Die h. M. qualifiziert somit die nicht abziehbaren Repräsentationsaufwendungen als Einkommensverwendung. Sie hält es daher für gerechtfertigt, die den eingeladenen Gästen daraus zufließenden geldwerten Vorteile als verdeckte Gewinnausschüttungen zu erfassen[241].

2. Zahlungen ohne Empfängermitteilung und gewährte geldwerte Vorteile ohne gesonderten Ausweis

Ebenso gilt nach der Rspr. wegen der Sonderregelung für die verborgenen Vergütungen und Vorteile in Art. 111 c CGI[242] die Zahlung von Vergütungen an unabhängige Dritte (einschließlich Gesellschafter) ohne Empfängermitteilung und die Gewährung geldwerter Vorteile an Geschäftsführer oder Angestellte ohne gesonderte Ausweis grundsätzlich weiterhin als verdeckte Gewinnausschüttung, auch wenn der Empfänger dafür eine angemessene Gegenleistung erbracht hat.

a) Bei der Gewährung geldwerter Vorteile läßt die Rspr. nur dann eine Ausnahme zu, wenn der geldwerte Vorteil in einem engen Zusammenhang mit der Position und dem Aufgabenkreis der Führungskraft in der Gesellschaft steht, die Gesamtvergütung dadurch nicht unangemessen wird und auch sonstige Umstände nicht für eine Verschleierungsabsicht der Gesellschaft sprechen[243].

---

238 H. M., vgl. Turot, RJF 1990, S. 3 (4).

239 Plagnet, Les grands arrêts, 4. Aufl., thème 33, Rn. 2, S. 550, 551; Cozian, 28. Aufl., Rn. 128; Serlooten, 5. Aufl., Rn. 408.

240 Cozian, Grands Principes, 4. Aufl., doc. 9, S. 139/140; Serlooten, 5. Aufl., Rn. 408.

241 Vgl. dazu Cozian, 23. Aufl., Rn. 1232; Serlooten, 5. Aufl., Rn. 781; a. A. Turot, RJF 90, S. 3 (7).

242 Nach Art. 111 c CGI gelten alle „verborgenen Vergütungen und Vorteile" als Ausschüttungen. Zum französischen Wortlaut s. Fn. 192.

243 Eine Verschleierungsabsicht der Gesellschaft ist nach der Rspr. z. B. anzunehmen, wenn ein Geschäftsführer oder leitender Angestellter außer der bei seiner Stellung üblichen privaten Nutzung eines Firmen-PKWs auch noch andere, nicht gesondert ausgewiesene geldwerte

Unter diesen Voraussetzungen qualifiziert die Rspr. den nicht gesondert ausgewiesenen Vorteil als zusätzliches Gehalt.

Als eng mit der Position und der Funktion der Führungskraft verbundene geldwerte Vorteile hat die Rspr. z. B. anerkannt:

- die Gestattung einer privaten Mitbenutzung von Dienstwagen[244],
- die Übernahme der Kosten einer Hausangestellten für das repräsentative (in einem Park gelegene) Wohnhaus eines PDG, das dieser auch dienstlich für den Empfang und die Bewirtung von Geschäftsfreunden seiner Firma (einer SA) benutzte[245],
- die Bereitstellung einer unentgeltlichen Dienstwohnung am Sitz der Gesellschaft[246].

b) In allen anderen Fällen, also wenn kein enger Zusammenhang mit der Position der Führungskraft besteht oder die Gesamtumstände auf eine Verschleierungsabsicht der Gesellschaft hindeuten, qualifiziert jedoch die Rspr. (wegen der Sonderregelung des Art. 111 e CGI) gewährte geldwerte Vorteile ohne gesonderten Ausweis weiterhin als verdeckte Gewinnausschüttungen, auch wenn die vom Empfänger bezogene Gesamtvergütung dadurch kein unangemessenes Ausmaß erreicht.

Verdeckte Gewinnausschüttungen hat die Rspr. z. B. bei der Zuwendung folgender nicht offengelegter geldwerter Vorteile angenommen:

- Gewährung eines zinslosen Darlehens an sich selbst durch den kaufmännischen Direktor einer SA[247],
- Übernahme der Kosten von Auslands-Privatreisen der Geschäftsführer in die USA, Kanada und Mexiko durch eine Lederwaren-Handelsgesellschaft (SARL) mit dem Sitz in Frankreich[248],
- Überlassung eines Schlosses im Eigentum der Gesellschaft an ihren stellvertretenden Generaldirektor zu Wohnzwecken[249],

Vorteile, mit denen nicht üblicherweise gerechnet werden kann, erhält, z. B. die Gewährung eines unentgeltlichen Darlehens oder die Finanzierung einer Lebensversicherung. In diesem Fall sind nach der Rspr. alle gewährten geldwerten Vorteile einschließlich der üblichen als „verborgene Vorteile" und verdeckte Gewinnausschüttungen i. S. d. Art. 111 c CGI zu qualifizieren, auch wenn die Gesamtvergütung dadurch kein unangemessenes Ausmaß erreicht (vgl. dazu CE 24.07.1987, Nr. 63.991, RJF 87, S. 590; CE 16.03.1988, Nr. 60.570, RJF 88, S. 341).

244 CE 11.05.1984, Nr. 47.658, DF 84 com. 1576, mit concl. Fouquet, s. dazu oben, S. 75 f.; CE 13.05.1991, Nr. 67.488, DF 92 com. 1132.

245 CE 20.02.1985, Nr. 39.700, DF 86 com. 953, S. 632 (633).

246 CE 13.05.1991, Nr. 67.488, DF 92 com. 1132.

247 CE 17.05.1989, Nr. 63.319, DF 89 com. 1744.

248 CE 25.03.1991, Nr. 66.491, DF 93 com. 219.

249 CE 27.05.1988, Nr. 62.764, RJF 88, Nr. 859, S. 473.

- in einem Fall, in dem die Gesellschaft für ihren Geschäftsführer die Beiträge für einen Segelclub, die Erstattung von privaten Fahrt-, Hotel-, Restaurant-, Flugzeugkosten und Geldstrafen sowie die Finanzierung einer Lebensversicherung übernommen hatte[250].

VII. Weitere gesetzliche Sonderregelungen für verdeckte und gesellschaftsrechtliche Gewinnausschüttungen

1. Eine eigenständige Sonderregelung hat der französische Gesetzgeber geschaffen, um zu verhindern, daß die Gesellschaft offene Gewinnausschüttungen durch Darlehensgewährungen an ihre Gesellschafter umgeht. Gem. Art. 111 a CGI gelten Darlehen einer Kapitalgesellschaft an ihre Gesellschafter bis zum Beweis des Gegenteils als verdeckte Gewinnausschüttungen. Für diese Ausschüttungen hat sich die Bezeichnung „distributions présumées" eingebürgert[251]. Die Vermutung nach Art. 111 a CGI kann insbesondere dadurch widerlegt werden, daß die Gesellschaft nachweist, daß die Darlehensgewährung im Rahmen normaler Geschäftsbeziehungen mit den Gesellschaftern erfolgt ist[252]. Die Bedeutung der Vorschrift war während der Geltung des Vollanrechnungsverfahrens ab 1993 (vorher war bei Gewinnausschüttungen die Körperschaftsteuer nur teilweise auf die Einkommensteuer anrechenbar) zurückgetreten, ist jedoch seit der Einführung des Halbeinnahmenverfahrens für ab dem 1.1.2005 bezogene Dividenden wieder aktuell geworden.

2. Weitere Sonderregelungen betreffen Gewinnausschüttungen im Rahmen gesellschaftsrechtlicher Vorgänge, die aus deutscher Sicht offene Gewinnausschüttungen darstellen. Z. B. gelten nach Art. 111 bis CGI im Falle der Beendigung der KSt-Pflicht die Gewinne und Rücklagen der Gesellschaft als an die Gesellschafter ausgeschüttet. Nach Art. 111 b CGI gilt der Rückkauf von Genußscheinen oder Gründeranteilen durch die Gesellschaft als Ausschüttung an die bisherigen Inhaber und Verkäufer. Bemessungsgrundlage für die Steuer ist dabei allerdings nur die Differenz zwischen den Anschaffungskosten der Anteile und dem Rückerwerbspreis (Art. 161 Abs. 2 CGI).

   Gem. Art. 112-1° CGI gilt die Rückzahlung von Einlagen durch die Gesellschaft an ihre Gesellschafter grundsätzlich nicht als Gewinnausschüttung, es sei denn, es handelt sich um die Rückzahlung von Nennkapital, das aus Gesellschaftsmitteln stammt.

   Auf diese Sonderregelungen wird hier nicht näher eingegangen.

---

250 CE 02.02.1996, Nr. 127.833, RJF 96, S. 172 (172, 173), mit concl. Loloum, BDCF 96, S. 35.

251 Cozian, 28. Aufl., Rn. 636.

252 Vgl. dazu Cozian, Grands Principes, 2. Aufl., doc. 27, Rn. 41-44, S. 470, 471 m. w. N.

VIII. Zusammenfassung von Teil B

Ein Begriff der verdeckten Gewinnausschüttungen auf der Ebene der Anteilseigner ist im französischen Steuerrecht nicht allgemein definiert worden. Das französische Recht besitzt jedoch in dem Art. 109-1.-1° und 2° CGI allgemeine Regelungen zur Erfassung verdeckter Gewinnausschüttungen auf der Ebene der Anteilseigner. Diese werden im französischen Recht im Gegensatz zu den Ausschüttungen aufgrund gesellschaftsrechtlicher Gewinnverteilungsbeschlüsse als irreguläre Ausschüttungen bezeichnet.

Art. 109-1.-1° CGI enthält eine Ausschüttungsdefinition und -vermutung, wonach jede positive Gewinnberichtigung aus steuerlichen Gründen, deren Ergebnis aus dem Vermögen der Gesellschaft abgeflossen ist, als ausgeschüttet gilt. Infolge dieser Regelung gelten Vermögensvorteile, die eine Kapitalgesellschaft Gesellschaftern oder Dritten ohne betriebliche Veranlassung zuwendet und die infolgedessen nach allgemeinen Grundsätzen ihrem Gewinn hinzuzurechnen sind, gleichzeitig als verdeckte Gewinnausschüttungen an die begünstigten Gesellschafter oder Dritte. Die Ausschüttungsdefinition erfaßt somit verdeckte Gewinnausschüttungen an Gesellschafter und Dritte.

Da sie an die steuerlichen Gegebenheiten bei der Gesellschaft anknüpft und nur einen Abfluß des Betrages der Gewinnberichtigung, aber keinen Zufluß beim Empfänger voraussetzt, hat der französische Gesetzgeber ein besonderes Verwaltungszwangsverfahren zur Ermittlung der unbekannten Empfänger verdeckter Gewinnausschüttungen geschaffen.

Die Ausschüttungsdefinition des Art. 109-1.-1° CGI ist nur anwendbar, wenn sich die Gesellschaft in dem Geschäftsjahr der Ausschüttung in der Gewinnzone befindet.

Befindet sich die Gesellschaft in einer Verlustsituation, ist statt der Ziff. 1 die Ziff. 2 von Art. 109-1. CGI anwendbar. Art. 109-1.-2° CGI erfaßt nur verdeckte Gewinnausschüttungen an Gesellschafter. Darunter fallen zum einen alle Vermögensvorteile, die die Gesellschaft einem Gesellschafter ohne angemessene Gegenleistung gewährt, ohne daß die Zuwendung im Unternehmensinteresse gerechtfertigt ist, zum anderen auch eigenmächtige Unterschlagungen durch Gesellschafter.

Seit den Entscheidungen vom 11.05. und 05.12.1984[253] hat die Rspr. die Ausschüttungsdefinition des Art. 109-1.-1° CGI weiter eingeschränkt. Ihre Anwendung setzt jetzt außer dem Abfluß des Betrages der Gewinnberichtigung zusätzlich voraus, daß eine Gewinnverwendung zugunsten eines Gesellschafters oder Dritten erfolgt.

Die gleiche Voraussetzung (Einkommensverwendung) verlangt die Rspr. auch für unangemessene Vorteilszuwendungen an Gesellschafter gem. Art. 109-1.-2° CGI.

---

[253] Nr. 47.658, DF 84 com. 1576, und Nr. 46.962, RJF 85, S. 139.

Neben diesen allgemeinen Regelungen bestehen in Art. 111 CGI noch Sonderregelungen für typische Anwendungsfälle verdeckter Gewinnausschüttungen. Danach gelten insbesondere gezahlte Vergütungen an unabhängige Dritte (einschließlich Gesellschafter) ohne die gesetzlich vorgeschriebene Mitteilung an die Finanzverwaltung und Angestellten gewährte Vorteile ohne den gesetzlich vorgeschriebenen gesonderten Ausweis sowie nicht abziehbare Repräsentationsaufwendungen (Aufwendungen für Freizeitwohnsitze, Segeljachten, Motorboote, Jagd und Fischerei) als verdeckte Gewinnausschüttungen (Art. 111 c und e CGI).

Im Rahmen dieser Sonderregelungen können Vorteilszuwendungen an Gesellschafter oder Dritte auch dann als verdeckte Gewinnausschüttungen zu qualifizieren sein, wenn sie aus betrieblichen Gründen gerechtfertigt sind.

C. Beispiele für die Besteuerung verdeckter Gewinnausschüttungen im französischen Steuerrecht

I. Verdeckte Gewinnausschüttungen an natürliche Personen

Verdeckte Gewinnausschüttungen unterliegen der vollen Doppelbelastung mit Körperschaftsteuer (KSt) bei der Kapitalgesellschaft und Einkommensteuer (ESt) beim Empfänger. Das 60-%-Einnahmenverfahren findet keine Anwendung (s. oben, S. 10).

Beispiel:

Die Finanzverwaltung stellt fest, daß eine SARL ihrem Gesellschafter-Geschäftsführer (G) im Jahr 2006 ein Betriebsgrundstück im Verkehrswert von € 300.000 zu einem Preis von € 200.000 verkauft hat. Der Einnahmeverzicht von € 100.000 ist als anormale Vorteilszuwendung dem Gewinn der Gesellschaft hinzuzurechnen und unterliegt dort der KSt mit 33 1/3 %. Hinzu kommt die contribution sociale von 3,3 % der KSt-Schuld.

Die Gesamtbelastung der verdeckten Gewinnausschüttung (anormale Vorteilszuwendung) bei der Gesellschaft mit KSt und den Zuschlägen beträgt somit € 34.433 oder 34,43 %.

Bei G unterliegt die verdeckte Gewinnausschüttung von € 100.000 gem. Art. 109-1.-1° oder 2° CGI der Einkommensteuer und ist hier grundsätzlich mit € 125.000 anzusetzen (Art. 158-7.-2° CGI, s. dazu Fn. 165). Hinzu kommen 11 % Sozialsteuern, insbesondere die CSG (mit teilweiser Abzugsfähigkeit [5,8 %]) und die CRDS, auf diesen Betrag. Wegen der teilweisen Abzugsfähigkeit der CSG mindert sich die Bemessungsgrundlage auf € 118.147,45. Unterstellt man für G den ESt-Höchstsatz von 40 %, dann ergibt sich bei ihm für die verdeckte Gewinnausschüttung eine ESt- und Sozialsteuerschuld von insgesamt € 60.255 (abgerundet).

Die steuerliche Gesamtbelastung der verdeckten Gewinnausschüttung von € 100.000 mit KSt und der contribution sociale bei der Gesellschaft sowie ESt und Sozialsteuern bei G beträgt somit grundsätzlich € 94.688 (abgerundet) oder 94,69 %.

Um diese Steuerbelastung zu mildern, hat der Gesetzgeber in Art. 77 L. Abs. 3-6 LPF gestattet, daß die verdeckte Gewinnausschüttung beim Gesellschafter abzüglich der darauf lastenden KSt als Bemessungsgrundlage für die ESt angesetzt werden darf, wenn dies die Gesellschaft beantragt und der Gesellschafter ihr die KSt-Steuer erstattet (sog. „bénéfice de la cascade“ [= Kaskadenvergünstigung[254]]). Diese Vergünstigung gilt nur für Gesellschafter und auch nur unter der weiteren Voraussetzung, daß sie in Frankreich ansässig sind.

In diesem Fall werden bei G (in dem Beispiel) grundsätzlich nur € 91.667 als Bemessungsgrundlage für die ESt angesetzt. Unter dieser Voraussetzung ergibt sich bei G

---

[254] Serlooten, 5. Aufl., Rn. 876; Cozian, 21. Aufl., Rn. 1229, 1230; Lefebvre fiscal, Rn. 7307, 7308.

eine ESt- und Sozialsteuerschuld von € 44.187 (abgerundet) und eine Gesamtbelastung der verdeckten Gewinnausschüttung mit KSt, contribution sociale, ESt und Sozialsteuern von € 78.620 (abgerundet) oder 78,62 %.

Allerdings erhöht sich für G im Falle der Erstattung der steuerliche Gesamtaufwand (€ 78.620 ESt, Sozialsteuern und KSt statt € 60.250 ESt und Sozialsteuern ohne Erstattung). Daher lohnt sich für ihn die Erstattung nur, wenn er an der Gesellschaft wesentlich beteiligt ist[255].

II. Verdeckte Gewinnausschüttungen im Konzern

Wenn eine Tochtergesellschaft der Muttergesellschaft verdeckte Gewinnausschüttungen zuwendet, z. B. durch Lieferung oder Leistung unter Preis oder überhöhte Vergütungen, erhält diese für die zugeflossenen verdeckten Gewinnausschüttungen nach der Rspr. auch nicht das Schachtelprivileg für Beteiligungserträge[256]. Verdeckte Gewinnausschüttungen im Rahmen eines Konzerns unterliegen also ebenfalls grundsätzlich der vollen Doppelbelastung mit KSt bei beiden Gesellschaften. Von diesem Grundsatz läßt die Finanzverwaltung nur Ausnahmen zu bei Darlehen der Tochtergesellschaft an die Muttergesellschaft, die nach Art. 111 a CGI als Gewinnausschüttung gelten (s. dazu oben, S. 82) und bei verdeckten Gewinnausschüttungen durch unangemessen hohe Verzinsung von Gesellschafterdarlehen der Muttergesellschaft an die Tochtergesellschaft. In diesen Fällen gestattet sie die Anwendung des Schachtelprivilegs[257].

---

255 Cozian, 21. Aufl., Rn. 1230; Serlooten, 5. Aufl., Rn. 876.

256 CE in ständiger Rspr. seit CE 06.06.1984, Nr. 35.415 u. 36.733, DF 85 com. 287.

257 Doc. adm. 4 H-2114; Cozian, 28. Aufl., Rn. 599; Oudenot, 2. Aufl., Rn. 356.

Zweiter Abschnitt

Vergleich der französischen Regelung zur Erfassung verdeckter Gewinnausschüttungen mit der deutschen

A. VORAUSSETZUNGEN UND RECHTSFOLGEN VERDECKTER GEWINNAUSSCHÜTTUNGEN IM DEUTSCHEN STEUERRECHT

I. Voraussetzungen

1. Institut der Rechtsprechung

Das Institut der verdeckten Gewinnausschüttungen ist eine Schöpfung der deutschen Rechtsprechung. Die gesetzlichen Regelungen des § 8 Abs. 3 S. 2 KStG[258] und des § 20 Abs. 1 Nr. 1 S. 2 EStG[259] setzen die von ihr geschaffenen Definitionen[260] voraus.

Es erfaßt im Gegensatz zum französischen Recht nur Gewinnminderungen bei einer Kapitalgesellschaft, die auf die Zuwendung von Vermögensvorteilen an Anteilseigner (Aktionäre bzw. GmbH-Gesellschafter) gerichtet sind. Die Möglichkeit dieser Gewinnminderungen und korrespondierenden Vorteilszuwendungen hängt mit dem Trennungsprinzip zusammen.

2. Gesellschaftsrechtliche Grundlagen (Trennungsprinzip)

Kapitalgesellschaften werden im Zivil- und Steuerrecht als selbständige Rechts- und Steuersubjekte im Verhältnis zu ihren Anteilseignern anerkannt. Zivilrechtlich kommt es dadurch zu einer Trennung zwischen den Vermögensbereichen der Kapitalgesellschaft und der Anteilseigner.

Mit der Verleihung der Rechtsfähigkeit an die Gesellschaft durch die Eintragung im Handelsregister (§ 41 Abs. 1 AktG, § 11 Abs. 1 GmbHG) verlieren die Anteilseigner jede Mitberechtigung an den von ihnen geleisteten Einlagen. Das sich aus den Einlagen der Anteilseigner ergebende Gesellschaftsvermögen und die damit erwirtschafteten Vermögensmehrungen werden eigenständiges, von ihrem Vermögen getrenntes Vermögen der Gesellschaft. Die Anteilseigner sind nicht über zivilrechtliche (gesamthänderische) Mitberechtigungen am Gesellschaftsvermögen, sondern nur noch über ihre Mitgliedschaftsrechte an der Gesellschaft beteiligt[261].

---

258 „Auch verdeckte Gewinnausschüttungen mindern das Einkommen nicht".

259 „Zu den sonstigen Bezügen (aus Anteilen an Kapitelgesellschaften) gehören auch verdeckte Gewinnausschüttungen".

260 S. dazu oben, S. 1, und unten, S. 91-93.

261 Vgl. dazu Wiedemann, Gesellschaftsrecht Bd. I, S. 198 f. Die gleiche Rechtslage besteht im französischen Gesellschaftsrecht. (Vgl. dazu Art. 1842 C. Civ., Art. L.210-6 C. Com.; Guyon, Rn. 183, 184, S. 183, 184.)

Die Anteilseigner können daher mit der Gesellschaft wie fremde Dritte Verträge über den Austausch von Lieferungen und Leistungen abschließen. Sie können andererseits Vermögensgegenstände und Leistungen aus dem Gesellschaftsvermögen auch nur durch den Abschluß rechtsgeschäftlicher Übertragungs- und Austauschgeschäfte mit der Gesellschaft zivilrechtlich wirksam erwerben. Eigenmächtige Sach- oder Leistungsentnahmen eines Anteilseigners sind rechtswidrig. Sie begründen Schadenersatz- und Rückgabeansprüche der Gesellschaft (z. B. aus § 985 BGB, §§ 992, 858 Abs. 1 BGB i. V. m. § 823 Abs. 1 oder § 823 Abs. 2 BGB i. V. m. § 242 StGB).

Da die Anteilseigner jedoch gleichzeitig über ihre Mitgliedschaftsrechte an der Gesellschaft beteiligt sind, besteht die Möglichkeit, daß sie die schuldrechtlichen Beziehungen (mit der Gesellschaft) zu ihren Gunsten „gesellschaftsrechtlich" beeinflussen und dadurch Vermögensvorteile erhalten, die aus betrieblicher Sicht nicht gerechtfertigt sind und die die Gesellschaft einem fremden Dritten nicht gewähren würde[262].

---

262 In einer GmbH bestehen für die Gesellschafter Möglichkeiten der Einflußnahme auf die Geschäftsführungsorgane dadurch, daß die Gesellschafterversammlung i. d. R. mit einfacher Mehrheit über die Bestellung und Abberufung der Geschäftsführer entscheiden und ihnen jederzeit Weisungen erteilen kann (§§ 46 Nr. 5, 37 Abs. 1 GmbHG; h. M., vgl. dazu Baumbach / Hueck, GmbHG, § 37 Anm. 10). Insbesondere für Mehrheitsgesellschafter und durch gleichgerichtete Interessen verbundene Gesellschaftergruppen können sich daraus entscheidende Einflußmöglichkeiten auf die Geschäftsführungsorgane ergeben. Daneben bestehen faktische Einflußmöglichkeiten vor allem für Mehrheitsgesellschafter.

In einer AG haben die Aktionäre zwar praktisch keine direkten Einflußmöglichkeiten gegenüber den Vorstandsmitgliedern, weil diese vom Aufsichtsrat bestellt werden und die AG in eigener Verantwortung leiten (§§ 84 Abs. 1, 76 Abs. 1 AktG). Einflußmöglichkeiten können sich aber daraus ergeben, daß der Hauptversammlung die Bestellungskompetenz für den Aufsichtsrat zusteht (§ 101 AktG). Dadurch können wesentlich beteiligte Aktionäre oder Aktionärsgruppen indirekt auf die Vorstandsmitglieder und deren Geschäftsführung Einfluß ausüben.

Außerdem besteht die Möglichkeit, daß die Gesellschaft von sich aus einem Anteilseigner wegen dessen dominierender Stellung in der Gesellschaft unangemessene Vermögensvorteile gewährt (vgl. dazu RFH, RStBl. 35, 616).

Im französischen Recht bestehen ähnliche Einflußmöglichkeiten der Gesellschafter bzw. Aktionäre auf die Geschäftsführung einer SARL bzw. SA. Die Geschäftsführer einer SARL können jederzeit von der Gesellschafterversammlung mit einfacher Stimmenmehrheit abberufen werden (Art. L.223-25 Abs. 1. C. Com.).

Der Président Directeur Général (PDG) einer SA (der gleichzeitig Präsident des Verwaltungsrates ist) kann jederzeit von der Hauptversammlung mit einfacher Stimmenmehrheit abberufen werden (Art. L.225-18 Abs. 2 C. Com.; Cozian / Viandier / Deboissy, Rn. 665, 666).

Seit 2001 besteht die Möglichkeit, daß das Leitungsorgan einer SA mit Verwaltungsratsverfassung nicht gleichzeitig Präsident des Verwaltungsrates ist (Art. L.225-51-1 Abs. 1 C. Com.). In diesem Fall wird es als Directeur Général (DG) bezeichnet. Der DG kann vom Verwaltungsrat jederzeit abberufen werden (Art. L.225-55 C. Com.). Dieser wiederum ist jederzeit durch die Hauptversammlung abberufbar (Art. L.225-18 Abs. 2 C. Com.). Der Vorstand einer SA (Direktoratsverfassung) kann grundsätzlich jederzeit von der Hauptversammlung abberufen werden (Art. L.225-61 Abs. 1 C. Com.).

3. Vorabausschüttungen auf das zu erwartende Betriebsergebnis

Die infolge gesellschaftsrechtlicher Einflußnahme bewirkten Gewinnminderungen zugunsten der Anteilseigner stellen wirtschaftlich Vorabausschüttungen auf das zu erwartende Betriebsergebnis dar (s. dazu die Beispiele in der Einführung auf S. 1). Die Rechtsprechung bezeichnet sie deshalb als verdeckte Gewinnausschüttungen.

Die Zuwendung verdeckter Gewinnausschüttungen erfolgt in den meisten Fällen entweder durch überhöhte Gegenleistungen der Gesellschaft für Leistungen des Anteilseigners (verdeckte Gewinnausschüttungen in Form scheinbarer Betriebsausgaben) oder durch Verzicht der Gesellschaft auf ein angemessenes Entgelt für Leistungen an den Anteilseigner (verdeckte Gewinnausschüttungen in Form verminderter Betriebseinnahmen)[263]. Wegen der damit (für die Gesellschaft und den Anteilseigner) verbundenen steuer- und gesellschaftsrechtlichen Vorteile (bei Nichtaufdeckung durch die Finanzbehörden)[264] besteht für Gestaltungen dieser Art in der Praxis ein erheblicher Anreiz.

Als Vorabausschüttungen auf das zu erwartende Betriebsergebnis sind verdeckte Gewinnausschüttungen wirtschaftlich Bestandteil dieses Ergebnisses. Sie sind also dem Handelsbilanzergebnis hinzuzurechnen[265]. Diese Rechtsfolge ist ausdrücklich in § 8 Abs. 3 S. 2 KStG angeordnet, wonach verdeckte Gewinnausschüttungen das Einkommen der Gesellschaft nicht mindern dürfen.

4. Fremdvergleich

Ob ein Rechtsgeschäft mit einem Anteilseigner eine verdeckte Gewinnausschüttung enthält, stellt die Rspr. grundsätzlich durch Vergleich mit einem regulären Umsatzgeschäft fest, das die Gesellschaft unter gleichen Umständen mit einem fremden Dritten abgeschlossen hätte (hypothetischer Fremdvergleich). Bei einem

---

263 S. dazu die Beispiele, S. 1.

264 S. dazu oben, S. 2.

265 Unangemessene Vereinbarungen zwischen einer Gesellschaft und dem begünstigten Anteilseigner sind grundsätzlich zivilrechtlich wirksam.

Das deutsche, von der liberalen Wirtschaftstheorie beeinflußte Zivilrecht hat bewußt auf eine Preiskontrolle durch Regelung eines gerechten Preises (iustum pretium) verzichtet und läßt im Rahmen der Privatautonomie grundsätzlich eine freie Preisbildung zu (vgl. dazu Wieacker, Privatrechtsgeschichte der Neuzeit, 2. Aufl., S. 482). Die Zulassung der freien Preisbildung soll zur dezentralen Steuerung des Wirtschaftsgeschehens aufgrund des Mechanismus von Angebot und Nachfrage beitragen. Dies ermöglicht nach Auffassung der Wirtschaftswissenschaften die bestmögliche Versorgung der Wirtschaft und der Verbraucher. Rechtliche Preisbegrenzungen nach oben (sog. Höchstpreise) würden z. B. verhindern, daß sich am Markt ein ausreichendes Angebot für das betreffende Wirtschaftsgut bildet und daß letztlich durch die Konkurrenz der Vielzahl der Anbieter wieder Preissenkungen für dieses Wirtschaftsgut eintreten. Vgl. dazu Samuelson, Volkswirtschaftslehre, Bd. 1, 8. Aufl. 1987, (12. US-Aufl.), S. 85 f.).

Verdeckte Gewinnausschüttungen mindern wegen des Maßgeblichkeitsgrundsatzes nicht nur den Handelsbilanz-Gewinn, sondern auch den Steuerbilanz-Gewinn, sind somit bei ihrer Aufdeckung dem Steuerbilanz-Gewinn außerhalb der Steuerbilanz hinzuzurechnen. BFH 29.06.1994 I R 137/93, DB 94, 2526 m. w. N.; vgl. dazu im einzelnen Döllerer, S. 126-128.

Geschäft mit einem fremden Dritten ist eine gesellschaftsrechtliche Beeinflussung im allgemeinen ausgeschlossen.

Die Rspr. ergänzt den Maßstab des mit einem fremden Dritten abgeschlossenen Geschäfts allerdings noch durch zusätzliche normative Anforderungen. In der Regel stellt sie auf Drittgeschäfte ab, die ein ordentlicher und gewissenhafter Geschäftsleiter unter gleichen Umständen (im Interesse des Unternehmens[266]) für die Gesellschaft abgeschlossen haben würde. Dafür sind vor allem folgende Gründe maßgeblich:

a) Rein tatsächlich gesehen sind auch Rechtsgeschäfte mit fremden Dritten zum Nachteil der Gesellschaft möglich, z. B. infolge eines Irrtums, einer Fehlkalkulation oder wegen Untreue des Geschäftsführers.

b) Unter Umständen kann es im Interesse eines Unternehmens liegen, von den unter fremden Dritten üblichen Bedingungen, insbesondere den Marktpreisen, abzuweichen.

Beispiele:

Eine Gesellschaft gewährt einem Großabnehmer Nachlässe auf die marktüblichen Preise, weil dieser ständig größere Mengen abnimmt und sie darauf angewiesen ist.

Eine Gesellschaft zahlt einem Lieferanten Zuschläge zu den marktüblichen Preisen, weil dieser sie seit langem zuverlässig mit qualitativ einwandfreier Ware beliefert hat und sie daher an der Aufrechterhaltung der Geschäftsbeziehungen interessiert ist.

Ein Unternehmen bietet in der Aufbauphase Waren unter dem Marktpreis an, um Marktanteile zu gewinnen.

c) Für die von der Geschäftsführung zu verfolgende Unternehmensstrategie, insbesondere die Preis- und Absatzpolitik, steht ihr ein Spielraum freien kaufmännischen Ermessens zu[267].

Der Maßstab des ordentlichen und gewissenhaften Geschäftsleiters (ordentlicher Geschäftsleiter) ermöglicht einerseits eine flexible Handhabung des Fremdvergleichs unter Berücksichtigung der von der Geschäftsführung getroffenen strategischen Entscheidungen, andererseits das Ausscheiden der Fälle als Vergleichsmaßstab, bei denen die Geschäftsführung (oder ein drittes Unternehmen) irrtümlich, infolge einer Fehleinschätzung oder aus privaten Gründen einem fremden Dritten Vergünsti-

---

266 Vgl. z. B. BFH BStBl. 92 II, 359 (361).

267 BFH, BStBl. 73 II, 322 (323).
Die unternehmerische Entscheidungsfreiheit folgt aus der Wettbewerbsfreiheit, einer Grundvoraussetzung der dezentral gesteuerten freien Marktwirtschaft (vgl. dazu Samuelson, Volkswirtschaftslehre, Bd. 1, 8. Aufl. 1987, [12. US-Aufl.], S. 85 f.). Der kaufmännische Ermessensspielraum wird auch von der Rspr. anerkannt (BFH, a. a. O.).

gungen gewährt[268]. Insoweit stellt er einen objektiven Maßstab dar, der vom subjektiven Wissen und Wollen der Geschäftsleitung des Unternehmens abstrahiert[269]. Dadurch soll insbesondere ausgeschlossen werden, daß sich die Gesellschaft auf vergleichbare Rechtsgeschäfte mit oder unter fremden Dritten berufen kann, die nicht „ordnungsgemäß" zustande gekommen sind. Anderenfalls wäre eine Gesellschaft, die im Geschäftsverkehr fahrlässig agiert oder dies vorgibt, in bezug auf die Annahme von verdeckten Gewinnausschüttungen bessergestellt als eine sorgfältig handelnde Gesellschaft.

Der Maßstab des ordentlichen Geschäftsleiters wird im Schrifttum teilweise kritisiert und abgelehnt. Dazu ist rechtsvergleichend Stellung zu nehmen (s. unten, S. 118 f.).

5. Definitionen

Die Anwendung des hypothetischen Fremdvergleichs führt zu folgenden Definitionen der verdeckten Gewinnausschüttung durch die Rechtsprechung:

a) Herkömmliche Definition

Nach der herkömmlichen Definition der Rspr. liegt eine verdeckte Gewinnausschüttung vor, wenn eine Kapitalgesellschaft einem Gesellschafter außerhalb der gesellschaftsrechtlichen Gewinnverteilung einen Vermögensvorteil zuwendet und diese Zuwendung ihre Ursache im Gesellschaftsverhältnis hat. Dies ist anzunehmen, wenn die Gesellschaft den Vermögensvorteil bei Anwendung der Sorgfalt eines ordentlichen und gewissenhaften Geschäftsleiters einem Nichtgesellschafter unter sonst gleichen Umständen nicht gewährt hätte[270].

b) Neue Definition

Seit 1989 verwendet der 1. Senat des BFH eine neue Definition, die allein für die Ebene der Gesellschaft gilt. Danach ist eine verdeckte Gewinnausschüttung i. S. d. § 8 Abs. 3 S. 2 KStG bei einer Kapitalgesellschaft eine Vermögensminderung oder verhinderte Vermögensmehrung, die durch das Gesellschaftsverhältnis veranlaßt ist, sich auf die Höhe des Einkommens auswirkt und in keinem Zusammenhang mit einer offenen Ausschüttung steht[271].

---

268 Döllerer, S. 62, 63, 98 m. w. N.

269 Döllerer, BB 89, 1174 (1175).

270 Vgl. z. B. BFH BStBl. 82 II, 761 (762 f.) m. w. N.; BFH BB 90, S. 2025 (2026); Knobbe-Keuk, S. 643; Döllerer, S. 28, 60, 63.

271 BFH, 1. Senat, in ständiger Rspr. seit den Urteilen vom 01.02.1989 I R 73/85, BStBl. 89 II, S. 522, und vom 22.02.1989 I R 44/85, BStBl. 1989 II, S. 475, und I R 9/85, BStBl. 1989 II, S. 631.
Die neue Definition verwendet zur Kennzeichnung der durch Fremdvergleich festzustellenden unangemessenen Gewinnminderungen zugunsten von Gesellschaftern **nicht mehr die herkömmliche Formulierung: „im Gesellschaftsverhältnis verursacht", sondern die Formulierung: „im Gesellschaftsverhältnis veranlaßt"**. Sachliche Änderungen haben sich dadurch nicht ergeben (vgl. dazu Döllerer, S. 30 m. w. N.).

Grund für die Schaffung der neuen Definition waren besondere Rechtsfolgen verdeckter Gewinnausschüttungen unter dem Körperschaftsteuer- (KSt-) Anrechnungssystem (s. dazu unten, S. 96-98)[272]. Mit der Formulierung: „Vermögensminderung oder verhinderte Vermögensmehrung, die sich auf die Höhe des Einkommens auswirkt" ist gemeint eine Minderung des Steuerbilanzgewinnes, der der Besteuerung zugrunde zu legen ist[273]. Im Regelfall ist die Vermögensminderung (verhinderte Vermögensmehrung) durch das Gesellschaftsverhältnis veranlaßt, wenn die Gesellschaft dadurch einem Gesellschafter einen Vermögensvorteil zuwendet, den sie bei Anwendung der Sorgfalt eines ordentlichen und gewissenhaften Geschäftsleiters unter gleichen Umständen einem fremden Dritten nicht gewährt hätte[274].

Die neue Formulierung: **„im Gesellschaftsverhältnis veranlaßt"** ist im Schrifttum umstritten. Sie wird teilweise als systematischer Fortschritt begrüßt, weil verdeckte Gewinnausschüttungen bei der Gesellschaft dadurch gekennzeichnet seien, daß die Gewinnminderungen nicht betrieblich veranlaßt sind (vgl. z. B. Pezzer, in: Tipke / Lang, Steuerrecht, 17. Aufl., § 11, Rn. 55, S. 458).

Für die Beibehaltung der alten Formulierung sprechen jedoch folgende Erwägungen:

Der allgemeine Veranlassungsbegriff des deutschen Steuerrechts ist kein geeigneter Maßstab für die bei verdeckten Gewinnausschüttungen vorzunehmende Angemessenheitsprüfung. Dem Begriff „Veranlassung" kommt im deutschen Steuerrecht hauptsächlich die Funktion zu, betrieblich bedingte Aufwendungen von den Aufwendungen in der Sphäre der Lebensführung oder Konsumsphäre abzugrenzen. Als Betriebsausgaben abzugsfähig sind gem. § 4 Abs. 4 EStG alle Aufwendungen, die durch den Betrieb veranlaßt sind. Das sind nach der h. M. alle Aufwendungen, die in einem objektiven Zusammenhang mit dem Betrieb stehen und subjektiv zur Förderung des Betriebes bestimmt sind, deren Anlaß also in der betrieblichen Erwerbstätigkeit liegt (Lang, in: Tipke / Lang, Steuerrecht, 17. Aufl., § 9, Anm. 229 m. w. N.). Soweit Aufwendungen betrieblich veranlaßt sind, sind sie grundsätzlich ohne Rücksicht auf ihre Angemessenheit als Betriebsausgaben abzugsfähig. Dem Betriebsinhaber ist die Art und Höhe der Aufwendungen, mit denen er seine Einkünfte erzielt, grundsätzlich freigestellt (BFH in ständ. Rspr., vgl. BFH BStBl. 1987 II, 853 [854] m. w. N.). Im Sinne dieses allgemeinen Veranlassungsbegriffs können verdeckte Gewinnausschüttungen als Betriebsausgaben zu qualifizieren sein, z. B. der überhöhte Teil des einem Gesellschafter-Geschäftsführer gezahlten Gehalts. Hier besteht ein objektiver Zusammenhang mit dem Betrieb, und das überhöhte Gehalt kann auch subjektiv zur Förderung des Betriebs gezahlt worden sein. Der allgemeine Veranlassungsbegriff ist somit kein geeigneter Maßstab für die Angemessenheitsprüfung (gl. A. Wassermeyer, StbJb 1997/98, S. 79 f. [80]; DB 94, 1105 [1106]; Bauschatz, S. 39-41). **Die alte Formulierung der Rspr.: „im Gesellschaftsverhältnis verursacht" ist deshalb vorzuziehen.**

272 Die herkömmliche Definition der Rspr. stammt noch aus der Zeit vor Einführung dieses Systems im Jahre 1977, als in Deutschland ein klassisches KSt-System gegolten hat.

273 Wassermeyer, StbJb 1997/98, S. 80.

274 BFH in ständiger Rspr., vgl. z. B. BFH BStBl. 1993 II, 311 (312); 1997 II, 301 (301, 302).

Seit einiger Zeit hat der BFH noch ein ergänzendes Kriterium für den Fremdvergleich, den Maßstab der Ernstlichkeit, eingeführt (vgl. dazu insbesondere BFH BStBl. 1996 II, 383 (384). Ein Geschäft mit einem Gesellschafter könne auch dann eine verdeckte Gewinnausschüttung darstellen, wenn es zwar ein ordentlicher Geschäftsleiter abgeschlossen hätte, aber anzunehmen ist, daß es nicht ernstlich gewollt ist (BFH, a. a. O.).

Die Einführung dieses ergänzenden Kriteriums ist abzulehnen. In Fällen dieser Art ist bereits nach allgemeinen Grundsätzen der Betriebsausgabenabzug zu versagen, ohne daß es der Heranziehung des Instituts der verdeckten Gewinnausschüttung bedarf (gl. A. Pezzer, Steuerberaterkongreß-Report 1997, S. 63 f. [69, 70]; Bauschatz, S. 61, 62). Wenn begründete Zweifel bestehen, daß ein Geschäft nicht ernstlich gewollt ist, und die Gesellschaft diese Zwei-

Die neue Definition definiert im wesentlichen „spiegelbildlich“ die Auswirkungen, die sich aufgrund einer verdeckten Gewinnausschüttung i. S. d. herkömmlichen Definition allein bei der Gesellschaft ergeben. Wesentliche sachliche Änderungen sind dadurch nicht eingetreten[275]. Der 8. Senat des BFH, der bisher an der alten Definition der Rspr. festgehalten hatte[276], hat jetzt für die Ebene der Gesellschaft ebenfalls die Definition des 1. Senats übernommen[277].

6. Zusammenfassung

Verdeckte Gewinnausschüttungen i. S. des deutschen Steuerrechts sind Vermögensvorteile, die die Gesellschaft zu Lasten ihres Gewinns einem Anteilseigner aufgrund seiner Mitgliedschaft zuwendet. Ob ein Rechtsgeschäft mit einem Anteilseigner einen solchen Vermögensvorteil enthält, stellt die Rspr. durch Vergleich mit einem regulären Umsatzgeschäft fest, das die Gesellschaft bei Einhaltung der Sorgfalt eines ordentlichen und gewissenhaften Geschäftsleiters unter gleichen Umständen mit einem fremden Dritten abgeschlossen hätte.

II. Rechtsfolgen

1. Rechtsfolgen auf der Ebene der Gesellschaft: Hinzurechnung zum Gewinn

Verdeckte Gewinnausschüttungen sind gem. § 8 Abs. 3 S. 2 KStG dem Gewinn der Gesellschaft hinzuzurechnen. Die Hinzurechnung erfolgt außerhalb der Steuerbilanz[278].

a) Bei verdeckten Gewinnausschüttungen in Form scheinbarer Betriebsausgaben (überhöhte Gegenleistung der Gesellschaft für Leistungen eines Gesellschafters) bedeutet dies, daß der überhöhte Teil der Gegenleistung dem Gewinn hinzuzurechnen ist.

b) Bei verdeckten Gewinnausschüttungen in Form verminderter Betriebseinnahmen besteht die Rechtsfolge des § 8 Abs. 3 S. 2 KStG darin, daß der Gewinn der Gesellschaft im Umfang des angemessenen Entgelts, auf das die Gesellschaft verzichtet hat, zu erhöhen ist.

Die sachliche Begründung für die Erhöhung ist umstritten. Nach der Rspr. erfolgt eine Hinzurechnung des Erlöses, auf den die Gesellschaft verzichtet

---

fel nicht ausräumen kann, sind die Aufwendungen der Gesellschaft aus diesem Geschäft gem. § 8 Abs. 1 KStG i. V. m. § 4 Abs. 4 EStG nicht als Betriebsausgaben abziehbar. Für das Vorliegen einer Betriebsausgabe trägt die Gesellschaft die Beweislast (ganz h. M., vgl. Blümich / Wacker, § 4 EStG, Anm. 252 (letzter Abs.) m. w. N.

275 Vgl. dazu Döllerer, S. 30 m. w. N.

276 BFH, 24.7.1990 – VIII R 290/84, BB 1990, 2025; 28.01.1992 – VIII R 207/85, BStBl. 1992 II, 605.

277 BFH, 25.5.2004 – VIII R 4/01, DB 2005, 2671 (2672).

278 S. Fn. 265.

hat[279], nach einem Teil des Schrifttums dagegen eine Hinzurechnung der durch den Erlösverzicht bewirkten Sachwertabgabe[280].

Dazu ist rechtsvergleichend Stellung zu nehmen (s. unten, S. 115 f.).

2. Rechtsfolgen auf der Ebene der Anteilseigner

Die Vermögensvorteile, die einem Anteilseigner aus verdeckten Gewinnausschüttungen zufließen, sind bei ihm gem. § 20 Abs. 1 Nr. 1 S. 2 EStG als Einnahmen aus Kapitalvermögen (wenn er die Beteiligung im Privatvermögen hält), sonst als Betriebseinnahmen zu qualifizieren. Das ergibt sich aus Sinn und Zweck von § 20 EStG und ist eine Konsequenz des Trennungsprinzips.

Nach Sinn und Zweck dieser Vorschrift sind Einnahmen aus Kapitalvermögen alle Zuflüsse von Geld und geldwerten Vorteilen, die bei wirtschaftlicher Betrachtungsweise als Entgelt für die Überlassung von Kapital zur Nutzung anzusehen sind[281]. Der Anteilseigner erhält die ihm zufließenden verdeckten Gewinnausschüttungen wegen seiner Gesellschafterstellung und damit letztlich als Früchte seiner als Einlage überlassenen Kapitalbeteiligung. Sie stellen somit bei ihm Einnahmen aus Kapitalvermögen dar.

3. Weitere Rechtsfolgen aufgrund des Abflusses verdeckter Gewinnausschüttungen

a) Körperschaftsteuer-Anrechnungssystem

Zu einer weiteren Rechtsfolge einer verdeckten Gewinnausschüttung auf der Ebene der Gesellschaft kam es unter dem Körperschaftsteuer-Anrechnungssystem. Es wurde durch die Unternehmenssteuerreform 2001[282] grundsätzlich abgeschafft, besteht aber in modifizierter Form im Rahmen einer Übergangsregelung noch bis zum Jahr 2020 weiter.

aa) Grundzüge des Körperschaftsteuer-Anrechnungssystems

Unter dem KSt-Anrechnungssystem bestanden unterschiedliche KSt-Sätze für thesaurierte und ausgeschüttete Gewinne. Der thesaurierte Gewinn einer Kapitalgesellschaft wurde zunächst höher besteuert (zuletzt ab 1999 mit 40 % Körperschaftsteuer). Soweit er ausgeschüttet wurde, ermäßigte sich der KSt-Satz auf 30 % (sog. Ausschüttungsbelastung). Die KSt-Vorbelastung von 30 % wurde nach Zufluß des ausgeschütteten Gewinns bei den Anteilseignern vollständig auf deren Einkommensteuer angerechnet.

---

279 Die Auffassung der Rspr. ergibt sich aus der neuen Definition (s. oben, S. 91).

280 Vgl. z. B. Reiß, StuW 1996, S. 337 f. (345 f.); Schön, in: Festgabe für Werner Flume, Berlin, Heidelberg, 1998, S. 265 ff. (297, 298).

281 H. M., vgl. Blümich-Stuhrmann, § 20 EStG, Anm. 1; BFH BStBl. 90 II, 532 (533) m. w. N.

282 S. dazu unten, S. 99, 100.

Beispiel:

Eine GmbH mit einem Gesellschafter erzielte einen Jahresgewinn von TDM 100. Der Jahresgewinn unterlag zunächst bei der GmbH der Körperschaftsteuer mit 40 %. Schüttete die GmbH den Restgewinn nach Körperschaftsteuer von TDM 60 an den Gesellschafter aus, ermäßigte sich die Körperschaftsteuer auf 30 %. Die GmbH konnte somit TDM 70 an den Gesellschafter ausschütten.

Bei diesem unterlag die bezogene Dividende von TDM 70 zuzüglich der KSt-Vorbelastung von 3/7 der Dividende der Einkommensteuer (§ 20 Abs. 1 Nr. 3 EStG a. F.). Unterstellt man einen ESt-Satz von 50 %, dann ergab sich eine ESt-Schuld von TDM 50. Darauf wurde die KSt-Vorbelastung von 30 angerechnet (§ 36 Abs. 2 Nr. 3 EStG a. F.). Für den Gesellschafter ergab sich eine ESt-Zahllast von TDM 20.

Durch die KSt-Anrechnung wurde erreicht, daß der ausgeschüttete Gewinn wirtschaftlich nur mit der Einkommensteuer des Gesellschafters belastet wurde. Die KSt-Vorbelastung wurde im Anrechnungsverfahren im Ergebnis wie eine Vorauszahlung auf die Einkommensteuer des Gesellschafters behandelt.

bb) Gliederung des verwendbaren Eigenkapitals

Im Rahmen des KSt-Anrechnungsverfahrens ergab sich jedoch folgendes Problem:

Gewinnausschüttungen konnten nicht nur aus dem mit dem Thesaurierungssteuersatz von 40 % belasteten Gewinn des abgelaufenen Wirtschaftsjahres, sondern auch aus Gewinnrücklagen früherer Jahre oder aus ermäßigt besteuerten oder steuerfrei gebliebenen Gewinnen stammen. Aus verfahrenstechnischen Gründen wurden die Anrechnung der KSt-Vorbelastung von 30 % den Anteilseignern auch gewährt, wenn die Ausschüttung aus ermäßigten oder nicht vorbelasteten Gewinnteilen stammte (§ 27 Abs. 1 KStG a. F.).

Daher mußten sämtliche noch nicht ausgeschütteten Gewinne, die der Gesetzgeber als „für Ausschüttungen verwendbares Eigenkapital" bezeichnete (§ 29 Abs. 2 KStG a. F.), in einer jährlich fortzuführenden statistischen Nebenrechnung erfaßt und nach ihrer Vorbelastung unterteilt werden in:

1. ungemildert (d. h. mit dem normalen Thesaurierungssteuersatz von 40 %) belastete Eigenkapitalanteile (EK 40);
2. mit 30 % belastete Eigenkapitalanteile (EK 30);
3. unbelastete Eigenkapitalanteile (steuerfreie Gewinne und sonstige Vermögensmehrungen, die der Körperschaftsteuer nicht unterlagen; sog. EK 0; § 30 Abs. 1 Nr. 1-3 KStG a. F.).

Je nachdem, welchem dieser Teilbeträge eine Ausschüttung entstammte[283], minderte oder erhöhte sich die Körperschaftsteuer nach § 27 Abs. 1 KStG a. F. entsprechend, um das Belastungsniveau der Ausschüttungsbelastung von 30 % zu erreichen.

Beispiel einer Minderung:

Gewinn vor Abzug der Körperschaftsteuer	*100*
./. Tarifbelastung (Thesaurierungssteuersatz 40 %)	*40*
Differenzbetrag	*60*
KSt-Minderung auf 30 % gem. § 27 Abs. 1 KStG a. F.	*10*
ausschüttbarer Betrag = Barausschüttung	*70*

Beispiel einer Erhöhung:

Gewinn vor Abzug der Körperschaftsteuer	*100*
./. Tarifbelastung (z. B. bei Steuerbefreiungen)	*0*
Differenzbetrag	*100*
KSt-Erhöhung zur Herstellung der Ausschüttungsbelastung von 30 % (§ 27 Abs. 1 KStG a. F.)	*30*
ausschüttbarer Betrag = Barausschüttung[284]	*70*

Die Gewinnrücklagen des EK 40 waren also mit einem latenten Steuerminderungsanspruch, die Gewinnrücklagen des EK 0 mit einem latenten Steuererhöhungsanspruch verbunden.

Entstammte die Ausschüttung dem EK 30, so löste sie keine Änderung der KSt aus.

cc) Körperschaftsteuer-Anrechnung bei verdeckten Gewinnausschüttungen

Die Anrechnung der Körperschaftsteuer wurde auch bei verdeckten Gewinnausschüttungen gewährt. Eine von der Finanzverwaltung aufgedeckte verdeckte Gewinnausschüttung hatte unter dem KSt-Anrechnungssystem vereinfacht ausgedrückt folgende Rechtsfolgen:

α) Zunächst war die verdeckte Gewinnausschüttung, z. B. der überhöhte Teil des mit einem Gesellschafter-Geschäftsführer vereinbarten Gehalts, dem Gewinn zum Ende des Wirtschaftsjahres hinzuzurechnen (s. oben, S. 93, 94).

β) Außerdem löste die verdeckte Gewinnausschüttung bei ihrem Abfluß von der Gesellschaft (Zahlung des überhöhten Geschäftsführergehalts) den KSt-Ausschüttungssteuersatz (Ausschüttungsbelastung) von 30 % aus. In der Regel kam es zur Herstellung der Ausschüttungsbelastung von 30 % bereits im

---

283 Für die Zuordnung der Ausschüttungen zu den Eigenkapitalteilen bestand eine gesetzlich vorgeschriebene Reihenfolge (§ 28 Abs. 3 S. 1 KStG a. F.). Ausschüttungen waren vorrangig mit den am höchsten belasteten Eigenkapitalteilen zu verrechnen.

284 Die Beispiele stammen aus der Darstellung von Pezzer in Tipke / Lang, Steuerrecht, 17. Aufl. 2002, § 11 II, S. 442.

Wirtschaftsjahr der Gewinnerhöhung (infolge der verdeckten Gewinnausschüttung), da verdeckte Gewinnausschüttungen in den meisten Fällen bei ihrer Verwirklichung sofort dem begünstigten Anteilseigner zufließen.

Die Herstellung der Ausschüttungsbelastung wurde technisch in der Weise herbeigeführt, daß der Betrag der abgeflossenen verdeckten Gewinnausschüttung mit dem Betrag der aus ihr resultierenden Gewinnerhöhung zu verrechnen war (§ 28 Abs. 2 S. 2 i. V. m. § 29 Abs. 1 KStG a. F.). Das hatte zur Folge, daß die mit 40 % belastete Gewinnerhöhung aus der verdeckten Gewinnausschüttung als ausgeschüttet galt, so daß sich ihre Steuerbelastung auf 30 % ermäßigte[285].

---

285 Eine vollständige Gleichbehandlung verdeckter Gewinnausschüttungen und offener Gewinnausschüttungen im KSt-Anrechnungsverfahren wurde allerdings nicht erreicht.

Beispiel (nach Döllerer, S. 133):

Eine GmbH mit dem Alleingesellschafter A ist Eigentümerin eines Grundstücks. Der Buchwert des Grundstücks beträgt € 200.000, sein Verkehrswert € 300.000.

a) **Alternative offene Gewinnausschüttung**

Die GmbH verkauft das Grundstück an einen fremden Dritten zum Preis von € 300.000. Dadurch erzielt sie einen Gewinn von € 100.000. Sie beschließt, diesen Gewinn offen auszuschütten.

Für A soll ein ESt-Satz von 42 % unterstellt werden. Der Solidaritätszuschlag soll außer Betracht bleiben.

Bei der GmbH entsteht zunächst die KSt zum Thesaurierungssteuersatz von 40 % auf den Gewinn zum Ende des Wirtschaftsjahres. Infolge der Ausschüttung im folgenden Wirtschaftsjahr ermäßigt sich die KSt-Belastung auf 30 %. Die GmbH kann somit € 70.000 an A ausschütten. Bei diesem unterliegt die empfangene Bardividende von € 70.000 einschließlich der KSt-Vorbelastung von € 30.000 (= 3/7 der Bardividende) der Einkommensteuer. Auf die ESt-Schuld des A von € 42.000 wird die KSt-Vorbelastung von € 30.000 angerechnet. Es ergibt sich somit für A eine Zahllast von € 12.000. Ihm verbleiben netto € 58.000.

b) **Alternative verdeckte Gewinnausschüttung**

Die GmbH verkauft das Grundstück an A zum Kaufpreis von € 200.000. Die Übergabe und notarielle Übereignungserklärung (Auflassung) erfolgen bereits bei Abschluß des Kaufvertrages. In dem Verkauf liegt somit eine verdeckte Gewinnausschüttung an A von € 100.000. Sie ist zunächst dem Gewinn der GmbH zum Ende des Jahres hinzuzurechnen und unterliegt dem Thesaurierungssteuersatz von 40 %. Dadurch erhöht die verdeckte Gewinnausschüttung das mit 40 % belastete verwendbare Eigenkapital (EK 40) um 60.000 (§ 29 Abs. 1 KStG a.F.). Da die verdeckte Gewinnausschüttung mit dem Verkauf gleichzeitig abgeflossen und dem A zugeflossen ist, ist zur Herstellung der Ausschüttungsbelastung von 30 % der Betrag der abgeflossenen verdeckten Gewinnausschüttung von € 100.000 mit dem aus ihr stammenden verwendbaren EK 40 von € 60.000 zu verrechnen (§ 28 Abs. 2 KStG a.F.).

Infolge der Verrechnung gilt dieser Betrag des EK 40 als ausgeschüttet, so daß sich seine Belastung um 10 Prozentpunkte reduziert. Die Minderung der Körperschaftsteuer um 10 Prozentpunkte gilt ebenfalls als für die abgeflossene verdeckte Gewinnausschüttung verwendet. Der Betrag der abgeflossenen verdeckten Gewinnausschüttung von € 100.000 wird dadurch im Ergebnis bis zur Höhe von € 70.000 mit dem aus ihr resultierenden verwendbaren EK 40 verrechnet. Für den restlichen Betrag der abgeflossenen verdeckten Gewinnausschüttung von € 30.000 steht jedoch kein weiteres verwendbares Eigenkapital aus der verdeckten Gewinnausschüttung mehr zur Verfügung. Sind alle sonstigen vorbelasteten Gewinnbeträge bereits ausgeschüttet, kann der restliche Betrag der abgeflossenen verdeckten Gewinnausschüttung von € 30.000 nur mit unbelastetem verwendbarem Eigenkapital (EK 0) verrechnet werden, so daß sich insoweit eine Erhöhung der Körperschaft-

dd) Zusammenhang der neuen Definition mit dem Körperschaftsteuer-Anrechnungssystem

Die neue Definition der verdeckten Gewinnausschüttung durch die Rspr. (s. oben, S. 91, 92) hatte den Zweck, die Voraussetzungen, unter denen eine verdeckte Gewinnausschüttung eine Gewinnerhöhung mit der Folge des Thesaurierungssteuersatzes auslöst, von denjenigen abzugrenzen, unter denen sie die Ausschüttungsbelastung wegen Abflusses von der Gesellschaft und die Besteuerung beim Empfänger wegen Zuflusses bei diesem auslöst[286]. Diese Abgrenzung war vor allem in den Fällen erforderlich, in denen eine verdeckte Gewinnausschüttung erst nach dem Wirtschaftsjahr ihrer Verwirklichung auf der Ebene der Gesellschaft abfließt, z. B. bei der Erteilung einer unangemessenen Pensionszusage an einen im aktiven Erwerbsleben stehenden Gesellschafter-Geschäftsführer oder bei der Vereinbarung einer unangemessenen Gewinntantieme, die erst im folgenden Wirtschaftsjahr ausbezahlt wird.

Da die Verwirklichung einer verdeckten Gewinnausschüttung auf der Ebene der Gesellschaft nur eine Gewinnminderung bei der Gesellschaft, aber keinen Abfluß oder Zufluß des damit für den Anteilseigner verbundenen Vermögensvorteils voraussetzt, enthält die neue Definition diese Voraussetzung (Zuwendung eines Vermögensvorteils an den Anteilseigner) nicht mehr.

---

steuer (Herstellung der Ausschüttungsbelastung) von 3/7 aus 30.000 = 12,85 Prozentpunkte ergibt.

Für die abgeflossene verdeckte Gewinnausschüttung von 100 entsteht also zusammengefaßt folgende KSt-Belastung:

1.	Tarifbelastung zum Thesaurierungssteuersatz	40,00
2.	Minderung der Körperschaftsteuer	- 10,00
3.	Erhöhung der Körperschaftsteuer	<u>12,85</u>
		42,85

Bei A unterliegt die zugeflossene verdeckte Gewinnausschüttung einschließlich der KSt-Vorbelastung von 42,85 % der Einkommensteuer (42 % aus € 142.857,00 = ca. € 60.000). Nach Anrechnung der Körperschaftsteuer ergibt sich somit für A eine ESt-Zahllast von € 17.143. Ihm verbleiben netto € 82.857.

Die höhere KSt-Belastung der verdeckten Gewinnausschüttung im Vergleich zu einer entsprechenden offenen Gewinnausschüttung erklärt sich daraus, daß die Rspr. und h. M. (vgl. Pezzer, S. 114-117 m. w. N.) eine Umqualifizierung der abgeflossenen verdeckten Gewinnausschüttung in eine Bruttodividende (entsprechend den Verhältnissen bei einer offenen Gewinnausschüttung) mit der Verpflichtung des Empfängers, die KSt-Vorbelastung von 3/7 der verdeckten Gewinnausschüttung an die Gesellschaft zurückzuzahlen, nicht zuläßt.

Anders als das französische Recht gewährt also das deutsche Recht keine „Kaskadenvergünstigung" (s. oben, S. 85, 86). Der Mechanismus des KSt-Anrechnungsverfahrens erhöhte somit den mit der verdeckten Gewinnausschüttung verbundenen Abfluß an Eigenkapital bei der Gesellschaft noch zusätzlich und begünstigte zusätzlich den Empfänger durch die erhöhte KSt-Gutschrift (zur ähnlichen Problematik im Halbeinkünfteverfahren und rechtsvergleichend s. unten, S. 122 f.).

286 Vgl. z. B. Wassermeyer, StVj 1993, 208 f. (209).

b) Halbeinkünfteverfahren

aa) Grundzüge der Unternehmenssteuerreform 2001 und des Halbeinkünfteverfahrens

α) Die Besteuerung von Gesellschaften mit natürlichen Personen als Anteilseignern

Die Unternehmenssteuerreform 2001 hat das Körperschaftsteuer-Anrechnungssystem abgeschafft und durch das sog. Halbeinkünfteverfahren ersetzt. Es gilt grundsätzlich ab dem 01.01.2001 und für offene Gewinnausschüttungen inländischer Kapitalgesellschaften ab dem 01.01.2002.

Das Halbeinkünfteverfahren ist ein klassisches Körperschaftsteuer-System. Der Gesellschaftsgewinn wird zunächst auf der Ebene der Gesellschaft definitiv mit 25 % Körperschaftsteuer besteuert und, soweit seine Ausschüttung erfolgt, nochmals bei den Anteilseignern mit der Einkommensteuer. Die KSt-Vorbelastung wird nicht mehr auf die Einkommensteuer der Anteilseigner angerechnet. Sie wird jedoch pauschal bei der Einkommensteuer der Anteilseigner berücksichtigt: Wegen der Vorbelastung wird die Hälfte der Nettodividenden bei den Anteilseignern von der Einkommensteuer freigestellt. Dieser pauschale Ausgleich der KSt-Vorbelastung bei der Einkommensteuer wird als „Halbeinkünfteverfahren" bezeichnet. Im Halbeinkünfteverfahren ergibt sich eine Gesamtbelastung des ausgeschütteten Gewinns mit Körperschaftsteuer und Einkommensteuer, die annähernd den Belastungswirkungen des Anrechnungsverfahrens entspricht[287].

β) Besteuerung von Konzerngesellschaften

Für Beteiligungserträge von Muttergesellschaften gilt das Halbeinkünfteverfahren nicht, weil es zu einer Mehrfachbelastung dieser Erträge mit KSt führen würde (eine KSt-Anrechnung findet nicht mehr statt).

Beteiligungserträge von Muttergesellschaften sind unter dem neuen System von der KSt völlig freigestellt (§ 8 b Abs. 1 KStG n. F.). Dadurch wird erreicht, daß die letztlich hinter einem Konzern als Anteilseigner stehenden natürlichen Personen ausgeschüttete Gewinne mit einer Gesamt-KSt-Vorbelastung von 25 % erhalten und bei ihnen das Halbeinkünfteverfahren anwendbar ist[288].

---

[287] S. dazu Hey, Reform des Körperschaftsteuersystems, DStJG 2001 „Unternehmenssteuerreform", S. 7 f. m. w. N.

[288] S. dazu Hey, a. a. O., S. 20 m. w. N.

γ) Gründe für die Abschaffung des Körperschaftsteuer-Anrechnungssystems

Hauptgründe für die Abschaffung des KSt-Anrechnungssystems durch den Gesetzgeber waren:

- seine angeblich fehlende Europatauglichkeit (einerseits sah sich der deutsche Gesetzgeber außerstande, die Anrechnung der deutschen Körperschaftsteuer auch ausländischen Anteilseignern zu gewähren; andererseits konnte das KSt-Anrechnungssystem die Doppelbelastung der Gewinne, die ausländische Kapitalgesellschaften an deutsche Anteilseigner ausschütteten, nicht verhindern);
- seine Kompliziertheit (insbesondere infolge der unterschiedlichen KSt-Sätze für thesaurierte und ausgeschüttete Gewinne und der erforderlichen Nebenrechnungen für das verwendbare Eigenkapital);
- seine Mißbrauchsanfälligkeit (da den ausländischen Anteilseignern die Anrechnung der deutschen Körperschaftsteuer nicht gewährt wurde, bestand für diese ein Anreiz, die Nichtgewährung der KSt-Anrechnung durch vorübergehenden Verkauf ihrer Anteile an anrechnungsberechtigte Steuerinländer oder sonstige Gestaltungen zu umgehen[289].

Die Abschaffung des KSt-Anrechnungsverfahrens durch den deutschen Gesetzgeber wird im Schrifttum überwiegend kritisiert, insbesondere weil durch das Halbeinkünfteverfahren die Unterschiede bei der steuerlichen Belastung der verschiedenen für den Betrieb eines Unternehmens in Betracht kommenden Rechtsformen (Einzelunternehmen, Personen- oder Kapitalgesellschaft) wieder vergrößert worden sind[290]. Auf diese Kritik kann im Rahmen dieser Arbeit nicht näher eingegangen werden.

bb) Rechtsfolgen verdeckter Gewinnausschüttungen unter dem Halbeinkünfteverfahren

α) Normalregelung

Unter dem Halbeinkünfteverfahren erhöht eine verdeckte Gewinnausschüttung zunächst den mit 25 % Körperschaftsteuer belasteten Gewinn der Gesellschaft. Ihr Abfluß von der Gesellschaft löst bei dieser grundsätzlich keine weiteren Steuerfolgen aus. Nach dem Zufluß an den Anteilseigner unterliegt sie bei diesem zur Hälfte der Einkommensteuer (s. dazu oben, S. 99).

Von einer Muttergesellschaft bezogene verdeckte Gewinnausschüttungen sind von der KSt völlig freigestellt (s. oben, S. 99).

---

289 Gesetzesbegründung, BT-Drucks. 14/2683, S. 94 f.

290 S. dazu Pezzer, in Tipke / Lang, Steuerrecht, 17. Aufl. 2002, § 11 III. 2. 3., S. 444, 445 m. w. N.

β) Übergangsregelung

Im Rahmen der achtzehnjährigen Übergangsregelung für den Wechsel vom KSt-Anrechnungs- zum Halbeinkünfteverfahren kann jedoch auch noch der Abfluß einer verdeckten Gewinnausschüttung eine weitere Steuerfolge auslösen und zu einer Erhöhung der KSt führen.

αα) Gründe für die Übergangsregelung

Aus Gründen des Vertrauensschutzes und fiskalischen Gründen hat der Gesetzgeber auch nach dem Übergang in das Halbeinkünfteverfahren noch Steuerminderungs- und Steuererhöhungsansprüche aus dem Anrechnungsverfahren aufrechterhalten. Aufrechterhalten wurden die Steuerminderungs- und -erhöhungsansprüche, die mit den Gewinnrücklagen EK 40 und EK 0 verbunden waren (s. oben, S. 95, 96), zunächst für einen Übergangszeitraum von 15 Jahren. Dieser wurde im Jahr 2003 auf 18 Jahre verlängert.

Ohne diese Übergangsregelung hätte für inländische Kapitalgesellschaften die Notwendigkeit bestanden, noch kurz vor dem Systemwechsel sämtliche höher belasteten Altrücklagen auszuschütten, was zu erheblichen Ausfällen bei dem KSt-Aufkommen geführt hätte (infolge der Steuererstattungen). Die Übergangsregelung sollte diese Ausschüttungspolitik verhindern.

ββ) Ausgestaltung der Übergangsregelung für offene und verdeckte Gewinnausschüttungen

ααα) Abschließende Feststellung des unter dem KSt-Anrechnungssystem entstandenen KSt-Minderungs- und -Erhöhungspotentials

Der Gesetzgeber hat in der Übergangsregelung zur Erhaltung der Steuerminderungs- und Steuererhöhungsansprüche, die mit den unter dem KSt-Anrechnungssystem entstandenen Gewinnrücklagen EK 40 und EK 02[291] verbunden waren, vorgeschrieben, daß diese Gewinnrücklagen und die neutralen Gewinnrücklagen ohne KSt-Minderungs- oder -Erhöhungsanspruch (EK 30, EK 01 und EK 03) auf den Stichtag des Übergangs zum Halbeinkünfteverfahren (01.01.2001) abschließend festzustellen sind (§ 36 KStG n. F.).

Außerdem ist das in den Gewinnrücklagen EK 40 enthaltene KSt-Guthaben (grundsätzlich) zum 31.12.2001 nochmals gesondert festzu-

291 Nach der gesetzlichen Regelung ist nach dem Übergang in das Halbeinkünfteverfahren von den unbelasteten Altrücklagen nur noch das EK 02 mit einem latenten KSt-Erhöhungsanspruch verbunden. Das EK 02 wurde hauptsächlich aus steuerfreien staatlichen Investitionsbeihilfen gebildet (Krebs, BB 2002, 433 [434]).

stellen (da im Jahr 2001 für offene Gewinnausschüttungen inländischer Kapitalgesellschaften noch das KSt-Anrechnungssystem gilt).

Beispiel:

Am 31.12.2001 ist noch ein EK 40 von 60 vorhanden (also eine unter dem KSt-Anrechnungssystem entstandene Gewinnrücklage vor KSt von 100, die mit 40 % KSt belastet ist). Da diese Rücklage unter dem KSt-Anrechnungssystem entstanden ist, enthält sie weiterhin das KSt-Minderungspotential von 10 im Falle der Ausschüttung. Dieses KSt-Guthaben von 10 (1/6 der Rücklage von 60) ist zum 31.12.2001 abschließend gesondert festzustellen.

βββ) Vorrangige Verrechnung offener Gewinnausschüttungen mit dem KSt-Minderungspotential

In weiteren Regelungen ist vorgesehen, daß nach dem Systemwechsel erfolgende offene (gesellschaftsrechtliche) und verdeckte Gewinnausschüttungen während eines Übergangszeitraums nach einer vorgeschriebenen Reihenfolge mit den festgestellten Altrücklagen bis zum Verbrauch des darin enthaltenen KSt-Minderungs oder -Erhöhungspotentials zu verrechnen sind. Offene Gewinnausschüttungen sind zunächst mit dem KSt-Minderungspotential des EK 40 zu verrechnen und lösen bis zu dessen Verbrauch in Höhe von 1/6 ihrer Beträge eine KSt-Minderung aus (§ 37 KStG n. F.).

Beispiel:

Im Jahr 2002 erfolgt eine offene Gewinnausschüttung von 120. Zu Beginn des Jahres 2002 ist noch ein EK 40 von 120 mit einem KSt-Minderungspotential im Falle der Ausschüttung (KSt-Guthaben) von 20 vorhanden. Die offene Gewinnausschüttung von 120 bewirkt nach der gesetzlichen Regelung automatisch in Höhe von 1/6 ihres Betrages (20) eine Minderung des KSt-Guthabens von 20 und eine Minderung der KSt-Schuld 2002 um 20. Mit dieser Regelung fingiert der Gesetzgeber also, daß offene Gewinnausschüttungen nach dem Systemwechsel zunächst vollständig aus den noch vorhandenen Altrücklagen EK 40 finanziert werden.

Anschließend sind offene Gewinnausschüttungen mit den neutralen Altrücklagen und den neuen unter dem Halbeinkünfteverfahren entstandenen Gewinnen zu verrechnen. Nur wenn sämtliche zu Beginn des Wirtschaftsjahres ausschüttbaren Gewinne dieser Art verbraucht sind, sind weitere offene Gewinnausschüttungen mit der nicht vorbelasteten Altrücklage EK 02 zu verrechnen und lösen eine KSt-Erhöhung aus (§ 38 Abs. 1 u. 2 KStG n. F.).

γγγ) *Moratorium und Verlängerung des Übergangszeitraums von 15 auf 18 Jahre*

Die Aufrechterhaltung des KSt-Minderungspotentials des EK 40 für offene Gewinnausschüttungen nach dem Systemwechsel in Verbindung mit dem Automatismus der gesetzlichen Regelung führte in den Jahren ab 2001 zu drastischen Ausfällen bei dem KSt-Aufkommen. Vor dem Systemwechsel im Jahr 2000 betrug das KSt-Aufkommen noch ca. € 24 Milliarden, im Jahr 2001 dagegen minus € 400 Millionen und im Jahr 2002 nur noch knapp € 3 Milliarden.

Der Gesetzgeber sah sich daher zum Handeln gezwungen und schloß die Inanspruchnahme des KSt-Minderungspotentials aufgrund der KSt-Guthabenregelung des § 37 KStG n. F. für knapp drei Jahre (vom 12.4.2003 bis zum 31.12.2005) völlig aus (§ 37 Abs. 2 a Nr. 1 KStG n. F.). Zum Ausgleich verlängerte er den Übergangszeitraum für die erneute Inanspruchnahme des KSt-Minderungspotentials des EK 40 ab dem 1.1.2006 um drei Jahre, so daß der gesamte Übergangszeitraum statt bisher 15 nunmehr 18 Jahre beträgt (§ 37 Abs. 2 S. 2 KStG n. F.).

Außerdem begrenzte der Gesetzgeber ab dem 1.1.2006 die jährliche Inanspruchnahme des KSt-Minderungspotentials des EK 40 auf den Betrag, der sich bei gleichmäßiger Verteilung dieses Minderungspotentials auf den restlichen Übergangszeitraum ergibt (§ 37 Abs. 2 a Nr. 2 KStG n. F.).

δδδ) *Ausschließliche Verrechnung verdeckter Gewinnausschüttungen mit dem KSt-Erhöhungspotential*

Verdeckte Gewinnausschüttungen können im Gegensatz zu offenen Gewinnausschüttungen nicht mit dem KSt-Minderungspotential des EK 40 verrechnet werden, sind aber u. U. mit dem KSt-Erhöhungspotential des EK 02 zu verrechnen. Eine Verrechnung mit dem EK 02 hat zu erfolgen, wenn der Betrag der verdeckten Gewinnausschüttungen zuzüglich der Summe aller anderen offenen Gewinnausschüttungen eines Wirtschaftsjahres den ausschüttbaren Gewinn zum Beginn des Wirtschaftsjahres ohne das darin enthaltene EK 02 übersteigt (§ 38 Abs. 1 KStG n. F.). Sind diese Bedingungen für die Verrechnungsfiktion verdeckter Gewinnausschüttungen mit dem EK 02 erfüllt, dann lösen sie zusätzlich zu der KSt-Belastung von 25 % noch eine weitere KSt-Belastung von 3/7 ihres Betrages aus. In diesem Fall entsteht eine Gesamtbelastung der verdeckten Gewinnausschüttung mit 67,85 % Körperschaftsteuer und mit allen Steuern zusammen (Körperschaftsteuer, Gewerbesteuer und Einkommensteuer) von über 100 %.

Im Schrifttum wird diese Regelung kritisiert. Sie beruht auf einem Fehler des Gesetzgebers. Er hat übersehen, daß verdeckte Gewinnausschüttungen nicht den Gewinn zum Beginn des Wirtschaftsjahres, sondern zum

Ende des Wirtschaftsjahres erhöhen. Nur soweit der Betrag einer verdeckten Gewinnausschüttung den Betrag der aus ihr resultierenden Gewinnerhöhung zum Ende des Wirtschaftsjahres nach Abzug der Körperschaftsteuer übersteigt, ist eine Verrechnung mit der unbelasteten Altrücklage des EK 02 gerechtfertigt. Das gleiche gilt für gesellschaftsrechtliche Vorabausschüttungen. Auch diese sind zunächst mit dem Gewinn zum Ende des Wirtschaftsjahres, zu dem sie gehören, zu verrechnen. Nur soweit sie diesen übersteigen, besteht ein sachlicher Grund für eine Verrechnung mit dem EK 02[292].

4. Zusammenfassung

Das KSt-Anrechnungssystem galt auch für verdeckte Gewinnausschüttungen. Von der Gesellschaft abgeflossene verdeckte Gewinnausschüttungen lösten den niedrigeren KSt-Satz für ausgeschüttete Gewinne aus (zuletzt 30 %). Die KSt-Vorbelastung mit diesem Steuersatz wurde vollständig auf die ESt bei den Ausschüttungsempfängern angerechnet. Eine völlige Gleichbehandlung verdeckter und offener Gewinnausschüttungen im KSt-Anrechnungssystem wurde allerdings nicht erreicht[293].

Nach der Unternehmenssteuerreform 2001 hat der Gesetzgeber Teile des KSt-Anrechnungssystems noch für eine Übergangszeit von 15 Jahren aufrechterhalten und diese Übergangszeit im Jahr 2003 auf 18 Jahre verlängert. Dadurch sollte insbesondere verhindert werden, daß die unter dem KSt-Anrechnungssystem entstandenen KSt-Guthaben (infolge der unterschiedlichen KSt-Sätze für thesaurierte (zuletzt 40 %) und ausgeschütteten Gewinne (zuletzt 30 %) von den betroffenen inländischen Kapitalgesellschaften noch kurz vor dem Systemwechsel alle auf einmal durch Ausschüttungen realisiert werden, was zu erheblichen Steuerausfällen geführt hätte. Tatsächlich kam es bei dem Systemwechsel dennoch zu hohen Steuerausfällen.

Im Rahmen der 18jährigen Übergangsregelung kann auch der Abfluß einer verdeckten Gewinnausschüttung bei der Gesellschaft noch weitere Steuerfolgen auslösen und zusätzlich zu der KSt-Normalbelastung von 25 % unter dem Halbeinkünfteverfahren noch den Eintritt der KSt-Ausschüttungsbelastung von 3/7 der verdeckten Gewinnausschüttung bewirken.

---

[292] Gl. A. Krebs, BB 2002, 433 (434); kritisch auch Frotscher, in: Frotscher / Maas, § 38 KStG n. F., Anm. 23.

[293] S. Fn. 285.

III. Verdeckte Gewinnausschüttungen durch mittelbare Zuwendungen an einen Gesellschafter

1. Voraussetzungen

Nach der Rspr. kann eine verdeckte Gewinnausschüttung an einen Gesellschafter auch mittelbar dadurch erfolgen, daß die Gesellschaft im Interesse eines Gesellschafters einem Dritten einen unangemessenen Vorteil zuwendet[294].

a) Rechtsprechung bis Ende 1996

Bis 1996 hatte die Rspr. für die Annahme einer mittelbaren verdeckten Gewinnausschüttung verlangt, daß dem Gesellschafter aus der unangemessenen Zuwendung an den Dritten selbst ein wirtschaftlicher Vorteil zufließen muß[295].

aa) Ein mittelbarer wirtschaftlicher Vorteil für den Gesellschafter kann sich aus rechtlichen Gründen ergeben. Das ist z. B. der Fall, wenn die Gesellschaft ohne betriebliche Gründe eine Verpflichtung des Gesellschafters gegenüber einem Dritten erfüllt oder wenn der Dritte bei der Entgegennahme der Zuwendung im Auftrag eines Gesellschafters handelt[296].

Zu einer mittelbaren verdeckten Gewinnausschüttung aus rechtlichen Gründen kommt es nach der Rspr. auch bei unangemessenen Leistungen zwischen Schwestergesellschaften in einem Konzern.

Liefert z. B. die Schwestergesellschaft A der Schwestergesellschaft B Waren unter dem angemessenen Preis, dann erhöht sich dadurch gleichzeitig der Wert der Beteiligung der gemeinsamen Muttergesellschaft an B. Darin liegt nach Auffassung der Rspr. eine verdeckte Gewinnausschüttung an die gemeinsame Muttergesellschaft[297].

bb) Ein mittelbarer wirtschaftlicher Vorteil kann einem Gesellschafter auch aufgrund tatsächlicher Beziehungen zufließen.

Beispiele:

- *Die Gesellschaft gewährt dem Sohn eines Gesellschafters ein zinsloses Darlehen als „Starthilfe" zur Gründung eines eigenen Unternehmens.*
- *Die Gesellschaft gewährt dem Geschäftspartner P eines Gesellschafters einen unangemessenen Vorteil. Dadurch erhält dieser die Möglichkeit zu einem günstigen Geschäftsabschluß mit P.*

---

294 BFH in ständiger Rspr., vgl. zuletzt BFH-Urteil vom 18.12.1996 I R 139/94, BStBl. 1997 II, 301 (301, 302) m. w. N.

295 BFH früher in ständ. Rspr., vgl. z. B. BStBl. 1975 II, 48 (49); BStBl. 1972 II, 320 (321).

296 BFH früher in ständiger Rspr., vgl. z. B. BStBl. 1968 II, 322 (323, 324); Döllerer, S. 46-48 m. w. N.

297 BFH in ständiger Rspr., vgl. BFH GrS, BStBl. 1988 II, 348 (355, 356); BFH, BStBl. 1987 II, 455 (457) m. w. N.; BStBl. 1969 II, 243 (244); Döllerer, S. 51, 52 (s. auch unten, S. 141 f.).

In diesen Fällen besteht Grund für die Annahme, daß der Gesellschafter dem begünstigten Dritten eine Zuwendung machen will, so daß er durch die Vorteilszuwendung der Gesellschaft Aufwendungen erspart. Die Rspr. hat diese Fallgruppe unter der Bezeichnung „verdeckte Gewinnausschüttungen an nahestehende Personen" zusammengefaßt. Bei Vorteilszuwendungen (der Gesellschaft) an nahe Verwandte (eines Gesellschafters) sprach nach der bisherigen Rspr. der Beweis des ersten Anscheins dafür, daß der Vorteil auch dem Gesellschafter zugute kommen sollte[298].

b) Geänderte Rechtsprechung seit dem Urteil vom 18.12.1996

In einem Urteil vom 18.12.1996 hat der 1. Senat des BFH diese Rspr. geändert[299]. Er verzichtet jetzt auf die Voraussetzung, daß dem Gesellschafter aus der unangemessenen Zuwendung an den Dritten selbst ein wirtschaftlicher Vorteil zufließen muß. Voraussetzung einer mittelbaren verdeckten Gewinnausschüttung auf der Ebene der Gesellschaft ist nach der Rspr. dieses Senats nur noch, daß die unangemessene Zuwendung an den Dritten durch das Gesellschaftsverhältnis veranlaßt ist.

Die Veranlassung durch das Gesellschaftsverhältnis stellt die neue Rspr. anhand von Indizien fest. Hauptindiz ist der Umstand, daß es sich bei dem Dritten um eine Person handelt, die einem Gesellschafter nahesteht. Der Kreis der nahestehenden Personen ist weit gefaßt. Nahestehende Person ist jeder Dritte, dessen Beziehung zu einem Gesellschafter den Schluß darauf zuläßt, sie habe die unangemessene Vorteilszuwendung an ihn beeinflußt[300]. Dafür kommen familienrechtliche, gesellschaftsrechtliche, schuldrechtliche oder auch rein tatsächliche Beziehungen in Betracht[301].

Nach der neuen Rspr. sind also für die Annahme einer mittelbaren verdeckten Gewinnausschüttung auf der Ebene der Gesellschaft nur noch folgende Voraussetzungen erforderlich:

- eine unangemessene Zuwendung der Gesellschaft an einen Dritten;
- eine Beziehung des Dritten zu einem Gesellschafter, die den Schluß darauf zuläßt, sie habe die unangemessene Zuwendung an ihn beeinflußt. Dafür kann bereits ein entferntes Verwandtschafts- oder Schwägerschaftsverhältnis ausreichen[302].

Liegen diese Voraussetzungen vor, dann ergibt sich nach der Rspr. eine Vermutung für eine mittelbare verdeckte Gewinnausschüttung an den Gesellschafter, zu dem die Nähebeziehung des Dritten besteht. Die Gesell-

---

298 BFH früher in ständiger Rspr., vgl. z. B. BFH BStBl. 1975 II, 306 (307).

299 BFH-Urteil vom 18.12.1996 I R 139/94, BStBl. 1997 II, 301.

300 BFH-Urteil vom 18.12.1996 I R 139/94, a. a. O., S. 302.

301 S. Fn. 300.

302 S. Fn. 300.

schaft kann diese Vermutung nur dadurch widerlegen, daß sie nachweist, daß ausschließlich betriebliche Gründe für die unangemessene Vorteilszuwendung maßgeblich waren[303].

c) Eigene Auffassung: Ablehnung der Rechtsprechungsänderung

Gegen die Änderung der bis 1996 geltenden Rspr. durch das Urteil des 1. Senats vom 18.12.1996 bestehen Bedenken:

aa) Verdeckte Gewinnausschüttung Akt der Gewinnverteilung

Der Grund für die Hinzurechnung verdeckter Gewinnausschüttungen zum Gewinn einer Gesellschaft gem. § 8 Abs. 3 S. 2 KStG liegt darin, daß es sich dabei um Akte der Gewinnverteilung handelt (s. oben, S. 1, 89)[304]. Eine Gewinnverteilung setzt aber bei der Gesellschaft eine Gewinnminderung voraus, die auf die Zuwendung eines Vermögensvorteils an einen Gesellschafter gerichtet ist (s. oben, S. 2). Unangemessene Vorteilszuwendungen der Gesellschaft an einen Dritten sind also nur dann als Gewinnverteilung (an einen Gesellschafter) zu qualifizieren, wenn sie wirtschaftlich gesehen mittelbare Leistungen an einen Gesellschafter darstellen, wenn also mit der unangemessenen Vorteilszuwendung an den Dritten gleichzeitig eine Zuwendung des Gesellschafters an den Dritten vollzogen wird[305].

bb) Nähebeziehung des Dritten zu einem Gesellschafter allein kein hinreichendes Indiz für eine Veranlassung durch das Gesellschaftsverhältnis

Nach Auffassung eines Teils des Schrifttums sind allerdings unangemessene Vorteilszuwendungen der Gesellschaft an einen Dritten, die wegen der Nähebeziehung zu einem Gesellschafter (i. S. der neuen Rspr.) durch das Gesellschaftsverhältnis veranlaßt sind, immer diesem Gesellschafter zuzurechnen, weil dieser sie veranlaßt habe. In der Veranlassung liege eine Verfügung des Gesellschafters über die unangemessene Vorteilszuwendung zugunsten des Dritten, so daß diese ihm zuzurechnen sei[306].

Gegen diese Auffassung ist jedoch einzuwenden, daß die neue Rspr. die Veranlassung der unangemessenen Vorteilszuwendung an den Dritten durch einen Gesellschafter nicht positiv feststellt, sondern aufgrund der Nähebeziehung des Dritten zu einem Gesellschafter lediglich vermutet.

Eine Nähebeziehung zu einem Gesellschafter allein, für die nach der Rspr. schon eine entfernte Verwandtschaftsbeziehung ausreichen kann[307], ist aber

---

303 BFH-Urteil vom 18.12.1996 I R 139/94, a. a. O., S. 303.

304 Vgl. dazu auch Döllerer, S. 23, 24, und in GmbHR 1987, 26 f. (26); Pezzer, S. 38; Knobbe-Keuk, S. 643.

305 Gl. A. Stolze, Verdeckte Gewinnausschüttung und nahestehende Personen, Köln 1999, S. 240.

306 Wassermeyer, FR 1989, 218 f. (221); Frotscher, GmbHR 1998, S. 23 f. (28-30).

307 S. Fn. 300.

kein hinreichendes Indiz für die Veranlassung durch das Gesellschaftsverhältnis[308]. Solange die Veranlassung durch einen Gesellschafter nicht positiv feststeht, kann es zu der unangemessenen Vorteilszuwendung an den Dritten z. B. auch dadurch gekommen sein, daß die Gesellschaft irrtümlich aus betrieblichen Gründen gehandelt hat. Das zeigt auch der Fall der Entscheidung vom 18.12.1996[309].

---

308 Gl. A. Weber-Grellet, DStZ 1998, 357 f. (360, Fn. 48).

309 S. Fn. 299.
In diesem Fall war fraglich, ob Pensionszahlungen einer GmbH an die Witwe des Stiefsohns der beherrschenden Gesellschafterin verdeckte Gewinnausschüttungen darstellen.
Gesellschafter der GmbH waren ursprünglich A und seine zweite Ehefrau, Frau A. Mit dem Tod des A im April 1959 wurde Frau A Alleingesellschafterin. Im Unternehmen der GmbH hatte der Sohn des A und Stiefsohn von Frau A – S – von Anfang an bis zu seinem Tod im Jahr 1967 mitgearbeitet, zuletzt als Betriebsleiter. Nach dem Tod des S sagte die GmbH im Oktober 1967 der Witwe des S (W) „in Anerkennung seiner Verdienste als langjähriger Betriebsleiter der Firma" eine Pension zu. Die Pension betrug ursprünglich DM 7.200 p. a. und erhöhte sich aufgrund einer Gleitklausel bis zum Streitjahr 1983 auf DM 20.737 p. a. Bis einschließlich 1983 hatte W aufgrund der Pensionszusage Pensionszahlungen von insgesamt mindestens DM 150.000 erhalten.
Zum Zeitpunkt der Erteilung der Pensionszusage war Frau A Mehrheitsgesellschafterin und ihre Tochter aus erster Ehe Minderheitsgesellschafterin der GmbH. S war in dem gemeinsamen Erbvertrag der Eheleute A zugunsten von Frau A (befreite Vorerbin) und seines eigenen Sohnes E (Nacherbe) bei der Erbfolge übergangen worden.
Im Anschluß an eine Außenprüfung qualifizierte das Finanzamt die im Streitjahr 1983 gezahlten Pensionszahlungen als verdeckte Gewinnausschüttungen und begründete dies wie folgt:
Die Zusage einer Pension an die Witwe eines verstorbenen Arbeitnehmers sei nicht üblich. Die Pensionszusage sei nur daraus zu erklären, daß W mit Frau A, die bei Erteilung der Pensionszusage Mehrheitsgesellschafterin war, verschwägert gewesen sei.
Dagegen erhob die GmbH Klage mit folgender Begründung:
Die Erteilung der Pensionszusage und die Pensionszahlungen seien betrieblich veranlaßt. S sei während seiner Tätigkeit für die GmbH, zuletzt als Betriebsleiter, für längere Zeit (bis zur Änderung der Rspr. des Bundessozialgerichts im Jahre 1956) als sog. Meistersohn von der Rentenversicherungspflicht befreit gewesen und habe daher keinen ausreichenden Rentenanspruch aufbauen können. Die Pensionszusage sei erteilt worden, um den unzureichenden Rentenanspruch der Witwe des S auszugleichen.
Das Finanzgericht (FG) wies die Klage ab. Es vertrag die Auffassung, die Pensionszahlungen an W stellten einen privat veranlaßten Ausgleich dafür dar, daß A seinen Sohn S erbrechtlich zugunsten von Frau A und des Enkels E übergangen habe und daß S als Bedingung für die Erhaltung der Nacherbenstellung seines Sohnes E selbst keinen Pflichtteilsanspruch geltend machen durfte (nicht veröffentlichtes Urteil des FG Münster, AZ.: 9K 3227/90 K, S. 9.).
Die gegen das Urteil des FG eingelegte Revision wies der BFH aus folgenden Gründen zurück:
Infolge der familienrechtlichen Beziehung zwischen W und Frau A, die bei der Erteilung der Pensionszusage im Jahr 1967 Mehrheitsgesellschafterin war, sei die Veranlassung der Pensionszusage und der Pensionszahlungen durch das Gesellschaftsverhältnis zu vermuten. Die von der GmbH zur Entkräftung dieser Indizwirkung vorgetragenen Umstände reichten nicht aus. Die tatsächlichen Schlußfolgerungen des FG, insbesondere seine Annahme, daß die Pensionszusage erbrechtlichen Ausgleichszwecken dienen sollte, seien nicht zu beanstanden (BFH, a. a. O., S. 303).
Nach Auffassung des BFH hat also die entfernte Angehörigenbeziehung zwischen der zweiten Ehefrau des früheren Mehrheitsgesellschafters, die mit 60 % an der Gesellschaft beteiligt war, einerseits und der Witwe ihres Stiefsohnes andererseits als Indiz dafür ausgereicht, um die Veranlassung von Pensionszahlungen von insgesamt mindestens DM 150.000 an die Witwe des Stiefsohnes durch die Mehrheitsgesellschafterin anzunehmen.

Allein aufgrund der Feststellung einer Nähebeziehung des Dritten zu einem Gesellschafter kann also keine Zurechnung der unangemessenen Vorteilszuwendung an den Gesellschafter erfolgen. Diese kann dem Gesellschafter vielmehr nur dann zugerechnet werden, wenn er dadurch eigene Aufwendungen erspart oder wenn die Gesellschaft auf ihren Aufwendungsersatzanspruch gegen den Gesellschafter verzichtet, der sich daraus ergibt, daß sie bei der Begünstigung des Dritten im mutmaßlichen Interesse des Gesellschafters gehandelt hat (§ 683 i. V. m. § 677 BGB)[310].

Somit ist an der bis 1996 geltenden Rspr. festzuhalten, daß eine mittelbare verdeckte Gewinnausschüttung auch auf der Ebene der Gesellschaft voraussetzt, daß die Zuwendung an den Dritten einen Vorteil für den Gesellschafter selbst zur Folge hat.

Die Veranlassung jährlicher Pensionszahlungen in dieser Größenordnung durch eine mit 60 % beteiligte Mehrheitsgesellschafterin allein aufgrund ihrer entfernten Angehörigenbeziehung zu der begünstigten Dritten erscheint jedoch zweifelhaft, da sie bei ihr Gewinneinbußen in Höhe von 60 % dieser Zahlungen bewirkt. Da niemand sich ohne hinreichenden Grund selbst benachteiligt, ist die Veranlassung jährlicher Pensionszahlungen in dieser Größenordnung durch eine entfernt verschwägerte Mehrheitsgesellschafterin nur dann mit Sicherheit anzunehmen, wenn sich daraus für sie selbst ein wirtschaftlicher Vorteil ergibt. Mit anderen Worten ist, wenn die Veranlassung der Vorteilszuwendung einer Gesellschaft an einen Dritten durch einen entfernt verwandten oder verschwägerten Gesellschafter in Betracht kommt, nur ein sich daraus ergebender eigener wirtschaftlicher Vorteil für den Gesellschafter ein hinreichendes Indiz für die Veranlassung durch diesen Gesellschafter.
Einen wirtschaftlichen Vorteil für Frau A infolge der Erteilung der Pensionszusage hat das FG jedoch nicht festgestellt. Zum Zeitpunkt der Erteilung der Pensionszusage, mehr als acht Jahre nach dem Ableben des Erblassers, war der Pflichtteilsanspruch des S gegen Frau A, der auf seine Witwe als Erbin übergegangen ist, nach Sachlage bereits verjährt. Es ist anzunehmen, daß S bereits kurze Zeit nach dem Ableben des A von seinem Ausschluß von der Erbfolge erfahren hat, weil seine Stiefmutter Gesellschafterin geworden ist, so daß die dreijährige Frist für die Verjährung seines Pflichtteilsanspruchs bereits zu diesem Zeitpunkt zu laufen begonnen hat (§ 2332 Abs. 1 BGB).
Daß sich Frau A aus moralischen Gründen gehalten sah, der W zum Ausgleich des Nachteils aus der Übergehung des S bei der Erbfolge die Pension einzuräumen, hat das FG ebenfalls nicht festgestellt.
Nach dem der Entscheidung vom 18.12.1996 zugrunde liegenden Sachverhalt kam daher auch in Betracht, daß die Geschäftsführung der GmbH die Pensionszusage der W nicht im Interesse der Mehrheitsgesellschafterin, sondern irrtümlich aus betrieblichen Gründen eingeräumt hat. Die Pensionszusage war in erster Linie deshalb nicht betrieblich veranlaßt, weil sie erst nach dem Tod des S erfolgte (Urteil des FG, a. a. O., S. 9). Wären die Pensionsansprüche der Witwe noch zu Lebzeiten des S in dessen Anstellungsvertrag vereinbart worden als Ausgleich für die unzureichende Rentenversorgung wegen der Meistersohn-Befreiung, wäre ihr Abzug als Betriebsausgaben in Betracht gekommen. Die Gewährung einer Witwenversorgung in Anstellungsverträgen leitender Angestellter ist nicht unüblich. Möglicherweise war die unzureichende Rentenversorgung von S und seiner Witwe zu seinen Lebzeiten übersehen worden, weil er bis zu seinem Tod im Unternehmen der Gesellschaft gearbeitet hatte und im aktiven Erwerbsleben stand.
Somit folgt aus dem vom FG festgestellten Sachverhalt nicht zwingend, daß die Pensionszusage an W durch das Gesellschaftsverhältnis veranlaßt war.

310 Einen Fall dieser Art hat der Reichsfinanzhof in seinem Urteil vom 27.11.1934 I A 126/34, RStBl. 1935, 616, entschieden.

2. Rechtsfolgen

Die Rechtsfolgen einer mittelbaren verdeckten Gewinnausschüttung auf der Ebene der Gesellschaft entsprechen denen einer unmittelbaren[311] (s. oben, S. 93 ff.).

Auf der Ebene der Anteilseigner ist die mittelbare verdeckte Gewinnausschüttung nicht dem begünstigten Dritten, sondern dem Gesellschafter zuzurechnen, dem daraus ein wirtschaftlicher Vorteil zugeflossen ist[312]. Sie ist diesem auch nur insoweit zuzurechnen, als er daraus einen wirtschaftlichen Vorteil erhalten hat[313].

3. Zusammenfassung

Eine verdeckte Gewinnausschüttung an einen Gesellschafter kann nicht nur unmittelbar, sondern auch mittelbar dadurch erfolgen, daß die Gesellschaft im Interesse eines Gesellschafters einem Dritten einen Vorteil ohne angemessene Gegenleistung zuwendet. Eine mittelbare verdeckte Gewinnausschüttung ist nur dann anzunehmen, wenn die Zuwendung an den Dritten einen Vorteil für den Gesellschafter selbst zur Folge hat.

---

311 BFH in ständiger Rspr., vgl. zuletzt BFH-Urteil vom 18.12.1996 I R 139/94, BStBl. 1997 II, 301 (302, 303) m. w. N.

312 H. M., vgl. Döllerer, S. 49 m. w. N.

313 BFH in ständiger Rspr., vgl. BFH-Urteil vom 06.11.1991 XI R 12/87, BStBl. 1992 II, 415 (418) m. w. N.
Nach Auffassung eines Teils des Schrifttums ist die mittelbare verdeckte Gewinnausschüttung dem Gesellschafter darüber hinausgehend in vollem Umfang (im Umfang der unangemessenen Zuwendung an den Dritten) als Einnahme aus Kapitalvermögen zuzurechnen (Wassermeyer, FR 218 f. [221]; Frotscher, GmbHR 1998, 23 f. [29, 30]). Diese Auffassung ist aus den o. a. Gründen abzulehnen (s. oben, S. 107 f.). Der BFH hat sich der Auffassung des Schrifttums bisher nicht angeschlossen, sondern diese Frage in der Entscheidung vom 18.12.1996 ausdrücklich offengelassen (BFH-Urteil vom 18.12.1996 I R 139/94, a. a. O., S. 302).

B. Vergleich der Anwendungsbereiche beider Regelungen

I. Teilweise identischer Anwendungsbereich

1. Auf der Ebene der Kapitalgesellschaft

Die allgemeine Regelung des französischen Rechts zur Abgrenzung der Einkünfteerzielung von der Einkünfteverwendung (théorie de l'acte anormal de gestion) erfaßt auf der Ebene der Gesellschaft vorsätzliche verdeckte Gewinnausschüttungen i. S. des deutschen Steuerrechts an Gesellschafter und nahestehende Personen[314] (außer dem Sonderfall der verdeckten Gewinnausschüttung an den beherrschenden Gesellschafter [s. unten, S. 125 f.]).

Das französische Recht verwendet zwar andere Maßstäbe zur Feststellung verdeckter Gewinnausschüttungen an Gesellschafter. Nach deutschem Recht liegt eine solche vor, wenn ein ordentlicher Geschäftsleiter den Vorteil unter sonst gleichen Umständen einem fremden Dritten nicht gewährt hätte (s. oben, S. 89-91). Nach französischem Recht ist eine verdeckte Gewinnausschüttung anzunehmen, wenn die Maßnahme objektiv den Interessen des Unternehmens zuwiderläuft und die Geschäftsführung dadurch gleichzeitig vorsätzlich Gesellschafter begünstigt (s. oben, S. 17-20). Im allgemeinen dürften aber diese unterschiedlichen Maßstäbe zu ähnlichen Ergebnissen führen, weil sich die Sorgfaltspflicht des ordentlichen Geschäftsleiters an den Unternehmensinteressen zu orientieren hat[315].

2. Auf der Ebene der Anteilseigner

Auf der Ebene der Anteilseigner erfaßt das französische Recht ebenfalls vorsätzliche verdeckte Gewinnausschüttungen. Hier bestehen jedoch wesentliche Unterschiede zum deutschen Recht.

Das französische Recht rechnet verdeckte Gewinnausschüttungen an nahestehende Personen nicht dem Gesellschafter, sondern der nahestehenden Person zu (s. oben, S. 54). Außerdem erfaßt es sie nur dann, wenn die Gesellschaft zum Ende des Wirtschaftsjahres mit einem Gewinn abschließt (s. oben, S. 57, 58). Schließt sie dagegen mit einem Verlust ab oder verfügt sie über einen Verlustvortrag, der ihren Jahresüberschuß auf 0 reduziert, sind verdeckte Gewinnausschüttungen an nahestehende Personen auf der Ebene der Anteilseigner von der Besteuerung freigestellt[316] (s. oben, S. 58, 59, 79, 80).

---

314 Die gesetzlichen Abzugsbeschränkungen für überhöhte Gehälter an Ges.-GF. (s. oben, S. 15, 16) und für überhöhte Zinsen für Gesellschafterdarlehen (s. oben, S. 16, 17) erfassen darüber hinaus auch „fahrlässige" verdeckte Gewinnausschüttungen.

315 BFH BStBl. 92 II, 359 (361); ebenso das gesellschaftsrechtl. Schrifttum, vgl. Scholz / Schneider, § 43 GmbHG, Rn. 60-63; Mertens, in: Kölner Kommentar zum AktG, 1. Aufl., § 76 AktG, Anm. 5, 2. Aufl., § 76 AktG, Anm. 22.

316 In einem Ausnahmefall hat der CE allerdings eine verdeckte Gewinnausschüttung an eine nahestehende Person dem Gesellschafter zugerechnet, der gegenüber dieser Person ein

II. Im französischen Recht darüber hinaus auch Korrektur der Einkommensverwendung zugunsten Dritter

Das französische Recht korrigiert außer verdeckten Gewinnausschüttungen i. S. des deutschen Rechts auch die dem Unternehmensinteresse zuwiderlaufende Einkommensverwendung einer Gesellschaft zugunsten Dritter. Es handelt sich vor allem um folgende Fallgruppen:

- Unangemessene Rechtsgeschäfte zugunsten Dritter
  - Eigen- und fremdnützige Veruntreuungen von Fremdgeschäftsführern beim Abschluß von Geschäften für die Gesellschaft (s. oben, S. 27, 28)
  - Sonstige nachteilige Geschäftsabschlüsse für die Gesellschaft, mit denen sie fremde Dritte (die einem Gesellschafter nicht nachweislich nahestehen) vorsätzlich begünstigt (s. oben, S. 28)

- Aufwendungen für gemeinnützige Zwecke, die den steuerlich berücksichtigungsfähigen Rahmen übersteigen (s. oben, S. 28, 29)

- Nicht abziehbare Repräsentationsaufwendungen i. S. des Art. 39-4. Abs. 1 u5 (4.c.) CGI (Aufwendungen für Freizeitwohnsitze, Segeljachten, Motorboote, Jagd und Fischerei, s. oben, S. 29)

In diesen Fällen qualifiziert das französische Recht den überhöhten Teil der Aufwendungen bzw. Verzicht auf ein angemessenes Entgelt als Einkommensverwendung und rechnet die entsprechenden Beträge dem Gewinn hinzu.

Schließt die Gesellschaft in dem betreffenden Wirtschaftsjahr mit einem Gewinn ab, dann gelten diese Fälle der Einkommensverwendung gem. Art. 109-1.-1° CGI gleichzeitig als Gewinnausschüttungen (Einkünfte aus Kapitalvermögen) an die begünstigten Dritten (s. oben, S. 56, 57).

Das deutsche Recht rechnet Veruntreuungen durch Fremdgeschäftsführer nicht der Gesellschaft zu, qualifiziert sie also nicht als Einkommensverwendung, sondern als betrieblich bedingte Schädigung der Gesellschaft (s. oben, S. 29, 30).

---

besonderes Zuwendungsinteresse hatte und deshalb die Heranziehung der Gesellschaft zu der Steuerstrafe gem. Art. 117 Abs. 2 i. V. m. Art. 1763 A Abs. 1 CGI auch in einem Verlustjahr gebilligt. In diesem Fall hatte eine Gesellschaft der Ehefrau eines Lieferanten in den Jahren 1964, 1966 und 1967 jeweils zum Jahresende Pelzmäntel geschenkt. Ein Gesellschafter hatte mit dieser Ehefrau offensichtlich ein Verhältnis. Die Finanzverwaltung qualifizierte die Schenkungen der Pelzmäntel als anormale Vorteilszuwendungen. Die Gesellschaft war ihrer Aufforderung, den Empfänger dieser Vorteilszuwendungen bekanntzugeben, nicht nachgekommen und hatte daher die Steuerstrafe ausgelöst (vgl. dazu Cozian, Grands Principes, 3. Aufl., doc. 34, Rn. 14, 15, S. 490 u. S. 488, Fn. 2; CE 18.12.1974, Nr. 93.538, DF 75 com. 422; BODGI 4 J-3-75 vom 28.05.1975, DF 75, S. 2129, ID, 4843; amtliche Stellungnahme zu dem Urteil des CE a. a. O., DF 76, 132 [133]).

III. Französische Regelung auf der Ebene der Anteilseigner gleichzeitig Sanktionsinstrument zur Bekämpfung und Ahndung von Steuerverkürzungen

Die französische Regelung der verdeckten Gewinnausschüttungen auf der Ebene der Anteilseigner hat nicht nur den Charakter einer materiellrechtlichen Regelung zur Erfassung der verdeckten Einkommensverteilung bzw. -verwendung einer Gesellschaft bei den begünstigten Gesellschaftern oder Dritten. Sie hat darüber hinaus zusätzlich die Funktion eines Sanktionsinstruments zur Erzwingung der Mitteilung der Begünstigten aus festgestellten Gewinnverkürzungen bei der Gesellschaft sowie der Empfänger gezahlter Vergütungen und gewährter geldwerter Vorteile.

So qualifizieren Art. 109-1.-1° und Art. 111 c CGI Ausgaben einer Gesellschaft, deren Empfänger sie nicht benennt oder die sie überhaupt nicht verbucht hat, in Gewinnausschüttungen um, mit der Folge, daß entweder die Gesellschaft bei weiterer Nichtbenennung der Empfänger eine Geldbuße in Höhe von 100 % dieser „Gewinnausschüttungen" zu zahlen hat oder die ermittelten Empfänger die ihnen zugeflossenen Zahlungen als Einkünfte aus Kapitalvermögen zu versteuern haben (s. oben, S. 61, 62, 63, 64, 65 f.). Das gleiche gilt für geldwerte Vorteile, die eine Gesellschaft ihren Mitarbeitern gewährt, aber nicht gesondert ausgewiesen hat, sofern es der Finanzverwaltung gelingt, diese nachträglich festzustellen (s. oben, S. 62-64, 65 f.).

Schließlich qualifizieren Art. 109-1.-1° und Art. 111 c CGI auch bei einer Betriebsprüfung festgestellte, nicht verbuchte Einnahmen oder fingierte Ausgaben einer Gesellschaft in „Gewinnausschüttungen" um, solange sie nicht nachweist, daß die verkürzten Gewinnbeträge „nur" von einem untergeordneten Angestellten ohne organschaftliche Vertretungsmacht und ohne Kenntnis der Geschäftsführung unterschlagen worden sind (s. oben, S. 27, 30, 44, 65 f. und anschließend).

Wegen dieser zusätzlichen Funktion ist die französische Regelung auf der Ebene der Anteilseigner komplizierter als die deutsche Regelung ausgestaltet.

IV. Qualifizierung von Unterschlagungen durch Gesellschafter als „verdeckte Gewinnausschüttungen"

Der Anwendungsbereich der französischen Regelung ist auch insofern weiter, als hier eine „verdeckte Gewinnausschüttung" nicht voraussetzt, daß sie auf einer Handlung der Gesellschaft (vertreten durch ihre Organe) beruht[317].

So hat die frühere französische Rspr. die Unterschlagung von Gesellschaftsvermögen durch einen Gesellschafter ohne Kenntnis der Geschäftsführung immer als verdeckte Gewinnausschüttung qualifiziert, weil die Unterschlagung steuerlich

---

317 Das ist aber Voraussetzung einer verdeckten Gewinnausschüttung im deutschen Steuerrecht (s. dazu Flume, DB 93, 1945 f. [1946-1948]; Knobbe-Keuk, S. 646, 647; Döllerer, S. 64). Sie folgt aus dem Trennungsprinzip (s. oben, S. 87, 88). Teilweise Aufgabe dieser Voraussetzung durch den BFH in dem umstrittenen Urteil BFH BStBl 93 II, 351 (352), s. dazu die Kritik von Flume, a. a. O.

eine Entnahme darstelle, die gem. Art. 38-2. CGI dem Gewinn hinzuzurechnen sei[318]. Seit einem Urteil vom 14.02.2001 hat der CE diese Rspr. eingeschränkt. Er nimmt jetzt, wenn ein Gesellschafter ohne Kenntnis der Geschäftsführung Gesellschaftsvermögen unterschlägt, eine verdeckte Gewinnausschüttung nur noch an, wenn der Gesellschafter an der Gesellschaft wesentlich beteiligt ist[319].

318 Vgl. dazu die conclusions Courtial zu CE 14.02.2001, Nr. 193.309, DF 2001 com. 748, S. 1214 f. (1216).

319 CE 14.02.2001, Nr. 193.309, a. a. O.

C. Auswertung des Vergleichs beider Regelungen für die Lösung von Problemen im Recht der verdeckten Gewinnausschüttungen

I. Gegenstand und Rechtsfolgen verdeckter Gewinnausschüttungen durch Verzicht auf Einnahmen

Beispiel:

Eine Kapitalgesellschaft verkauft einem Anteilseigner ein Wirtschaftsgut mit einem Verkehrswert von DM 600 (Preis auf dem Beschaffungsmarkt für den Anteilseigner) zum Buchwert von DM 300.

Für den Verzicht auf das angemessene Entgelt bestehen keine betrieblichen Erfordernisse.

1. Meinungsstreit im deutschen Recht

Im deutschen Recht ist umstritten, worin die verdeckte Gewinnausschüttung bei der Gesellschaft besteht.

a) Auffassung der Rechtsprechung

Nach Auffassung der Rspr. liegt die verdeckte Gewinnausschüttung in dem Verzicht auf das Entgelt, das die Gesellschaft unter gleichen Umständen von jedem fremden Dritten verlangt und erhalten hätte[320]. Dieses erzielbare Entgelt sei bei der Ermittlung ihres Einkommens hinzuzurechnen (§ 8 Abs. 3 S. 2 KStG)[321].

b) Auffassung eines Teils des Schrifttums

Nach Auffassung eines Teils des Schrifttums liegt die verdeckte Gewinnausschüttung dagegen in der durch den Einnahmeverzicht bewirkten Sachwertabgabe. Das Rechtsgeschäft sei in einen „schuldrechtlichen" (entgeltlichen) und „gesellschaftsrechtlichen" Teil aufzuteilen. Die Übertragung erfolge nur im Verhältnis des unangemessenen niedrigen zu dem angemessenen Entgelt schuldrechtlich, im übrigen aus gesellschaftsrechtlichen Gründen (causa societatis)[322]. Die Sachwertabgabe causa societatis sei als Spezialfall einer Entnahme (Wertabgabe zu nichtbetrieblichen Zwecken[323]) dem Einkommen der Gesellschaft mit dem Verkehrswert[324] wieder hinzuzurechnen. Die Auffassung

---

320 „Verhinderte Vermögensmehrung" i. S. der neuen Definition der Rspr. (s. oben, S. 91, 124).

321 Wassermeyer, in: Gedächtnisschrift für Knobbe-Keuk, Köln 1997, S. 541 ff. (547, 548), und in: GmbHR 1998, S. 157 f. (160); Maas, StVj 1990, S. 43 ff. (52, 53); Abschn. 31 Abs. 1 S. 2 i. V. m. Abs. 3 S. 1 KStR.

322 Flume, in: Verhandlungen des 49. DJT, Bd. II 1972, Q 24 = Gesammelte Schriften 1998, Bd. II, S. 775; Knobbe-Keuk, S. 647.

323 H. M. vgl. Knobbe-Keuk, S. 286.

324 Abweichend von § 6 Abs. 1 Nr. 4 EStG sei die Sachwertabgabe nicht mit dem Teilwert (s. dazu unten, S. 142, Fn. 408), sondern dem Verkehrswert anzusetzen, da sie nicht von der

der Rspr. laufe demgegenüber auf eine Sollertragsbesteuerung hinaus. Sie unterstelle Einnahmen, die die Gesellschaft nicht erzielt habe[325].

2. Auswirkungen des Meinungsstreits in Sonderfällen

In der überwiegenden Zahl der Fälle führen die unterschiedlichen Auffassungen der Rspr. und des Schrifttums zu gleichen Ergebnissen, da regelmäßig der Verkehrswert der Sachwertabgabe mit dem angemessenen Entgelt, auf das die Gesellschaft verzichtet hat, identisch ist. In Einzelfällen können sich jedoch unterschiedliche Auswirkungen ergeben.

Z. B. bewirkt die Gewährung eines zinslosen Darlehens an einen Anteilseigner aus Gewinnrücklagen der Gesellschaft bei dieser keine Vermögensminderung, sondern verhindert lediglich eine Vermögensmehrung.

Das gleiche gilt für unentgeltliche Dienstleistungen, insbesondere Beratungsleistungen der Gesellschaft an einen Anteilseigner, wenn der betriebliche Sach- und Personalaufwand ohnehin entstanden wäre[326]. Aus diesem Grunde (keine Vermögensminderung bei dem Leistenden) nimmt auch die h. M. im Zivilrecht bei unentgeltlichen Nutzungsüberlassungen und Dienstleistungen an einen Dritten grundsätzlich keine Schenkung an[327].

Nach der Auffassung des Schrifttums (wonach eine verdeckte Gewinnausschüttung eine Vermögensminderung bei der Gesellschaft voraussetzt) ist zwar auch in diesen Fällen der Gewinn der Gesellschaft im Umfang eines angemessenen Entgelts zu erhöhen[328]. Das erscheint jedoch widersprüchlich, da keine Vermögensminderung eintritt, deren Gegenstand als „Entnahme" mit dem Verkehrswert dem Gewinn der Gesellschaft hinzugerechnet werden könnte.

3. Rechtsvergleichende Beurteilung und Zusammenfassung

Aus rechtsvergleichender Sicht ist die Streitfrage wie folgt zu entscheiden:

Verdeckte Gewinnausschüttungen in Form verminderter Betriebseinnahmen sind auf der Ebene der Gesellschaft und der Anteilseigner nicht tatsächlich, sondern nur wirtschaftlich identisch. Gegenstand der verdeckten Gewinnausschüttung auf der Ebene der Gesellschaft ist der Verzicht auf den erzielbaren Erlös. Darin besteht die Einkommensverwendung bei der Gesellschaft. Diese Auffassung wird auch im

---

betrieblichen in die private Sphäre desselben Steuerpflichtigen, sondern an einen anderen Rechtsträger erfolge (Reiß, StuW 1996, S. 337 [345, 346]).

325 Vgl. dazu Reiß, StuW 1996, S. 337 (345f.); Schön, in: Festgabe für Werner Flume, Berlin, Heidelberg, 1998, S. 265 ff. (297, 298).

326 Nutzungen und Beratungsleistungen, die die Gesellschaft anderen überläßt bzw. erbringt, stellen für sich genommen in ihrem Vermögen nur Erwerbschancen dar. Konkrete Verkehrswerte ergeben sich für diese Leistungen nur dann, wenn sie entgeltlich verwertet werden.

327 H. M., vgl. BGHZ 101, 229 (232, 233) m. w. N.

328 Reiß, a. a. O., S. 345, 346.

französischen Recht vertreten (s. oben, S. 24). Gegenstand der verdeckten Gewinnausschüttung auf der Ebene des Anteilseigners ist dagegen die durch den Einnahmeverzicht der Gesellschaft bewirkte außerbetriebliche Sachwertabgabe an den Anteilseigner. Sie ist dem Anteilseigner als Einnahme aus Kapitalvermögen zuzurechnen. Wirtschaftlich gesehen liegt in der Sachwertabgabe causa societatis jedoch die Verteilung des daraus erzielbaren Erlöses. Das ist der Grund dafür, daß die verdeckte Gewinnausschüttung bei der Gesellschaft und dem Anteilseigner mit dem erzielbaren Erlös zu bewerten ist.

Für die Auffassung der deutschen Rspr. und des französischen Rechts, wonach die verdeckte Gewinnausschüttung bei der Gesellschaft in dem Verzicht auf den erzielbaren Erlös liegt, spricht auch die Regelung im deutschen Handelsrecht. Gemäß § 354 HGB gilt für Geschäftsbesorgungen, Dienstleistungen oder Darlehensgewährungen eines Kaufmanns eine angemessene Vergütung als vereinbart, wenn dazu eine vertragliche Abrede fehlt[329]. Das Handelsrecht geht also davon aus, daß ein Kaufmann, insbesondere eine typische Kapitalgesellschaft mit einem gewerblichen Geschäftsgegenstand, nur gegen Entgelt tätig wird. Es kann daher unterstellt werden, daß die Gesellschaft das betreffende Geschäft mit einem fremden Dritten nur gegen angemessenes Entgelt abgeschlossen hätte. Somit besteht die Einkommensverwendung bei der Gesellschaft zugunsten des Anteilseigners in dem Verzicht auf den erzielbaren Erlös. Diese Betrachtungsweise ist auch der zutreffende Kern der früher herrschenden Fiktionstheorie[330].

---

329 Schlegelberger, HGB, 5. Aufl., § 354 HGB, Anm. 1, 2, 3-9, 16-20.

330 Nach der Fiktionstheorie waren bei einer verdeckten Gewinnausschüttung durch Verzicht auf Einnahmen die Gesellschaft und der begünstigte Anteilseigner so zu besteuern, als ob das Geschäft zwischen ihnen zu angemessenen Bedingungen abgeschlossen und durchgeführt und der sich daraus ergebende Gewinn der Gesellschaft sogleich wieder an den Anteilseigner ausgeschüttet worden wäre (vgl. z. B. BFH BStBl. 61 III, 80 (81); 71 II, 53 (55); 71 II, 408 (410); 76 II, 88 (91).

Die Fiktionstheorie fingiert den Zufluß und die Ausschüttung von Einnahmen, die der Gesellschaft nicht zugeflossen sind. Sie ist aus folgenden Gründen abzulehnen:

- Die Besteuerung fiktiver Einnahmen würde gegen das Leistungsfähigkeitsprinzip und damit letztlich gegen Art. 3 Abs. 1 GG verstoßen.
- Durch Sachverhaltsfiktionen könnte die Rspr. ihre Bindung an das Steuergesetz (Art. 20 Abs. 3 GG) umgehen (vgl. dazu Meßmer, Die Fiktion im Steuerrecht ..., StbJb 1977/78, S. 113-116).

Der Fiktionstheorie liegt jedoch die zutreffende Auffassung zugrunde, daß die wirtschaftlichen Auswirkungen einer verdeckten Gewinnausschüttung durch Verzicht auf Einnahmen auf das Gleiche hinauslaufen, wie wenn das Geschäft zu angemessenen Bedingungen abgeschlossen worden wäre, und die Gesellschaft sogleich wieder auf ihren sich daraus ergebenden Entgeltsanspruch zugunsten des Anteilseigners verzichtet hätte (vgl. Ballerstedt, Kapital, Gewinn und Ausschüttung bei Kapitalgesellschaften, Tübingen 1949, S. 116; Brezing, FR 1979, S. 499 (499-502). Der BFH hat die Fiktionstheorie seit der Entscheidung Großen Senats vom 26.10.1987 GrS 2/86, BStBl. 88 II, 348 (354 ff.) aufgegeben und später durch seine neue Definition ersetzt.

II. Maßstab des ordentlichen Geschäftsleiters

Der Begriff der verdeckten Gewinnausschüttung im deutschen Recht ist dadurch gekennzeichnet, daß die Begünstigung des Gesellschafters aus dem Geschäftsabschluß mit der Gesellschaft im Gesellschaftsverhältnis veranlaßt sein muß. Nach der Rspr. ist dies im Regelfall anzunehmen, wenn die Gesellschaft bei Anwendung der Sorgfalt eines ordentlichen Geschäftsleiters den Vorteil einem fremden Dritten (unter sonst gleichen Umständen) nicht gewährt hätte (s. oben, S. 91 f.).

Das französische Unternehmenssteuerrecht kennt diesen Maßstab nicht. Es verfügt jedoch über ähnliche Maßstäbe zur Abgrenzung betrieblicher Zuwendungen von verdeckten Gewinnausschüttungen, so daß rechtsvergleichende Folgerungen möglich sind (s. oben, S. 111).

Der Maßstab des ordentlichen Geschäftsleiters wird im deutschen Schrifttum teilweise abgelehnt. Dabei stehen sich im wesentlichen eine subjektive[331] und objektive[332] Auffassung gegenüber.

1. Subjektive Auffassung im deutschen Schrifttum

Die subjektive Auffassung lehnt den Maßstab des ordentlichen Geschäftsleiters ab, weil er zu einer Art Sollbesteuerung führen könne[333].

Beispiel:

Dem Geschäftsführer unterläuft bei der Berechnung der Herstellungskosten eines Produktes ein vermeidbarer Kalkulationsirrtum und er verkauft dieses deshalb zu billig an fremde Dritte und an einen Anteilseigner.

Der Maßstab des ordentlichen Geschäftsleiters führe hier zur Annahme einer verdeckten Gewinnausschüttung, obwohl das Geschäft mit dem Anteilseigner nicht gesellschaftsrechtlich beeinflußt sei. Er sei daher für eine sachgerechte Abgrenzung zwischen betrieblich veranlaßten Zuwendungen und verdeckten Gewinnausschüttungen (Zuwendungen, die nicht betrieblich motiviert sind, sondern zum Zweck der Gewinnverteilung erfolgen) nicht geeignet. Diese sei vielmehr allein nach der Willensrichtung der Gesellschaft vorzunehmen, die aufgrund eines Indizienbeweises anhand der jeweiligen Umstände des Einzelfalles festzustellen sei. Dazu könne der Maßstab des ordentlichen Geschäftsleiters allenfalls als Denkhilfe herangezogen werden[334].

---

331 Vgl. insbesondere Pezzer, S. 41-43, 66-69, 90-92.

332 Vgl. insbesondere Bauschatz, Verdeckte Gewinnausschüttung und Fremdvergleich im Steuerrecht der GmbH, S. 51-57, 84.

333 Pezzer, S. 41-43.

334 Pezzer, S. 90-92.

2. Subjektive Auffassung im französischen Recht

Das französische Recht folgt der subjektiven Auffassung. Objektiv unangemessene Geschäfte sind nur dann als verdeckte Gewinnausschüttungen (anormale Geschäftsmaßnahmen) zu qualifizieren, wenn die Gesellschaft dadurch vorsätzlich Gesellschafter oder fremde Dritte begünstigt. Dies stellt die französische Rspr. anhand von Indizien fest (s. oben, S. 19, 20). Verfolgt die Gesellschaft dagegen betriebliche Interessen und begünstigt sie irrtümlich einen Gesellschafter oder Dritten bei einem Geschäftsabschluß, liegt keine verdeckte Gewinnausschüttung vor (s. oben, S. 19).

Im französischen Recht ist die subjektive Abgrenzung nach der Willensrichtung der Gesellschaft unumgänglich. Verdeckte Gewinnausschüttungen sind auch im Verhältnis zu Dritten möglich (s. oben, S. 26-29, 52-57). Würde hier das französische Recht nicht rein subjektiv nach der Willensrichtung der Gesellschaft abgrenzen, dann würde jedes „normale" Umsatzgeschäft, das sie irrtümlich zu ihrem Nachteil abschließt, eine verdeckte Gewinnausschüttung darstellen, wenn der Irrtum vermeidbar war.

3. Bedenken gegen die Übernahme des rein subjektiven Maßstabs in das deutsche Recht

Gegen die Übernahme des rein subjektiven Maßstabs in das deutsche Recht bestehen jedoch Bedenken. Verdeckte Gewinnausschüttungen sind im deutschen Recht nur an Gesellschafter möglich. Würden, wenn ein Geschäft einen Gesellschafter objektiv begünstigt, auch vermeidbare Irrtümer der Gesellschaft eine verdeckte Gewinnausschüttung ausschließen, dann entstünden dadurch Möglichkeiten zu schwer widerlegbaren Schutzbehauptungen. Bei Streitigkeiten um verdeckte Gewinnausschüttungen stehen oft erhebliche finanzielle Interessen auf dem Spiel. Außerdem wären Gesellschaften, die es im Geschäftsverkehr nicht „so genau nehmen", bessergestellt als sorgfältig handelnde Gesellschaften.

Demgegenüber ist die Gefahr von Irrtümern und Fehlvorstellungen bezüglich des Wertes von Lieferungen und Leistungen im professionellen Geschäftsverkehr als nicht sehr hoch zu veranschlagen. In Grenzfällen läßt auch der Maßstab des ordentlichen Geschäftsleiters Ausnahmen zu, da er von der Rspr. etwa ab 1989[335] nur noch als Regelmaßstab verwendet wird. Die subjektive Auffassung ist für den Bereich des deutschen Rechts somit abzulehnen.

4. Objektive Auffassung im deutschen Schrifttum

Nach der objektiven, insbesondere von Bauschatz[336] vertretenen Auffassung kommt es für das Vorliegen einer verdeckten Gewinnausschüttung allein auf die objektive Unausgewogenheit des Geschäfts zugunsten des Anteilseigners an. Das folge aus dem Zweck des Instituts der verdeckten Gewinnausschüttung, bei der Gesellschaft

---

[335] BFH, BStBl. 1989 II, 854 (855).

[336] S. Fn. 332.

den „richtigen" Gewinn zu ermitteln (§ 8 Abs. 3 S. 2 KStG). Da es um die Ermittlung des zutreffenden Gewinns bei der Gesellschaft gehe, seien im Rahmen des Fremdvergleichs nur die Bedingungen des Geschäfts zu berücksichtigen, die nach dem Vertragsinhalt Einfluß auf den Wert von Leistung und Gegenleistung haben sollten. Der Maßstab des ordentlichen Geschäftsleiters, der zusätzlich noch darauf abstelle, ob die Gesellschaft bei dem Geschäftsabschluß die Sorgfalt eines ordentlichen Geschäftsleiters eingehalten habe, führe sachfremde Erwägungen in die Abgrenzung ein[337].

Die objektive Angemessenheit des Geschäfts mit einem Anteilseigner sei anhand des Fremdvergleichsmaßstabs des § 1 AStG zu überprüfen (Vergleich mit einem unbeeinflußten Geschäft, das fremde Dritte unter gleichen Umständen abgeschlossen hätten). § 1 AStG enthalte als nationale Ausformung des international anerkannten Fremdvergleichsmaßstabs des Art. 9 Abs. 1 OECD-MA allgemeine Grundsätze für die Überprüfung gesellschaftsrechtlicher beeinflußter Geschäftsbeziehungen. Es gebe keinen sachlichen Grund dafür, diese Grundsätze auf die Überprüfung von Beziehungen zu Anteilseignern oder verbundenen Unternehmen mit Sitz im Ausland zu beschränken[338].

5. Rechtsvergleichende Beurteilung

a) Mißverständnis des Maßstabs des ordentlichen Geschäftsleiters durch die objektive Auffassung

Die objektive Auffassung ist abzulehnen. Sie mißversteht den Maßstab des ordentlichen Geschäftsleiters i. S. d. Rechtsprechung. Nach diesem Maßstab ist bei objektiver Unangemessenheit eines Geschäfts mit einem Anteilseigner (zu dessen Gunsten) für die Annahme einer verdeckten Gewinnausschüttung kein zusätzlicher Nachweis einer Sorgfaltspflichtverletzung der Gesellschaft erforderlich. Vielmehr wird diese aufgrund der objektiven Unangemessenheit des Geschäfts vermutet. Die Gesellschaft hat jedoch die Möglichkeit nachzuweisen, daß sie das Geschäft auch bei Anwendung der Sorgfalt eines ordentlichen Geschäftsleiters abgeschlossen hätte und es somit trotz objektiver Unangemessenheit keine verdeckte Gewinnausschüttung enthält. Der Maßstab des ordentlichen Geschäftsleiters ermöglicht dadurch der Gesellschaft insbesondere die Darlegung, daß die Abweichung von den Marktpreisen aufgrund ihrer spezifischen Interessenlage und Unternehmensstrategie gerechtfertigt ist und daher keine verdeckte Gewinnausschüttung darstellt.

b) Ähnlicher Maßstab im französischen Recht

Das französische Recht verwendet bei der Feststellung verdeckter Gewinnausschüttungen (anormaler Geschäftsführungsmaßnahmen) einen ähnlichen Rechtfertigungsgrund. Eine anormale Geschäftsführungsmaßnahme ist ausge-

---

337 Bauschatz, a. a. O., S. 51-57, 84 m. w. N.

338 Bauschatz, a. a. O., S. 48-50; Wassermeyer, DB 94, 1105 f. (1106-1109).

schlossen, wenn die Abweichung von den unter fremden Dritten üblichen Bedingungen im konkreten Interesse des Unternehmens, der von ihm getroffenen unternehmerischen Entscheidungen und der von ihm verfolgten Strategie gerechtfertigt ist (s. oben, S. 17, 18). Die gleiche Einschränkung gilt auch bei der Anwendung des Fremdvergleichsmaßstabs des Art. 57 CGI (s. oben, S. 34, 35)[339].

c) Erforderlichkeit einer normativen Ergänzung bzw. Korrektur des an dem tatsächlichen Verhalten fremder Dritter orientierten Fremdvergleichs

Ein am tatsächlichen Verhalten fremder Dritter orientierter Fremdvergleich bedarf typischerweise einer normativen Ergänzung oder Korrektur.

aa) Irrtum und Fehlmaßnahmen

Im Geschäftsleben kommen Irrtümer, Fehlentscheidungen und Veruntreuungen vor. Somit kann bei der Ermittlung des „angemessenen" Gewinns nicht allein auf die tatsächlich unter fremden Dritten unter gleichen Umständen vereinbarten Bedingungen abgestellt werden.

bb) Keine vergleichbaren Geschäfte

Nicht selten stehen wegen der Besonderheiten des Einzelfalls keine tatsächlich vergleichbaren Geschäfte fremder Dritter zur Verfügung.

cc) Individueller Ermessensspielraum jedes Unternehmens

Jedem Unternehmen steht für seine Geschäftsstrategie ein individueller und unwiederholbarer Ermessensspielraum zu. „Häufig liegt gerade in dem vom branchenüblichen abweichenden Verhalten das Geheimnis des Erfolgs eines Unternehmens."[340]

Aus diesen Gründen ist jeder am tatsächlichen Verhalten fremder Dritter orientierte Fremdvergleich durch hypothetische Überlegungen zu korrigieren bzw. zu ergänzen, welche Vereinbarungen das Unternehmen bzw. fremde Dritte angesichts der individuellen Unternehmensstrategie bei betriebswirtschaftlich vernünftiger und korrekter Verhaltensweise getroffen hätten. Diese normative Korrektur und Ergänzung gewährleistet in Deutschland der Maßstab des ordentlichen Geschäftsleiters und in Frankreich das Abstellen der Rspr. auf das konkrete Unternehmensinteresse der Gesellschaft[341].

---

339 Vgl. dazu insbesondere Le Gall, Quelques Réflexions sur L'„Arm's Length Principle", DF 92, 1941 f. (1943, 1944).

340 Wassermeyer, in: Debatin / Wassermeyer, DBA-Kommentar, Art. 9 OECD-MA, Rn. 125.

341 Le Gall, a. a. O.

d) Maßstäbe des ordentlichen Geschäftsleiters und des § 1 AStG – funktionsbedingte Ausprägungen eines einheitlichen Fremdvergleichsmaßstabs

Im übrigen trifft die verschiedentlich vertretene Auffassung[342] nicht zu, daß der Fremdvergleichsmaßstab des ordentlichen Geschäftsleiters nur auf die Sicht der Gesellschaft abstelle. Nach diesem Maßstab ist auf das von der Gesellschaft unter gleichen Umständen bei Einhaltung der Sorgfalt eines ordentlichen Geschäftsleiters abgeschlossene Geschäft abzustellen. Dieser Vergleichsmaßstab setzt voraus, daß das Geschäft auch aus der Sicht des fremden Dritten zustande gekommen wäre[343].

Daß die Rspr. bei dem Maßstab des ordentlichen Geschäftsleiters in erster Linie auf den betriebsinternen Fremdvergleich abstellt, erklärt sich daraus, daß es im nationalen Bereich in erster Linie um die Ermittlung des zutreffenden Gewinns der Gesellschaft geht. Bei der Überprüfung der Geschäftsbeziehungen zu verbundenen ausländischen Unternehmen (§ 1 AStG) steht dagegen die zutreffende Abgrenzung der Gewinne des inländischen und des verbundenen ausländischen Unternehmens und der darauf beruhenden Besteuerungsrechte der beteiligten Fisci im Vordergrund. Mit Rücksicht auf die Interessen des beteiligten ausländischen Fiskus ist im Regelfall auf den betriebsexternen Fremdvergleich abzustellen. Die Fremdvergleichsmaßstäbe des ordentlichen Geschäftsleiters und des § 1 AStG sind somit funktionsbedingte Ausprägungen eines einheitlichen Fremdvergleichsmaßstabs[344].

Eine ähnliche Auffassung wird in Frankreich vertreten zum Verhältnis zwischen der internen Gewinnberichtigungsregelung (Theorie der anormalen Geschäftsführungsmaßnahme) und der Korrekturvorschrift des Art. 57 CGI (s. oben, S. 35).

III. Ungleichbehandlung offener und verdeckter Gewinnausschüttungen beim Empfänger

1. Steuerliche Besserstellung der Empfänger verdeckter Gewinnausschüttungen im deutschen Recht

Im deutschen Recht kommt es zu einer steuerlichen Besserstellung verdeckter Gewinnausschüttungen im Vergleich zu offenen Gewinnausschüttungen beim Empfänger.

---

342 Vgl. insbesondere Wassermeyer, DB 94, 1105 (1107).

343 Gl. A. Flume, ZHR 1980, S. 19.

344 In diesem Sinne auch Baumhoff, Plädoyer für einen einheitlichen Fremdvergleichsmaßstab im deutschen Außensteuerrecht zur Beurteilung internationaler Verrechnungspreise, in: Festschrift für Hans Flick, Köln 1997, S. 633 f. (638-643), und Wassermeyer, Mehrere Fremdvergleichsmaßstäbe im Steuerrecht?, StbJb 1998/99, S. 157 f. (167, 168, 171, 172).

Beispiele:

1.[345]

Eine GmbH mit dem Alleingesellschafter A ist Eigentümerin eines Grundstücks. Der Buchwert des Grundstücks beträgt € 200.000, sein Verkehrswert € 300.000.

a) Alternative offene Gewinnausschüttung

Die GmbH verkauft das Grundstück im Jahr 2007 an einen fremden Dritten zum Preis von € 300.000. Dadurch erzielt sie einen Gewinn von € 100.000. Sie beschließt, diesen Gewinn offen auszuschütten.

Für A soll der ESt-Höchstsatz von 45 % unterstellt werden. Die Gewerbesteuer, der Solidaritätszuschlag und die Kapitalertragsteuer als Vorauszahlung auf die ESt sollen außer Betracht bleiben.

Bei der GmbH entsteht eine KSt von 25 % auf den Gewinn. Sie kann somit € 75.000 an A ausschütten. Bei diesem unterliegt die empfangene Nettodividende der ESt (45 %) im Halbeinkünfteverfahren. Es ergibt sich eine ESt-Schuld von € 16.875.

Die Summe der Steuern auf der Ebene der GmbH und des Anteilseigners beträgt € 41.875.

A verbleiben netto € 58.125.

b) Alternative verdeckte Gewinnausschüttung

Die GmbH verkauft das Grundstück im Jahr 2007 an A zum Kaufpreis von € 200.000. Die Übergabe und notarielle Übereignungserklärung (Auflassung) erfolgen bereits bei Abschluß des Kaufvertrages. In dem Verkauf liegt somit eine verdeckte Gewinnausschüttung an A von € 100.000. Sie ist dem Gewinn der GmbH zum Ende des Jahres hinzuzurechnen und unterliegt der KSt mit 25 %.

Bei A unterliegt die zugeflossene verdeckte Gewinnausschüttung im Betrag von € 100.000 der ESt (45 %) im Halbeinkünfteverfahren. Es ergibt sich eine ESt-Schuld von € 22.500.

Die Summe der Steuern auf der Ebene der GmbH und des Anteilseigners beträgt € 47.500.

A verbleiben netto € 77.500.

2.

An einer GmbH sind drei Gesellschafter zu je 33 ⅓ % beteiligt. Ein Gesellschafter, G, ist zum Geschäftsführer bestellt. Er bezieht im Jahr 2007 ein überhöhtes Geschäfts-

---

345 Fortführung des Beispiels der Fn. 285 (Steuerfolgen im KSt-Anrechnungssystem) mit den Steuerfolgen unter dem Halbeinkünfteverfahren.

führergehalt. Es ist in Höhe von € 100.000 als verdeckte Gewinnausschüttung zu qualifizieren.

Besteuerung des überhöhten Gehaltsteils von € 100.000
(ohne Gewerbesteuer, Kapitalertragsteuer und Solidaritätszuschlag)

	vor Aufdeckung als vGA	*als vGA*
a) GmbH		
KSt 25 %	*0, da Betriebsausgabe*	*25.000*
b) Gesellschafter		
ESt 45 %	*45.000*	
Halbeinkünfteverfahren		*22.500*
Summe der Steuern auf der Ebene der Gesellschaft und der Anteilseigner	*45.000*	*47.500*
Dem G verbleiben netto	*55.000*	*77.500*

Zu der steuerlichen Ungleichbehandlung offener und verdeckter Gewinnausschüttungen[346] kommt es dadurch, daß die h. M. die dem Anteilseigner zugeflossene verdeckte Gewinnausschüttung als Bemessungsgrundlage ansetzt und ihre Umqualifizierung in eine Bruttodividende mit der Verpflichtung des Empfängers, die darauf lastende KSt an die Gesellschaft zurückzuzahlen, nicht zuläßt[347]. Dadurch wird der Vorteil des Empfängers der verdeckten Gewinnausschüttung zu Lasten der Gesellschaft und der übrigen Gesellschafter noch vergrößert. Obwohl ihm dieser Vorteil allein zugeflossen ist, kommt er in Genuß des Halbeinkünfteverfahrens und kann die auf der verdeckten Gewinnausschüttung lastende KSt auf die Gesellschaft und damit mittelbar auf die anderen Gesellschafter abwälzen.

2. Steuerliche Bevorzugung der Empfänger verdeckter Gewinnausschüttungen gesellschaftsrechtlich unerwünscht

Die steuerliche Besserstellung des Empfängers einer verdeckten Gewinnausschüttung im Vergleich zur offenen Gewinnausschüttung ist gesellschaftsrechtlich unerwünscht. Sie verstärkt noch zusätzlich die Wirkungen des Verstoßes gegen die Gleichbehandlung aller Gesellschafter infolge der verdeckten Gewinnausschüttung[348].

---

346 Die Ungleichbehandlung im KSt-Anrechnungsverfahren ist auf S. 97 in der Fn. 285 dargestellt.

347 H. M., vgl. Pezzer, S. 114-117.

348 Baumbach / Hueck, GmbHG, 17. Aufl. 2000, § 29 GmbHG, Anm. 73 m. w. N.

3. Möglichkeit der Beseitigung der Ungleichbehandlung im französischen Recht durch Umqualifizierung der zugeflossenen verdeckten Gewinnausschüttung in eine Bruttodividende

Aus Gründen des Gesellschaftsrechts und der steuerlichen Gleichbehandlung wäre es daher erforderlich, steuerrechtlich eine Umqualifizierung der einem Anteilseigner zugeflossenen verdeckten Gewinnausschüttung in eine Bruttodividende zuzulassen, unter der Bedingung, daß der Anteilseigner die auf der verdeckten Gewinnausschüttung lastende KSt der Gesellschaft erstattet.

Das französische Recht läßt diese Umqualifizierung gem. Art. 77 L. Abs. 3-6 LPF zu unter der Bezeichnung Kaskadenvergütung = „bénéfice de la cascade" (s. oben, S. 85, 86). Diese Regelung existiert in Frankreich seit den 50er Jahren. Durch die Übernahme der Regelung in das deutsche Steuerrecht könnte die steuerliche Gleichbehandlung von offenen und verdeckten Gewinnausschüttungen verbessert werden.

IV. Verdeckte Gewinnausschüttungen an den beherrschenden Gesellschafter

1. Rechtslage in Deutschland

a) Voraussetzungen des Sonderrechts für den beherrschenden Gesellschafter

Für den Leistungsverkehr zwischen einer GmbH und dem beherrschenden Gesellschafter hat die deutsche Rspr. im Rahmen des Instituts der verdeckten Gewinnausschüttung ein Sonderrecht geschaffen. Es geht hierbei hauptsächlich um die steuerliche Anerkennung der Vergütungen, die eine GmbH dem beherrschenden Gesellschafter für an sie erbrachte Leistungen, vor allem für seine Geschäftsführertätigkeit, gewährt[349].

Vereinbarungen zwischen der GmbH und dem beherrschenden Gesellschafter werden von der Rspr. grundsätzlich nur anerkannt, wenn sie

aa) im voraus bei Begründung der jeweiligen Leistungsbeziehungen klar und eindeutig getroffen worden sind[350];

bb) zivilrechtlich wirksam sind und

cc) auch tatsächlich durchgeführt werden[351].

---

349 Dieses Sonderrecht gilt grundsätzlich nicht für Leistungsbeziehungen zwischen einer AG und einem beherrschenden Vorstandsmitglied, weil die AG jeweils durch den Aufsichtsrat vertreten wird (vgl. BFH BStBl. 1972 II, 438 [439, 440]; 1972 II, 436 [437]).

350 Bei Dauerschuldverhältnissen, insbesondere dem Geschäftsführer-Anstellungsverhältnis, darf allerdings eine jährliche Neuanpassung der Vergütung und sonstiger Vertragsbedingungen zum Beginn des jeweiligen Veranlagungszeitraums für die Zukunft erfolgen. Auch Gehaltsanpassungen innerhalb eines Veranlagungszeitraums werden von der Rspr. mit Wirkung ab dem Monat der Änderungsvereinbarung anerkannt. Rückwirkende Änderungen für vergangene Veranlagungszeiträume oder innerhalb eines Veranlagungszeitraums sind dagegen nicht zulässig (BFH in ständiger Rspr., vgl. z. B. BFH BStBl. 1972 II, 721; BStBl. 1997 II, 138 [139]).

Beherrschender Gesellschafter i. S. der Rechtsprechung ist, wer mehr als 50 % der GmbH-Anteile hält oder aus anderen Gründen auf die Gesellschaft einen beherrschenden Einfluß ausüben kann, z. B. ein Gesellschafter mit einer Beteiligung von 48 %, dem aufgrund einer Stimmrechtsvollmacht Stimmrechte für weitere 3 % der Anteile zustehen[352]. Verfolgen mehrere Gesellschafter mit Anteilen von jeweils unter 50 % im Hinblick auf das zu beurteilende Rechtsgeschäft mit der GmbH gleichgerichtete Interessen, dann werden ihre Anteile zusammengerechnet und gilt jeder dieser Gesellschafter hinsichtlich dieses Rechtsgeschäfts als beherrschend[353].

b) Rechtsfolgen

Werden die Anforderungen an Verträge mit einem beherrschenden Gesellschafter ganz oder teilweise nicht eingehalten, so nimmt die Rspr. grundsätzlich eine verdeckte Gewinnausschüttung auch dann an, wenn der Leistungsaustausch zu angemessenen Bedingungen erfolgt[354].

Nach der Rspr. begründet ein Verstoß gegen diese Anforderungen zwar nur eine widerlegbare Vermutung für eine verdeckte Gewinnausschüttung[355]. Bis etwa 1995 stellte sie jedoch an die Widerlegung dieser Vermutung so hohe Anforderungen, daß sich im Ergebnis die Wirkung einer unwiderlegbaren Vermutung ergab. Z. B. hat die Rspr. als Nachweis der betrieblichen Veranlassung einer dem beherrschen Gesellschafter-Geschäftsführer (Ges.-GF.) zum Jahresende zusätzlich gewährten Gratifikation nicht die Tatsache anerkannt, daß die leitenden Angestellten des Unternehmens aus betrieblichen Gründen zum Jahresende vergleichbare Gratifikationen erhalten hatten[356].

Später (etwa seit 1996) hat der BFH seine Rspr. jedoch geändert. Er versteht jetzt die besonderen formalen Voraussetzungen für Verträge mit dem beherrschenden Gesellschafter in Anlehnung an die Rspr. des BVerfG[357] nicht mehr „im Sinne von absoluten Tatbestandsvoraussetzungen“, sondern wertet ihre Nichteinhaltung nur noch als Indiz für eine verdeckte Gewinnausschüttung[358]. Die Rspr. läßt jetzt also die Widerlegung der Vermutung unter erleichterten Voraussetzungen zu.

---

351 BFH in ständiger Rspr., vgl. BFH BStBl. 1997 II, 138 (139) m. w. N.

352 BFH BStBl. 1974 II, 694.

353 BFH in ständiger Rspr., vgl. BFH BStBl. 1987 II, 459 (460); 1986 II, 469 (470); 1989 II, 522 (523).

354 S. Fn. 351.

355 Vgl. BFH BStBl. 1982 II, 761 (763).

356 BFH BStBl. 1974 II, 719 (720).

357 BVerfG Beschlüsse vom 07.11.1995 – 2 BvR 802/90 – BStBl. 1996 II, 34 (36) und vom 15.08.1996 – 2 BvR 3027/95, DB 96, 2470.

358 BFH 23.10.1996 I R 71/95, FR 97, 20 (21, 22); 29.10.1997 I R 24/97, NJW 1998, 2159 (2160).

In der Literatur wird das Sonderrecht für den beherrschenden Gesellschafter überwiegend abgelehnt[359].

c) Sinn und Zweck des Sonderrechts für den beherrschenden Gesellschafter

Die Rspr. hat das Sonderrecht aus folgenden Gründen entwickelt:

Beim beherrschenden Ges.-GF. fehlt der Interessengegensatz, der normalerweise bei Gehaltsvereinbarungen mit einem Geschäftsführer (ohne Mehrheitsbeteiligung) Manipulationen zu Lasten des Gesellschaftsgewinns verhindert. Er hat wegen seiner Stimmrechtsmajorität in der Gesellschaft auch die Möglichkeit, Leistungen an die Gesellschaft unentgeltlich zu erbringen. In diesem Fall erhält er eine Kompensation über seine Gewinnbeteiligung oder die Wertsteigerung seiner Anteile. Die besonderen Anforderungen der Rspr. sollen den beherrschenden Ges.-GF. dazu zwingen, bei Leistungsbeziehungen zur Gesellschaft von vornherein für Klarheit zu sorgen, ob es sich um einen unentgeltlichen Vorgang auf gesellschaftlicher Grundlage oder um einen entgeltlichen Vorgang wie unter Fremden handelt[360]. Andernfalls hätte er die Möglichkeit, den Gewinn der Gesellschaft nachträglich zu manipulieren.

Beispiel:

Der beherrschende Ges.-GF. arbeitet für die GmbH in einem Veranlagungszeitraum (VZ) zunächst unentgeltlich, weil sie über einen Verlustvortrag verfügt. Gegen Ende des VZ stellt er jedoch fest, daß sich die Ertragssituation unerwartet günstig entwickelt hat. Um die dadurch entstehende Gewerbesteuer zu vermeiden[361], bewilligt er sich rückwirkend eine Vergütung für diesen VZ, der den Gewinnüberschuß nach Abzug des Verlustvortrags wieder weitgehend reduziert[362].

Die nachträgliche Beeinflussung des bereits entstandenen Gewinns[363] ist als verdeckte Gewinnausschüttung zu qualifizieren.

Entsprechendes gilt nach Auffassung der Finanzverwaltung für Vereinbarungen zwischen verbundenen Unternehmen im Konzern[364].

---

359 Vgl. z. B. Knobbe-Keuk, S. 650-653; Frotscher: Verdeckte Gewinnausschüttung, DStJG Bd. 20, 1997, S. 204 ff. (235-241).

360 Vgl. Pezzer: Notwendige Reform der verdeckten Gewinnausschüttung, Steuerberaterkongreß-Report 1997, S. 63 (72-74); BFH BStBl. 1974 II, 719 (720); 1988 II, 590 (591).

361 Das Geschäftsführer-Gehalt unterliegt nicht der Gewerbesteuer.

362 Ein beherrschender Ges.-GF. kann, wenn er in der Satzung von den Beschränkungen des § 181 BGB befreit und dies im Handelsregister eingetragen ist und wenn außerdem die Satzung formlose Gesellschafterbeschlüsse zuläßt, jederzeit beliebige Vereinbarungen mit der GmbH im Rahmen seines Anstellungsverhältnisses treffen und abändern, z. B. jederzeit die Vergütungsregelung in seinem Anstellungsvertrag ändern. Das Stimmverbot des § 47 Abs. 4 S. 2 GmbHG gilt insoweit nicht (h. M., vgl. Baumbach / Hueck, GmbHG, 17. Aufl., § 35 GmbHG, Anm. 79, 80, § 46 GmbHG, Anm. 24, § 47 GmbHG, Anm. 54).

363 Vgl. Fischer in Hübschmann / Hepp / Spitaler, § 38 AO, Anm. 57, 60; BFH BStBl. 1984 II, 53.

Beispiel:

Eine ausländische Muttergesellschaft gewährt ihrer inländischen Tochtergesellschaft (T) Zuschüsse zu den von T im gemeinsamen Interesse durchgeführten Werbemaßnahmen nach Maßgabe der Entwicklung des Ergebnisses von T im laufenden VZ, um deren Gewinn möglichst niedrig zu halten.

2. Rechtslage in Frankreich

a) Kein Sonderrecht

Das französische Steuerrecht kennt im Rahmen des Instituts der anormalen Geschäftsführungsmaßnahmen kein Sonderrecht für den beherrschenden Gesellschafter. Grundsätzlich werden auch formlose Vereinbarungen zwischen der Gesellschaft und dem beherrschenden Gesellschafter steuerlich anerkannt[365]. Rückwirkende Vereinbarungen mit dem beherrschenden Gesellschafter, die den laufenden Veranlagungszeitraum betreffen, sind grundsätzlich steuerlich zulässig[366]. Es bestehen nur Dokumentationspflichten zur Kontrolle der Angemessenheit von Geschäftsführergehältern. Insbesondere müssen jeweils mit der jährlichen Körperschaftsteuererklärung die Gehälter der zehn bzw. fünf am besten bezahlten Generaldirektoren, Geschäftsführer und leitenden Angestellten mitgeteilt werden, wenn die Summe dieser Gehälter bestimmte Größenordnungen übersteigt (s. oben, S. 64, Fn. 194). In gleicher Weise müssen im Rahmen von Anstellungsverhältnissen eingeräumte geldwerte Vorteile mitgeteilt werden (s. oben, S. 62-63).

b) Zum Teil strengere zivil- und gesellschaftsrechtliche Anforderungen

Allerdings bestehen in Frankreich für Vereinbarungen mit dem beherrschenden Gesellschafter zivil- und gesellschaftsrechtlich zum Teil strengere Anforderungen als in Deutschland.

---

364 Grundsätze für die Prüfung der Einkommensabgrenzung bei international verbundenen Unternehmen, BMF-Schreiben vom 23.02.1983 IV C 5-S 1341-4/83, BStBl. 1983 I, 218 f., Tz. 1.4.1.; in diesem Sinne auch die Rspr. des BFH, der das Sonderrecht für den beherrschenden Gesellschafter auch für Leistungsbeziehungen zwischen der Gesellschaft und einer dem beherrschenden Gesellschafter nahestehenden Person anwendet. Vgl. BFH BStBl. 1989 II, 631 (632, 633); 1998 II, 402 (404).

365 Vgl. CE 23.10.1991, Nr. 71.791, 71.792-72.822, RJF 91, S. 869 (870), mit concl. Fouquet, RJF 91, S. 852 (855, 856).

366 Vgl. Les grands arrêts, 4. Aufl., thème 7, S. 305 f., Rn. 6, S. 316-318; Serlooten, La Fiscalité des Contrats d'affaires, Paris 1998, S. 70.

Rückwirkende Vereinbarungen, die einen abgelaufenen VZ betreffen, sind dagegen mit steuerlicher Wirkung nicht möglich (Les grands arrêts, 4. Aufl., thème 7, S. 305 f., Rn. 5, S. 312-316; Serlooten, La Fiscalité, a. a. O., S. 69, 70.

aa) Falls der beherrschende Ges.-GF. selbst nicht Kaufmann ist, bedarf der Anstellungsvertrag aus Beweisgründen der Schriftform (Art. 1341 C. Civ.)[367].

bb) Nach französischem Gesellschaftsrecht kann die Vergütung des SARL-Geschäftsführers in der Satzung oder durch Gesellschafterbeschluß geregelt werden. Üblicherweise erfolgt die Festsetzung durch Gesellschafterbeschluß. Dabei ist strittig und höchstrichterlich noch nicht eindeutig entschieden, ob ein Ges.-GF. bei der Festsetzung seines Gehalts mitstimmen darf oder ob ihm dies nach Art. L.223-19 Abs. 1 S. 3 C. Com. untersagt ist. In der Praxis enthält er sich daher bei der Festsetzung, Erhöhung oder sonstigen Änderungen seines Gehalts meistens der Stimme[368].

Bei einer Einmann-SARL ist allerdings der Ges.-GF. auch für die Festsetzung seines Gehalts zuständig. Ein Selbstkontrahierungsverbot besteht nicht, sondern nur die formale Anforderung, daß der Beschluß zur Festsetzung des Geschäftsführergehalts unverzüglich schriftlich in einem von der SARL zu führenden Register niedergelegt wird (Art. L.223-19 Abs. 3 i. V. m. Art. L.223-31 Abs. 3 C. Com.). Wird der Gesellschafterbeschluß nicht in dieser Weise registriert, kann seine Aufhebung von jedermann, der ein berechtigtes Interesse darlegt, durch Anfechtungsklage geltend gemacht werden (Art. L.223-31 Abs. 4 C. Com.).

Der Ges.-GF. einer Einmann-SARL kann sich somit auch noch zum Ende eines Kalenderjahres nachträglich für das abgelaufene Jahr mit steuerlicher Wirksamkeit ein Gehalt bewilligen oder dieses erhöhen.

cc) Sonstige Vereinbarungen zwischen dem beherrschenden Gesellschafter und der Gesellschaft über die Erbringung von Leistungen bedürfen der Zustimmung der Gesellschafterversammlung, da für Organe von Kapitalgesellschaften kein Selbstkontrahierungsverbot besteht. Der beherrschende Gesellschafter muß sich dabei der Stimme enthalten (Art. L.223-19 Abs. 1 C. Com.). Für den Ges.-GF. der Einmann-SARL gelten diese Beschränkungen aber ebenfalls nicht (Art. L.223-19 Abs. 3 C. Com.). Von diesen Beschränkungen sind ausgenommen laufende Geschäfte, die üblicherweise im Geschäftsbereich des Unternehmens zu normalen Bedingungen abgeschlossen werden (Art. L.223-20 C. Com.).

dd) Die Bewilligung von Darlehen durch den Ges.-GF. aus der Gesellschaftskasse an sich selbst ist generell verboten (Art. L.223-21 C. Com.).

---

367 Falls der Gegenstand des Vertrages 800 € übersteigt, was bei einem Anstellungsvertrag mit einem Geschäftsführer i. d. R. der Fall sein dürfte.

368 Vgl. Lamy, Sociétés Commerciales 2001, Rn. 2792, 2793 ; Lefebvre, Sociétés Commerciales 2004, Rn. 5404; CA Versailles, 20.09.1990, Bulletin Joly 1990, S. 1051 f.; Cass., Chambre Commerciale, 30.05.1989, JCP 1990, Ed. G. II 21405, mit Anm. Marteau-Petit; Cozian / Viandier / Deboissy, 16. Aufl., Rn. 1306.

3. Rechtsvergleichende Auswertung und Zusammenfassung

Der Vergleich mit dem französischen Recht bestätigt die Richtigkeit der neueren Rspr. des BFH, wonach ein Verstoß gegen die formalen Anforderungen des Sonderrechts für den beherrschenden Gesellschafter nur noch eine widerlegbare Vermutung für eine verdeckte Gewinnausschüttung begründet. Das französische Recht kommt vollständig ohne dieses Sonderrecht aus. Allerdings bestehen im französischen Recht zum Teil weitergehende zivil- und gesellschaftsrechtliche Anforderungen an Vereinbarungen des beherrschenden Ges.-GF. mit der SARL. Diese gelten aber – abgesehen von dem Verbot von Darlehensgewährungen aus der Gesellschaftskasse – nicht für den Ges.-GF. einer Einmann-SARL.

V. Geschäfte des Gesellschafters im Geschäftsbereich der GmbH, insbesondere Verwertung von Geschäftschancen der Gesellschaft

1. Rechtslage in Deutschland

a) Das Problem

Nach der deutschen Rspr. können sich auch dann verdeckte Gewinnausschüttungen ergeben, wenn ein Gesellschafter im Geschäftsbereich der Gesellschaft für eigene Rechnung Geschäfte macht. Es geht hier in erster Linie um Eigengeschäfte des beherrschen Gesellschafter-Geschäftsführers (Ges.-GF.) einer GmbH[369]. Die Darstellung soll auf diesen Problembereich beschränkt werden.

Der beherrschende Ges.-GF. einer GmbH hat wegen des fehlenden Interessengegensatzes zwischen ihm und seiner GmbH die Möglichkeit, den Gewinn der GmbH dadurch zu manipulieren, daß er Geschäfte der GmbH für eigene Rechnung abschließt. Dadurch kann er einseitig die Vorteile der Rechtsform der GmbH gegenüber dem Einzelunternehmen ausnutzen (insbesondere Haftungsbeschränkung, steuerliche Abzugsfähigkeit des Geschäftsführergehalts und der Geschäftsführer-Pensionsrückstellungen), aber damit verbundene Nachteile vermeiden.

Der Anreiz für solche Manipulationen war infolge der Unternehmenssteuerreform 2001 zunächst zurückgegangen (Senkung des KSt-Satzes auf 25 %). Er besteht aber nach wie vor[370] und wird sich voraussichtlich nach der Senkung des ESt-Höchstsatzes auf 42 % im Jahr 2005 wieder verstärken.

---

369 Bei einer größeren GmbH mit unterschiedlichen Gesellschaftergruppen oder bei einer AG verhindert i. d. R. die Kontrolle durch die anderen Gesellschafter bzw. den Aufsichtsrat, daß der Geschäftsführer oder Vorstand treuwidrig Geschäftschancen der Gesellschaft für eigene Rechnung ausnutzt, ohne deswegen von der Gesellschaft auf Schadenersatz oder Vorteilsherausgabe in Anspruch genommen zu werden. S. dazu unten, S. 131, 132.

370 Z. B. um eine Verrechnung mit Verlusten aus anderen Einkünften des Ges.-GF. zu ermöglichen.

b) Frühere Rechtsprechung

Wegen der Gefahr von Gewinnmanipulationen hatte die frühere Rspr. des BFH Eigengeschäfte des beherrschenden Ges.-GF. im Geschäftsbereich der GmbH nur dann anerkannt, wenn er zuvor mit der GmbH eine Abgrenzungsvereinbarung (z. B. in seinem Anstellungsvertrag) abgeschlossen hatte, in der seine Tätigkeiten für die GmbH und für eigene Rechnung klar und eindeutig voneinander abgegrenzt waren. Fehlte eine solche Vereinbarung, rechnete die Rspr. die Tätigkeit für eigene Rechnung und das dafür bezogene Entgelt der GmbH zu mit der Folge, daß es als verdeckte Gewinnausschüttung zu qualifizieren war[371].

Diese Rspr. war jedoch verfassungsrechtlich bedenklich. Sie rechnete der GmbH fiktiv die Ergebnisse aus Geschäften zu, die der Ges.-GF. in eigenem Namen und für eigene Rechnung abgeschlossen hatte[372]. Diese sind ihm jedoch im Außenverhältnis (grundsätzlich) zivil- und steuerrechtlich selbst zuzurechnen. Er macht sich dadurch nur u. U. im Innenverhältnis gegenüber der GmbH schadenersatzpflichtig.

c) Rechtsprechung von 1987-1995

aa) Gewinnkorrektur mit Hilfe des zivilrechtlichen Wettbewerbsverbots

Der BFH hat daher etwa seit 1987 seine Rspr. geändert und Manipulationen des GmbH-Gewinns durch Eigengeschäfte des Ges.-GF. mit anderen Begründungen korrigiert. Er hat dazu zunächst das zivilrechtliche Wettbewerbsverbot herangezogen[373].

Der GmbH-Geschäftsführer, gleichgültig ob Fremd- oder Gesellschafter-Geschäftsführer, unterliegt im Verhältnis zur GmbH einem umfassenden gesetzlichen Wettbewerbsverbot[374]. Danach ist ihm grundsätzlich jedes Geschäft für eigene Rechnung im Geschäftsbereich der GmbH untersagt. Dieses Verbot folgt aus der Verpflichtung des Geschäftsführers, alle sich bietenden geschäft-

---

371 Vgl. BFH, BStBl. 1971 II, 352; 1981 II, 448 (449); 1983 II, 487 (489).

372 Vgl. Thiel, DStR 93, 1801 ff. (1801).
Eine richterliche Sachverhaltsfiktion ohne besondere gesetzliche Ermächtigung verstößt gegen das Rechtsstaatsprinzip und Art. 3 GG (s. dazu oben, S. 117, Fn. 339).

373 Die frühere Rspr., wonach bei Fehlen einer vorherigen Abgrenzungsvereinbarung das betreffende Eigengeschäft des Ges.-GF. zwingend der GmbH zuzurechnen war, wurde vom BFH in der Zwischenzeit (etwa seit 1995) aufgegeben; vgl. BFH-Urteile vom 30.08.1995 – I R 155/94, FR 95, 905 (906), und vom 13.11.1996 – I R 149/94, FR 97, 269 (270). Die Finanzverwaltung wendet aber die Grundsätze der früheren Rspr. bisher weiterhin an (Erlaß des BMF vom 04.02.1992 - IV B 7 - S 2742 - 6/92, BStBl. 1992 I, 137 mit Ergänzungen BStBl. 1993 I, 24 und BStBl. 1993 I, 556).

374 H. M.; vgl. Baumbach / Hueck, § 35 GmbHG, Anm. 22, 22a m. w. N.

lichen Chancen im Geschäftsbereich der GmbH für diese zu nutzen. Diese wiederum ergibt sich aus seiner Organstellung[375]:

Auf der Grundlage des Wettbewerbsverbots hat der BFH die infolge von Eigengeschäften notwendige Gewinnkorrektur bei der GmbH folgendermaßen begründet:

Wenn der Ges.-GF. im Geschäftsbereich der GmbH für eigene Rechnung Geschäfte macht, verletze er das für ihn geltende Wettbewerbsverbot. Für die Gesellschaft ergebe sich daraus wahlweise ein Anspruch auf Schadenersatz oder auf Herausgabe des erzielten Erlöses (Rechtsgedanke aus § 113 Abs. 1 HGB und § 88 Abs. 2 S. 2 AktG)[376].

Mache die Gesellschaft keinen dieser Ansprüche geltend[377], liege in dem Verzicht auf den jeweils weitergehenden Anspruch eine verdeckte Gewinnausschüttung[378].

Die Begründung des BFH wäre zutreffend, wenn der beherrschende Ges.-GF. durch den Abschluß eines Eigengeschäfts im Geschäftsbereich der GmbH tatsächlich immer ein Wettbewerbsverbot verletzen würde[379].

bb) Wegfall der Grundlage für die Gewinnkorrektur mit Hilfe des Wettbewerbsverbots durch die Rechtsprechung des BGH

Das Wettbewerbsverbot kann jedoch im Einzelfall wegen Befreiung durch die restlichen Gesellschafter entfallen[380]. Vor allem hat der BGH 1992 entschieden, daß der Alleingesellschafter oder Alleingesellschafter-Geschäftsführer im Ver-

---

375 Dem Geschäftsführer sind die Interessen der GmbH anvertraut. Er hat somit alles unter den jeweiligen Umständen Gebotene zu tun, um die geschäftlichen Interessen der GmbH zu fördern. H. M.; vgl. Baumbach / Hueck, § 35 GmbHG, Anm. 20.

376 H. M.; vgl. Baumbach / Hueck, § 35 GmbHG, Anm. 22, 22a m. w. N.

377 In der Regel wird die Gesellschaft den beherrschenden Gesellschafter-Geschäftsführer wegen seiner in ihrem Geschäftsbereich für eigene Rechnung abgeschlossenen Geschäfte nicht auf Schadenersatz oder auf Herausgabe des Erlöses in Anspruch nehmen.

378 BFH, ständige Rspr. von 1987-1995, vgl. BFH, BStBl. 1987 II, 461 (462); 1989 II, 633 (635); 1989 II, 673 (674); 1990 II, 595 (597).

379 Verzichtet die Gesellschaft ohne betriebliche Gründe auf einen Geldleistungsanspruch gegen einen Gesellschafter, dann läuft das auf das gleiche hinaus, wie wenn sie dem Gesellschafter Vermögenswerte aus dem Gesellschaftsvermögen ohne Gegenleistung übertragen würde, erfolgt also eine verdeckte Gewinnausschüttung.

380 Dafür ist grundsätzlich eine Satzungsänderung erforderlich oder ein Mehrheitsbeschluß der Gesellschafterversammlung, wenn in der Satzung die Möglichkeit der Befreiung von dem Wettbewerbsverbot bereits vorgesehen ist. Der betroffene Ges.-GF. unterliegt insoweit einem Stimmverbot (§ 47 Abs. 4 S. 1 GmbHG; h. M.; vgl. Baumbach / Hueck, § 35 GmbHG, Anm. 23). Die Befreiung kann aber auch durch konkludente Zustimmung sämtlicher Gesellschafter erfolgen, wenn ihnen die Konkurrenztätigkeit des Ges.-GF. nach Art und Umfang im wesentlichen bekannt ist und sie dagegen nichts einwenden (h. M.; vgl. Baumbach / Hueck, § 35 GmbHG, Anm. 23; Röhricht, WPG 1992, 766 ff. (782).

hältnis zur GmbH keinem Wettbewerbsverbot unterliegt[381]. Seine Interessen sind mit denen der GmbH identisch. Soweit nicht Gläubigerinteressen gefährdet sind, beeinträchtigt seine Konkurrenztätigkeit somit keine Interessen der GmbH[382].

1993 hat der BGH diese Entscheidung noch dahingehend ergänzt, daß auch in einer mehrgliedrigen GmbH die Geschäftsführer im Verhältnis zur GmbH keinem Wettbewerbsverbot unterliegen, wenn sämtliche Gesellschafter zu Geschäftsführern bestellt sind und in bezug auf die Konkurrenztätigkeit einvernehmlich handeln[383].

Diese Rspr. des BGH hat zur Konsequenz, daß gerade in den Fällen, in denen eine besondere Gefahr von Gewinnmanipulationen besteht, nämlich bei konkurrierenden Tätigkeiten des Alleingesellschafter-Geschäftsführers oder des beherrschenden Ges.-GF. einer mehrgliedrigen GmbH, der mit den restlichen Gesellschaftern gleichgerichtete Interessen verfolgt, kein zivilrechtliches Wettbewerbsverbot verletzt wird.

d) Rechtsprechung ab 1995

Der BFH hat deshalb seine Rspr. nochmals seit einer Entscheidung vom 30.08.1995 – I R 155/94, FR 1995, 905 (906) geändert.

Nach der geänderten Rspr. ab 1995 ist eine verdeckte Gewinnausschüttung an den beherrschenden Ges.-GF. auch dann anzunehmen, wenn er kein Wettbewerbsverbot verletzt, aber bei einem Eigengeschäft konkrete Geschäftschancen der GmbH für eigene Rechnung verwertet, die die GmbH bei Anwendung der Sorgfalt eines ordentlichen und gewissenhaften Geschäftsleiters entweder selbst nutzen oder fremden Dritten nur gegen Entgelt überlassen würde. Solche Geschäftschancen der GmbH können sich z. B. ergeben aus ihr erteilten Aufträgen, geschäftlichem Know-How, vertraulichen Informationen oder sonstigen Ressourcen der GmbH[384].

---

381 BGH, 28.09.1992 – II ZR 299/91, NJW 1993, 193 (194).

382 BGH, a. a. O.
Eine Gefährdung von Gläubigerinteressen kommt nur dann in Betracht, wenn die GmbH ihr Stammkapital ganz oder teilweise verloren hat, so daß die Konkurrenztätigkeit der Haftungsmasse für die Gläubiger Chancen auf Vermögenszuwächse entzieht.

383 BGH, 10.05.1993 – II ZR 74/92, GmbHR 1993, 427.

384 Vgl. BFH-Urteile vom 11.06.1996 – I R 97/95, FR 1996, 834; vom 13.11.1996 – I R 149/94, FR 1997, 269; vom 12.06.1997 – I R 14/96, FR 1997, 773.

aa) Eigenständiger steuerlicher Geschäftschancenbegriff

Die Entwicklung der neuen Rspr. ist noch nicht abgeschlossen[385]. Sie hat einen eigenständigen steuerlichen Geschäftschancenbegriff eingeführt, der von dem zivilrechtlichen i. S. der sog. Geschäftschancenlehre[386] zu unterscheiden ist.

Konkrete Geschäftschancen i. S. der neuen BFH-Rspr. sind nur solche Geschäftschancen, die sich bereits zu verwertbaren wirtschaftlichen Positionen der Gesellschaft verfestigt haben. Das folgt aus der Voraussetzung, daß eine Geschäftschance vorliegen muß, die die Gesellschaft bei Anwendung der Sorgfalt eines ordentlichen Geschäftsleiters einem Dritten nur gegen Entgelt überlassen würde.

Grundsätzlich können Geschäftschancen, die sich im Geschäftsbereich der GmbH ergeben, noch nicht ihrem Vermögen zugerechnet werden, weil die Gesellschaft daran noch keine ausreichende Verfügungsgewalt besitzt[387]. Die Wahrnehmung sich bietender Geschäftschancen steht prinzipiell jedermann frei[388]. Der GmbH-Geschäftsführer ist lediglich aufgrund seiner Treuepflicht gegenüber der GmbH gehalten, alle in ihrem Geschäftsbereich sich bietenden Geschäftschancen für diese wahrzunehmen. Diese Treuepflicht besteht aber nicht für den Alleingesellschafter-Geschäftsführer und den Ges.-GF. einer mehrgliedrigen GmbH, dem die restlichen Gesellschafter die Verwertung der Geschäftschance für eigene Rechnung gestatten bzw. dagegen keine Einwendungen erheben[389].

Unter bestimmten Voraussetzungen können sich bestimmte Geschäftschancen im Geschäftsbereich der GmbH aber schon zu verwertbaren wirtschaftlichen Positionen verfestigt haben, die ihrem Vermögen zuzurechnen sind. Das kann nur anhand des jeweiligen Einzelfalls festgestellt werden und ist immer dann der Fall, wenn der Geschäftsverkehr der konkreten Geschäftschance der GmbH bereits einen Wert beimißt, weil aus ihr mit Wahrscheinlichkeit ein Vermögenszuwachs zu erwarten ist. Steuerrechtlich gelten als Wirtschaftsgüter auch tatsächliche Zustände, konkrete Möglichkeiten und Vorteile für den Betrieb, deren Erlangung sich der Kaufmann etwas kosten läßt und die nach der Verkehrsauffassung einer besonderen Bewertung zugänglich sind[390].

---

[385] Vgl. Wassermeyer, DStR 1997, 681 (685); Pezzer in Tipke / Lang, 17. Aufl., S. 462. Daneben gilt auch die alte Rspr. zur Entstehung verdeckter Gewinnausschüttungen durch Verletzung eines zivilrechtlichen Wettbewerbsverbotes weiter. Ihr kommt aber aus den o. a. Gründen nur noch eingeschränkte Bedeutung zu.

[386] S. dazu Baumbach / Hueck, § 35 GmbHG, Anm. 22 m. w. N.

[387] Gl. A. Döllerer, BB 1967, 1437 ff. (1439).

[388] Das folgt aus der in unserer Rechtsordnung vorausgesetzten Wettbewerbsfreiheit, s. Fn. 267; gl. A. Röhricht, WPG 1992, 766 ff. (775).

[389] S. dazu oben, S. 132.

[390] Vgl. BFH, BStBl. 1987 II, 14; 1978 II, 370 (371); GrS, BStBl. 1970 II, 382 (383).

Allein die Ausnutzung derartiger bereits zu wirtschaftlichen Positionen der GmbH verfestigten konkreten Geschäftschancen durch den Ges.-GF. kann eine verdeckte Gewinnausschüttung begründen, weil die Gesellschaft nur solche Geschäftschancen einem fremden Dritten gegen Entgelt überlassen könnte[391]. Anderenfalls bestünde auch ein Widerspruch zur Rspr. des BGH, wonach für den Ges.-GF. einer GmbH, soweit er Alleingesellschafter ist oder mit den anderen Gesellschaftern einvernehmlich handelt, keine Treuepflicht besteht[392].

bb) *Dem Vermögensbereich der GmbH zuzuordnende Geschäftschancen auch ohne rechtliche Absicherung*

Konkrete Geschäftschancen i. S. der neuen BFH-Rspr. können bereits rechtlich abgesichert sein. Das ist z. B. der Fall bei Aufträgen, die der GmbH in ihrem Geschäftsbereich erteilt wurden und zu deren Ausführung sie über ausreichende sachliche und personelle Kapazitäten verfügt[393]. Den Auftragsbeständen der GmbH wird im Geschäftsverkehr ein selbständiger Wert beigemessen.

Konkrete Geschäftschancen der GmbH können aber auch schon dann vorliegen, wenn noch keine rechtliche Absicherung gegeben ist. Das ist z. B. der Fall, wenn die GmbH über wertvolles ungeschütztes Know-How verfügt, das sie wirtschaftlich verwerten kann, oder wenn sie aus ihrer Geschäftsbeziehung mit Wahrscheinlichkeit einen Anschlußauftrag erwarten kann, für den sie schon erhebliche Aufwendungen gemacht hat[394]. Die Aussicht auf diesen Anschlußauftrag würde bei einer Geschäftsveräußerung honoriert werden.

cc) *Typische Fälle der Geschäftschancenausnutzung*

Die Ausnutzung konkreter Geschäftschancen der GmbH durch den Ges.-GF. kann im wesentlichen auf zwei Arten erfolgen:

α) Der Ges.-GF. wird im Geschäftsbereich der GmbH selbst als Hauptunternehmer tätig und verwertet dabei konkrete Geschäftschancen der GmbH. Er verkauft z. B. wertvolles geschäftliches Know-how, das er im Rahmen seiner Geschäftsführertätigkeit für die GmbH erworben hat, für eigene Rechnung an fremde Dritte[395] oder übernimmt einen Anschlußauftrag aus Geschäftsbeziehungen der GmbH für eigene Rechnung.

Wenn die GmbH in diesen Fällen die Geschäftschancen einem fremden Dritten bei Anwendung der Sorgfalt eines ordentlichen Geschäftsleiters

---

391 Gl. A. Schulze-Osterloh, StuW 1994, 131 (133).

392 S. dazu oben, S. 132.

393 Vgl. Thiel, DStR 1993, 1801 (1804).

394 Gl. A. BFH, 11.06.1996, a. a. O., FR 1996, 834 (835); Thiel, a. a. O.; Fleischer, DStR 99, 1249 ff. (1253, 1254).

395 BFH, 11.06.1996, a. a. O., FR 1996, 834 (835).

nur gegen Entgelt überlassen hätte, liegt in ihrer Ausnutzung durch den Ges.-GF. jeweils eine verdeckte Gewinnausschüttung[396].

β) Der GmbH wird in ihrem Geschäftsbereich ein Auftrag erteilt, zu dessen Ausführung sie selbst über ausreichende sachliche und personelle Kapazitäten verfügt. In diesem Fall ist von einer Geschäftschance der GmbH auszugehen. Sie beauftragt damit jedoch ihren Ges.-GF. als Subunternehmer, der ihr dafür seine Kosten einschl. seines Unternehmergewinns in Rechnung stellt. Darin liegt die Überlassung einer Geschäftschance der GmbH, wenn sie den Auftrag selbst mit eigenen sachlichen und personellen Mitteln hätte kostengünstiger ausführen können. Ihr Wert besteht in dem der GmbH dadurch entgangenen Gewinn[397].

dd) Rechtliche Einordnung der neuen Rechtsprechung

Verdeckte Gewinnausschüttungen durch Verwertung konkreter Geschäftschancen i. S. der neuen BFH-Rspr. stellen verdeckte Gewinnausschüttungen nach allgemeinen Grundsätzen dar. Es handelt sich um die Überlassung von Vermögensvorteilen aus dem Gesellschaftsvermögen an einen Gesellschafter ohne angemessenes Entgelt.

ee) Kritik des Schrifttums

Die neue Rspr. des BFH wird im Schrifttum teilweise mit folgender Begründung kritisiert:

Soweit konkrete Geschäftschancen der GmbH rechtlich noch nicht abgesichert sind, sei der Allein-Ges.-GF., für den keine Treuepflicht und kein Wettbewerbsverbot besteht, gegenüber der GmbH zu ihrer Nutzung berechtigt. Die Verwertung für eigene Rechnung stelle somit keine verdeckte Gewinnausschüttung dar. Entsprechendes gelte für den beherrschenden Ges.-GF., der mit den restlichen Gesellschaftern gleichgerichtete Interessen verfolgt[398].

Dazu ist rechtsvergleichend Stellung zu nehmen.

2. Rechtslage in Frankreich

Im französischen Recht sind bisher nur wenige Fälle der Ausnutzung von Geschäftschancen einer Kapitalgesellschaft durch Ges.-GF. oder Gesellschafter entschieden worden[399]. Die Besteuerung war in Frankreich unter der Geltung des KSt-Anrech-

---

396 S. Fn. 395.

397 BFH, 13.11.1996, a. a. O., FR 1997, 269 (271).

398 Vgl. Schön, in: Festgabe für Werner Flume, a. a. O., S. 278-280; Lawall, NJW 1997, 1742 (1745, 1746).

399 In einem 1981 entschiedenen Fall hatte der Ges.-GF. eines bekannten Modefriseursalons in der Rechtsform einer SARL auf eigene Rechnung an Werbeveranstaltungen eines anderen Unternehmens mitgewirkt, das dadurch von der Werbewirksamkeit des Friseursalons profitierte. Der CE hat die daraus dem Ges.-GF. zugeflossenen Honorare der SARL zugerechnet, weil er für

nungssystems bis zum 31.12.2004 und auch noch nach Einführung des Halbeinkünfteverfahrens bis zum 31.12.2005 im allgemeinen günstiger, wenn die Geschäfte über die SARL abgewickelt wurden (KSt-Satz einschließl. Zuschläge ca. 35,4 % [VZ 2004], 34,93 % [VZ 2005] ESt-Höchstsatz für ein Einzelunternehmen dagegen 48,09 % bis Ende VZ 2005)[400]. Bei einer freiberuflichen SARL kann und konnte durch Geschäfte für eigene Rechnung auch nicht die taxe professionnelle vermieden werden, weil ihr auch freiberufliche Unternehmen unterliegen[401].

In Frankreich wurde jedoch bereits die Frage entschieden, ob die unentgeltliche Ausnutzung einer rechtlich nicht abgesicherten Geschäftschance der Gesellschaft durch einen Teil der Gesellschafter als verdeckte Gewinnausschüttung (anormale Geschäftsführungsmaßnahme) zu qualifizieren ist[402].

a) Sachverhalt der Entscheidung des CE vom 03.06.1992

Eine SA mit dem Sitz in Vienne (südlich von Lyon), die die Herstellung von Wollgarnen und Kunstfasern zum Gegenstand hatte, übernahm im Juni 1970 ein überschuldetes und konkursreifes Unternehmen der Textilbranche (Weberei, Färberei und Spinnerei) in der Rechtsform einer SARL mit dem Sitz im Departement Tarn (bei Toulouse). Sämtliche Aktien der SA befanden sich in der Hand von acht Aktionären, die alle der gleichen Familie angehörten. Geschäftsführer und Gesellschafter der SARL waren zwei Brüder zu gleichen Teilen.

Die SARL und ihre Gesellschafter hatten im Jahre 1969 mit ihren Gläubigern eine außergerichtliche Vereinbarung abgeschlossen, die vorsah, daß zur Tilgung der das Aktivvermögen übersteigenden Schulden der Betrieb liquidiert und die Gesellschafter darüber hinaus ihr Privatvermögen zur Verfügung stellen würden. Bei Durchführung dieser Vereinbarung hätten die Gesellschafter ihr wesentliches Privatvermögen verloren. Nach dem damals in Frankreich geltenden Insolvenzrecht bestand im Falle des Zusammenbruchs einer Kapitalgesellschaft wegen Überschuldung eine gesetzliche Vermutung für ein Verschulden der Geschäftsführer an dem Eintritt der Überschuldung, das ihre persönliche

---

seine Mitwirkung an den Werbeveranstaltungen Personal und sachliche Mittel der SARL hinzugezogen hatte. Außerdem war die Geschäftskorrespondenz in dieser Angelegenheit an den Sitz der SARL adressiert worden (CE 25.11.1981, Nr. 11.383, DF 82 com. 680, S. 495 ff. (497, 499).

400 S. dazu oben, S. 5, 6.

401 Art. 1447 CGI; vgl. Cozian, 28. Aufl., Rn. 985-988. Die taxe professionnelle ist eine Gemeindesteuer auf die Ertragskraft von Betrieben und teilweise mit der deutschen Gewerbesteuer vergleichbar.

402 CE 03.06.1992, Nr. 73.236, DF 1992 com. 2151, mit concl. Fouquet.

Haftung für die Schulden der Gesellschaft begründete (Art. 99 L. 13 juill. 1967)[403].

Aufgrund der Liquidationsvereinbarung wurden die drei Teilbetriebe Weberei, Färberei und Spinnerei der SARL bis Anfang 1970 sukzessive stillgelegt. Die Vereinbarung brauchte dann aber nicht weiter durchgeführt zu werden, weil die SA die SARL übernahm.

Die SA investierte in den Betrieb der SARL neue Mittel in Höhe von FF 850.000 im Wege einer Kapitalerhöhung und in Höhe von FF 670.000 durch Gewährung eines Darlehens. Sie setzte den Teilbetrieb der Spinnerei wieder in Gang und führte ihn im Rahmen ihres Unternehmens fort. Dadurch gelang es, die SARL zu sanieren und ihre Überschuldung Ende 1970 zu beseitigen. Das Reinvermögen der SARL stieg von ca. FF 0 Ende 1970 auf FF 832.435 Ende 1971 und FF 2.057.000 Ende 1972.

Infolge der Kapitalerhöhung, wodurch das Stammkapital der SARL von FF 3.000.000 auf FF 3.850.000 erhöht wurde, erhielt die SA eine Beteiligung von 22,08 %. Die Altgesellschafter blieben mit 77,92 % an der SARL beteiligt. Anschließend wurde das Stammkapital zur Beseitigung des Verlustvortrages auf FF 38.500 herabgesetzt (mit 385 Anteilen zu je 100 FF). Die Verhältnisse der Beteiligungen der SA und der Altgesellschafter blieben dabei unverändert.

Da die SA durch die Kapitalzuführung, Sanierung und Fortführung des Betriebes der SARL die Altgesellschafter vor dem Einsatz ihres Privatvermögens im Rahmen des zunächst vorgesehenen Liquidationsvergleichs bewahrte, hatte sie die Möglichkeit, von diesen als Gegenleistung die unentgeltliche Übertragung ihrer Anteile zu verlangen. Vor Beginn der Sanierungsmaßnahmen waren diese Anteile wertlos. Die SARL war überschuldet und mit ihrer bisherigen Leitungs- und Gesellschafterstruktur nicht überlebensfähig. Die Übernahme der Anteile lag jedoch im Interesse der SA, weil sie allein die Sanierung und die damit verbundenen Risiken übernahm und daher sicherstellen mußte, daß auch ihr allein der Erfolg dieser Maßnahmen zugute kommen würde.

Die SA verzichtete jedoch auf diese Möglichkeit. Statt dessen erwarben sechs ihrer acht Aktionäre die Anteile der Altgesellschafter. Am 20.07.1971 verkaufte der Nachlaß eines der Altgesellschafter, der verstorben war, dessen Anteile an die sechs Aktionäre zum symbolischen Kaufpreis von 1 centime (FF 0,01) pro Anteil. Am 13.11.1972 übertrug der andere Altgesellschafter seine Anteile an die sechs Aktionäre zum gleichen Preis.

Nach dem Erfolg der Sanierungsmaßnahmen wurde das Kapital der SARL am 26.10.1973 aus Gesellschaftsmitteln auf das Dreifache erhöht (Erhöhung von

---

403 Vgl. Guyon, Tome 2, Entreprises en difficultés, Redressement judiciaire, Faillite, 3. Aufl., Paris 1991, Rn. 1371-1373, S. 415-418; Hübner / Constantinesco, Einführung in das französische Recht, 3. Aufl., München 1994, § 29, 3. b), S. 240, 241.

FF 38.500 auf FF 115.500, eingeteilt in 1.155 Anteile im Nennbetrag von FF 100). Dadurch erhielt jeder Gesellschafter zu jedem alten Anteil zusätzlich zwei neue Anteile. Anschließend wurde die SARL am 27.10.1973 in eine SA umgewandelt, wobei das bisherige Nennkapital und der Nennbetrag der Anteile unverändert blieben, sich also ein Grundkapital von FF 115.500, eingeteilt in 1.155 Aktien im Nennbetrag von FF 100, ergab.

Am 26.12.1973 verkauften die sechs Aktionäre ihre Anteile an der früheren SARL an die SA zum Preis von FF 1.700 pro Aktie. Dadurch ergab sich für jeden Altanteil an der früheren SARL ein Verkaufspreis von FF 5.100 (die Altanteile an der SARL waren in je drei Aktien umgewandelt worden). Der Verkaufspreis der Aktien entsprach ihrem damaligen Verkehrswert. Durch den Erfolg der Sanierungsmaßnahmen war der Unternehmenswert der aus der SARL entstandenen SA entsprechend gestiegen.

Die sechs Aktionäre erzielten insgesamt einen Veräußerungsgewinn von FF 1.478.997. Dieser Gewinn war bei ihnen steuerfrei, da sie jeweils Beteiligungen an der SARL von unter 25 % erworben hatten[404]. Bei der SA wären die Wertsteigerungen der Anteile dagegen im Veräußerungsfall körperschaftsteuerpflichtig gewesen. Dadurch, daß zunächst die sechs Aktionäre anstelle der SA die Anteile an der SARL erwarben und später an die SA weiterverkauften, wurde erreicht, daß die Aktionäre die zu erwartenden Wertsteigerungen der Anteile aufgrund der Sanierungsmaßnahmen steuerfrei vereinnahmen konnten und die SA diese Anteile zu einem höheren Anschaffungspreis übernahm, der einen späteren steuerpflichtigen Veräußerungsgewinn bei ihr entsprechend minderte.

b) Rechtliche Beurteilung durch die Finanzverwaltung und den Commissaire du Gouvernement

Die Finanzverwaltung und der Commissaire du Gouvernement werteten die Tatsache, daß die SA ihren Aktionären bei den Anteilserwerben am 20.06.1971 und 13.11.1972 die Ausnutzung ihrer Geschäftschancen aus dem An- und Verkauf der Anteile ohne Entgelt gestattete, als anormale Geschäftsführungsmaßnahmen der SA. Die Finanzverwaltung hatte aus diesem Grunde die von den Aktionären erzielten Veräußerungsgewinne der SA hinzugerechnet und bei den Aktionären als verdeckte Gewinnausschüttungen erfaßt (Art. 109-1.-1° CGI). Der Commissaire du Gouvernement nahm als Werte der Geschäftschancen nur die Verkehrswerte an, die die Anteile zum jeweiligen Erwerbszeitpunkt hatten, folgte aber im übrigen der Auffassung der Finanzverwaltung.

Der CE hat die Frage, ob die Gestattung der Ausnutzung der Geschäftschancen durch die sechs Aktionäre als anormale Geschäftsführungsmaß-

---

404 In Frankreich waren bis 1976 Veräußerungsgewinne aus dem Verkauf von Beteiligungen an Kapitalgesellschaften von unter 25 % nicht einkommensteuerpflichtig; vgl. dazu Cozian, 4. Aufl., 1979, Rn. 266-4.; 25. Aufl., Rn. 941-945; Art. 150-0A CGI.

nahmen der SA zu qualifizieren sei, dahingestellt sein lassen. Er hob die aus diesem Grunde erfolgten Steuerfestsetzungen gegen die SA und die sechs Aktionäre wegen bereits eingetretener Festsetzungsverjährung auf[405].

3. Rechtsvergleichende Auswertung und Zusammenfassung

In dem von dem Commisaire du Gouvernement vorgetragenen Sachverhalt ist nicht erwähnt, ob die beiden Aktionäre, die sich an der Verwertung der Geschäftschancen der SA nicht beteiligt hatten, mit der Verwertung durch ihre sechs Mitaktionäre einverstanden waren. Das ist jedoch anzunehmen. Der Sachverhalt berichtet nichts über Schadenersatzansprüche der beiden Aktionäre, obwohl sie nach Sachlage (Familien-SA mit überschaubaren Verhältnissen) von dem Anteilserwerb durch ihre Mitaktionäre informiert sein mußten. Somit ergibt sich, daß das französische Recht die Gestattung der unentgeltlichen Verwertung von Geschäftschancen einer Kapitalgesellschaft durch ihre Gesellschafter ohne Rücksicht darauf, ob die Geschäftschancen bereits bei der Gesellschaft rechtlich abgesichert sind, als anormale Geschäftsführungsmaßnahmen und verdeckte Gewinnausschüttungen qualifiziert. Das französische Recht bestätigt also die Rspr. des BFH, wonach die Annahme einer verdeckten Gewinnausschüttung infolge der unentgeltlichen Verwertung einer Geschäftschance der Gesellschaft durch den Ges.-GF. nicht voraussetzt, daß diese Geschäftschance aufgrund einer gesellschaftsrechtlichen Treuepflicht des Ges.-GF. oder in anderer Weise rechtlich abgesichert ist.

Gegen die Argumentation des Schrifttums, die diese Voraussetzung verlangt, spricht auch noch folgende Erwägung:

Der Allein-Ges.-GF. kann auch andere Gegenstände aus dem Gesellschaftsvermögen, z. B. Geld oder Sachen, für private Zwecke entnehmen, soweit diese nicht für die Erhaltung des Stammkapitals benötigt werden (§ 30 GmbHG), ohne daß er dadurch gegenüber der GmbH auf Schadenersatz oder Rückgewähr verpflichtet wird. Dennoch besteht kein Zweifel, daß solche Entnahmen verdeckte Gewinnausschüttungen darstellen.

Bei rechtlich nicht abgesicherten Geschäftschancen dürften freilich nicht selten Schwierigkeiten bei der Feststellung entstehen, ob die Geschäftschance dem Ges.-GF. oder der Gesellschaft zuzurechnen ist. Das gilt vor allem für Einmann-GmbHs. Wenn hier der Ges.-GF. geschäftliches Know-How für eigene Rechnung verwertet, wird seine substantiierte Einlassung, er habe dieses Know-How außerhalb seiner Tätigkeit für die GmbH „privat“ erworben, nur schwer zu widerlegen sein.

---

[405] Die Finanzverwaltung hatte ihre Steuerfestsetzungen hilfsweise auch noch mit Gestaltungsmißbrauch (abus de droit) begründet, der erst im Jahre 1973 durch den Verkauf der Anteile an die SA vollendet worden sei, für das noch keine Verjährung eingetreten war. Der Commissaire du Gouvernement und ihm folgend der CE lehnten jedoch diese Auffassung ab. Es sei objektiv zu keiner Steuerumgehung gekommen, da die Gestattung der Ausnutzung der Geschäftschancen der SA durch die sechs Aktionäre in den Jahren 1971 und 1972 als anormale Geschäftsführungsmaßnahmen der SA hätten erfaßt werden können, wenn die Finanzverwaltung sich rechtzeitig vor Ablauf der Verjährungsfristen mit der Angelegenheit befaßt hätte.

VI. Verdeckte Gewinnausschüttungen an Gesellschaftern nahestehende Personen, insbesondere zwischen Schwestergesellschaften

1. Vergleich der französischen Lösung (Erfassung bei der nahestehenden Person) mit der deutschen (Erfassung beim Gesellschafter)

Das deutsche Recht rechnet eine verdeckte Gewinnausschüttung, die einer (einem Gesellschafter) nahestehenden Person zufließt, dem Gesellschafter zu (s. oben, S. 110), das französische dagegen der nahestehenden Person (s. oben, S. 54, 55).

Wenn hinsichtlich der Vorteilszuwendung an die nahestehende Person ein eindeutiges persönliches oder wirtschaftliches Zuwendungsinteresse eines Gesellschafters besteht, er also durch die Zuwendung eigene Aufwendungen erspart, sprechen systematische Gründe für die deutsche Lösung. In diesem Fall vollzieht die Gesellschaft mit der angemessenen Zuwendung an den Dritten gleichzeitig eine Zuwendung des Gesellschafters an diesen. Der Gesellschafter wird durch die Zuwendung an den Dritten bereichert. Die Bereicherung beruht auf seiner Gesellschafterstellung. Der Dritte erhält den unangemessenen Vorteil dagegen nicht als Frucht einer Kapitalüberlassung, sondern als Zuwendung des Gesellschafters.

2. Ergebnis und Zusammenfassung

Unter der Voraussetzung der bis 1996 geltenden Rspr. des BFH, daß dem Gesellschafter aus der unangemessenen Zuwendung an den Dritten selbst ein wirtschaftlicher Vorteil zufließen muß (s. oben, S. 105), erscheint die Lösung des deutschen Rechts, das die Vorteilszuwendung dem Gesellschafter zurechnet und bei dem Dritten als Zuwendung des Gesellschafters erfaßt, sachgerechter als die Lösung des französischen Rechts, das eine Vorteilszuwendung der Gesellschaft an die nahestehende Person annimmt.

3. Verdeckte Gewinnausschüttungen zwischen Schwestergesellschaften

a) Unterpreislieferung

aa) Lösung des deutschen Rechts

Wegen der Zuwendung eines mittelbaren Vorteils nimmt das deutsche Recht auch bei unangemessenen Lieferungen zwischen Schwestergesellschaften verdeckte Gewinnausschüttungen an die gemeinsame Muttergesellschaft an (s. oben, S. 105).

Beispiel:

Eine Muttergesellschaft M mit Sitz in Deutschland (Kapitalgesellschaft) ist an zwei Tochtergesellschaften T1 und T2 mit Sitz in Deutschland (Kapitalgesellschaften) zu je 100 % beteiligt. T1 liefert T2 Waren im Verkehrswert von 200 zum Preis von 100. Für den Verzicht auf den angemessenen Marktpreis bestehen bei T1 keine betrieblichen Erfordernisse.

Durch die Lieferung ohne angemessenen Preis erhöht sich der Verkehrswert des Betriebsvermögens von T2 aus „gesellschaftsrechtlichen Gründen“ um 100 (Verkehrswert der Waren 200 abzüglich Kaufpreis 100). Im gleichen Umfang erhöht sich auch der Verkehrswert der Beteiligung von M an T2.

Aus diesem Grund qualifiziert das deutsche Recht die Unterpreislieferung von T1 an T2 als verdeckte Gewinnausschüttung von T1 an M[406] (der Gewinn von T1 ist also im Umfang eines angemessenen Entgelts zu erhöhen) und gleichzeitig als verdeckte Einlage von M an T2[407].

Die Qualifizierung als verdeckte Einlage hat steuerliche Konsequenzen bei T2 und M.

α) T2 hat die gelieferten Waren nicht mit den tatsächlichen Anschaffungskosten, sondern dem Teilwert[408] anzusetzen, der (in etwa) ihrem Verkehrswert entspricht. Die Differenz zwischen dem Teilwert der gelieferten Waren und ihren Anschaffungskosten ist als „verdeckte Einlage“ von dem Handelsbilanzergebnis der T2 wieder abzuziehen, bleibt also bei T2 steuerfrei.

β) Bei M ist die verdeckte Einlage der gelieferten Waren mit ihrem Teilwert (100) als nachträgliche Anschaffungskosten auf die Beteiligung zu aktivieren[409]. Dadurch kommt gleichzeitig der Zufluß der verdeckten Gewinnausschüttung bei M (infolge der Unterpreislieferung an T2) buchmäßig zum Ausdruck.

---

406 BFH in ständiger Rspr., vgl. BFH GrS, BStBl. 1988 II, 348 (355, 356); BFH, BStBl. 1987 II, 455 (457) m. w. N.; BStBl. 1969 II, 243 (244); Döllerer, S. 51, 52.

407 BFH in ständiger Rspr., vgl. BFH GrS, BStBl. 1988 II, 348 (355, 356); BFH, BStBl. 1987 II, 455 (458); BStBl. 1969 II, 243 (244); Döllerer, S. 51, 52.

Eine verdeckte Einlage liegt nach deutschem Steuerrecht vor, wenn ein Gesellschafter seiner Kapitalgesellschaft außerhalb der gesellschaftsrechtlichen Einlagen einen bilanzierungsfähigen Vermögensvorteil zuwendet und diese Zuwendung ihre Ursache im Gesellschaftsverhältnis hat. Das ist dann der Fall, wenn ein Nichtgesellschafter bei Anwendung der Sorgfalt eines ordentlichen Kaufmanns der Gesellschaft den Vermögensvorteil nicht eingeräumt hätte (BFH in ständiger Rspr., vgl. BFH, BStBl. 1993 II, 333 [334]; BStBl. 1983 II, 744 [745] m. w. N.; Blümich / Rengers, § 8 KStG, Anm. 175; Weber-Grellet, DB 1998, 1532).

408 § 8 Abs. 1 KStG i. V. m. § 6 Abs. 1 Nr. 5 EStG.

Der Teilwertbegriff (Definition in § 6 Abs. 1 Nr. 1 S. 3 EStG) ist eine Besonderheit des deutschen Steuerrechts und im französischen Recht unbekannt (s. oben, Fn. 428, 2. Abs.). Er wurde in erster Linie geschaffen, um einen Wertansatz zu erhalten, der die Bedeutung eines Wirtschaftsguts für den Betrieb zum Ausdruck bringt, im Gegensatz zu dem auf den Absatzmarkt bezogenen Wertmaßstab des Verkehrswerts (oder gemeinen Werts; vgl. Knobbe-Keuk, S. 174 f. [174, 175]. Z. B. soll der Teilwertansatz ermöglichen, daß entnommene Wirtschaftsgüter aus dem Umlaufvermögen mit dem Wert angesetzt werden können, den sie zu diesem Zeitpunkt für den Betrieb hatten einschl. der während der Betriebszugehörigkeit entstandenen stillen Reserven, aber ohne den im Verkaufsfall erzielbaren Gewinnzuschlag, weil dieser bei einer Entnahme nicht realisiert wird (Gassner, DStJG 7 [1984], 245 f. [261]).

Es können daher in etwa gleichgesetzt werden:
- der Teilwert mit dem Wiederbeschaffungswert oder Marktwert am Einkaufsmarkt,
- der Verkehrswert mit dem Marktwert am Absatzmarkt.

409 § 8 Abs. 1 KStG i. V. m. § 6 Abs. 6 S. 2 EStG. Döllerer, S. 212, 213 m. w. N.

bb) Zusammenfassung der deutschen Lösung

Das deutsche Recht besteuert also die Unterpreislieferung zwischen T1 und T2 wie eine abgekürzte Lieferung. T1 und M werden so besteuert, wie wenn M den unentgeltlichen Teil der Warenlieferung von T1 als verdeckte Gewinnausschüttung erhalten und als Gesellschafterbeitrag bei T2 eingelegt hätte. Im Ergebnis wird im deutschen Recht die zugeflossene verdeckte Gewinnausschüttung nur bei M erfaßt und die Gewinnerhöhung bei T2 (infolge der Unterpreislieferung) neutralisiert. Die zugeflossene verdeckte Gewinnausschüttung ist bei M von der KSt befreit (§ 8b Abs. 1 KStG), unterliegt also nur bei T1 der KSt.

cc) Lösung des französischen Rechts

Das französische Recht nimmt dagegen eine verdeckte Gewinnausschüttung von T1 an T2 an, die zu einer entsprechenden Gewinnerhöhung und KSt-Pflicht bei bei T1 und T2 führt. Die Gewinnerhöhung bei T2 bleibt also im Ergebnis unkorrigiert (s. oben, S. 54, 55). Der Gewinn der gemeinsamen Muttergesellschaft wird durch die Unterpreislieferung zwischen T1 und T2 nicht berührt.

dd) Übernahme der deutschen Lösung in das französische Recht nicht ohne weiteres möglich

Die Lösung des deutschen Rechts erscheint systemgerechter (s. oben, S. 141). Sie könnte allerdings durch das französische Recht nicht ohne weiteres übernommen werden. Das französische Recht kennt keinen Begriff der verdeckten Einlage[410], kann somit die Gewinnerhöhung bei T2 nicht neutralisieren.

---

410 Das folgt z. B. aus der Rspr. des CE zur steuerlichen Behandlung des Forderungsverzichts einer Muttergesellschaft gegenüber ihrer Tochtergesellschaft und aus Art. 216 A CGI. Erläßt eine Muttergesellschaft (M) ihrer 100 %igen Tochtergesellschaft (T) eine Forderung zur Sanierung im Konzerninteresse (ein Nichtgesellschafter hätte die Forderung unter gleichen Umständen bei Anwendung kaufmännischer Sorgfalt nicht erlassen), aber nicht aus betrieblichen Gründen (z. B. weil sie T weiterhin als Vertriebsgesellschaft für ihre Produkte benötigt), ist nach der ständigen Rspr. des CE dennoch der Forderungsverzicht bei M steuerlich abzugsfähig, soweit dadurch eine Überschuldung bei T beseitigt wird. Soweit der Forderungsverzicht darüber hinaus das Aktivvermögen von T erhöht, ist er bei M wegen Erhöhung ihres Beteiligungswertes nicht abzugsfähig. Dennoch bleibt die Erhöhung des Aktivvermögens auch bei T steuerpflichtig, es sei denn, diese verpflichtet sich gem. Art. 216 A CGI im Umfang der Erhöhung zu einer gesellschaftsrechtlichen Kapitalerhöhung und führt diese innerhalb von zwei Jahren durch (durch Einbringung des Forderungsverzichts oder Bareinlage). Nur in diesem Fall wird der a. o. Ertrag der T aus der Erhöhung des Aktivvermögens nach Art. 216 A Abs. 1 CGI steuerlich freigestellt (vgl. z. B. CE 30.04.80, Nr. 16.253, RJF 80, S. 256, Nr. 467, mit concl. Laprade, RJF 80, S. 246; CE 17.12.84, Nr. 52.341, RJF 85, S. 116; CE 01.07.91, Nr. 61.065, DF 91 com. 1926; Erlaß der Finanzverwaltung vom 22.08.83, DF 83, Nr. 7807, S. 5397 f., Tz. 43, 73; Turot, Fiscalité des groupes non intégrés – Du rififi dans la jurisprudence sur les abandons de créance, RJF 92, S. 3 f.; Cozian, Grands Principes, 4. Aufl., Doc. 31, Rn. 70-84, S. 445-449).

b) Unterpreisleistung: Lösungen des deutschen und französischen Rechts im Ergebnis ähnlich

aa) Deutsche Lösung

Bei Unterpreisleistungen zwischen Tochtergesellschaften hat die deutsche Rspr. eine Lösung entwickelt, die trotz der Annahme einer verdeckten Gewinnausschüttung an die Muttergesellschaft im Ergebnis der französischen Lösung ähnelt.

Beispiel:

Der o. g. Ausgangsfall wird folgendermaßen abgewandelt:

T1 gewährt T2 in der Zeit vom 01.01.-31.12.01 ein zinsloses Darlehen im Betrag von € 125.000. Für den Verzicht auf eine angemessene Verzinsung, die mit 8 % p. a. unterstellt werden soll, bestehen bei T1 keine betrieblichen Erfordernisse. Eine Betriebsprüfung stellt die unentgeltliche Überlassung des Darlehenskapitals nachträglich fest.

Die verdeckte Bezuschussung von T2 (durch Gewährung des zinslosen Darlehens) liegt im Interesse von M. M erspart dadurch eigene Aufwendungen. Sie erhöht auch den Wert der Beteiligung von M an T2, da T2 Zinsaufwand erspart.

Aus diesen Gründen wird auch dieser Sachverhalt im deutschen Recht wie eine abgekürzte Leistung besteuert. Die Besteuerung erfolgt so, wie wenn M die Nutzungsvorteile des Darlehenskapitals (zinsloses Darlehen) von T1 als verdeckte Gewinnausschüttung erhalten und als Gesellschafterbeitrag an T2 weitergeleitet hätte.

Die Rspr. nimmt also zunächst wie im Fall der Unterpreislieferung eine verdeckte Gewinnausschüttung von T1 an M an. Bei T1 ist der Gewinn im Umfang der angemessenen Verzinsung von € 10.000 zu erhöhen. Die verdeckte Gewinnausschüttung in Höhe von € 10.000 unterliegt bei ihr der KSt von 25 %.

Bei M ist die ihr zugegangene verdeckte Gewinnausschüttung[411] in Höhe von € 10.000 bis auf 5 % der Einnahmen als fiktive nicht abziehbare Betriebsausgaben (§ 8 b Abs. 5 KStG) gem. § 8 b Abs. 1 KStG von der KSt freigestellt. Gleichzeitig ergibt sich bei M ein betrieblicher Aufwand von € 10.000, weil die ihr zugegangenen und an T2 weitergeleiteten Nutzungsvorteile von € 10.000 nach der Rspr. bei T2 nicht einlagefähig sind[412]. Gegenstand der verdeckten Einlage in eine Kapitalgesellschaft könnten nur vom Gesellschafter zuge-

---

411 Die „Fiktion" des Zugangs der verdeckten Gewinnausschüttung bei M ermöglichte unter dem KSt-Anrechnungssystem bei M die Anrechnung der KSt aus der Erhöhung des Gewinns von T1.
BFH GrS, BStBl. 1988 II, 348 (356, 357).

412 BFH GrS, a. a. O., S. 355-357; Döllerer, S. 51, 52, 159-161.

wendete bilanzierungsfähige Wirtschaftsgüter sein, jedoch nicht vom Gesellschafter eingeräumte bloße obligatorische Nutzungsvorteile[413].

Die weitergeleiteten Nutzungsvorteile können somit nach der Rspr. nicht als Anschaffungskosten auf die Beteiligung der M an T2 aktiviert werden, sondern stellen sofort abzugsfähigen Aufwand dar[414].

Wegen der Nicht-Einlagefähigkeit der an T2 weitergeleiteten Nutzungsvorteile können diese auch nicht bei T2 als Einlage von ihrem durch die Zinsersparnis erhöhten Gewinn abgezogen werden[415]. Die Gewinnerhöhung bei T2 aus der Gewährung des zinslosen Darlehens von T1 bleibt also unkorrigiert[416] und unterliegt bei T2 der KSt mit 25 %.

Da jedoch gleichzeitig bei M ein betrieblicher Aufwand von € 10.000 entsteht, wird die verdeckte Gewinnausschüttung bis auf 5 % der Einnahmen als fiktive nicht abziehbare Betriebsausgaben (§ 8 b Abs. 5 KStG) im Rahmen einer konsolidierten Gesamtbetrachtung im Ergebnis nur einmal mit 25 % KSt besteuert[417].

bb) Französische Lösung

Das französische Recht läßt wie im Fall der Unterpreislieferung die Gewinnerhöhung bei T2 unkorrigiert und qualifiziert sie als verdeckte Gewinnausschüttung seitens T1 (also auch Gewinnerhöhung bei T1).

Der Gewinn der gemeinsamen Muttergesellschaft wird durch die Unterpreisleistung zwischen T1 und T2 nicht berührt.

cc) Zusammenfassung

Bei Unterpreisleistungen zwischen Schwestergesellschaften stimmen die Lösungen des deutschen und französischen Rechts grundsätzlich überein. Beide Rechte korrigieren den Gewinn von T1 und lassen die Gewinnerhöhung bei T2 im Ergebnis unkorrigiert. Das deutsche Recht nimmt zwar eine verdeckte

---

413 BFH in ständiger Rspr., vgl. BFH GrS, a. a. O., S. 355-357; Döllerer, a. a. O.

414 S. Fn. 413.

415 BFH GrS, a. a. O., S. 355-357; Knobbe-Keuk, S. 687-689.

416 BFH GrS, a. a. O., S. 355-357.

417 Die Abzugsfähigkeit des betrieblichen Aufwandes bei M aus der Weiterleitung der Nutzungsvorteile an T2 ist nicht nach § 8 Abs. 1 KStG i. V. m. § 3 c Abs. 1 EStG ausgeschlossen, weil er nicht in unmittelbarem wirtschaftlichem Zusammenhang mit der steuerfreien Vereinnahmung der verdeckten Gewinnausschüttung bei M steht. Dies ist deswegen nicht der Fall, weil der Aufwand nicht der Beteiligung der M an T1 dient, von der die verdeckte Gewinnausschüttung zufließt, sondern der Beteiligung von M an T2. Gl. A. Gosch: Kommentar zum Körperschaftsteuergesetz, München 2005, § 8 KStG, Anm. 236; Schmitz, DB 2001, 1166 (1167, 1168). Im übrigen ist ab dem VZ 2004 die Anwendung des § 3 c Abs. 1 EStG in Zusammenhang mit der steuerfreien Vereinnahmung von offenen oder verdeckten Gewinnausschüttungen ausgeschlossen (§ 8 b Abs. 5 S. 2 KStG).

Gewinnausschüttung an die gemeinsame Muttergesellschaft M an. Diese ist jedoch bei M von der KSt freigestellt bis auf die nicht abziehbaren fiktiven Betriebsausgaben in Höhe von 5 % der zugeflossenen verdeckten Gewinnausschüttung.

Im Rahmen einer konsolidierten Gesamtbetrachtung kommt es jedoch in Deutschland – wenn man die nicht abziehbaren fiktiven Betriebsausgaben bei M in Höhe von 5 % der zugeflossenen verdeckten Gewinnausschüttung außer Betracht läßt – nur zu einer Einmalbesteuerung der verdeckten Gewinnausschüttung bei T1, weil bei M die zugeflossene verdeckte Gewinnausschüttung von der KSt freigestellt ist und gleichzeitig bei M durch die Weiterleitung der Nutzungsvorteile an T2 ein betrieblicher Aufwand in Höhe der verdeckten Gewinnausschüttung entsteht. In Frankreich kommt es dagegen zu einer Doppelbesteuerung der verdeckten Gewinnausschüttung bei T1 und T2.

Die Auffassung der deutschen Rspr., die an T2 weitergeleiteten Nutzungsvorteile seien nicht einlagefähig, sondern als Betriebsausgaben abzugsfähig, ist problematisch, weil nach ihrer Ausgangskonzeption die Gewinnerhöhung bei T2 auf einem Gesellschafterbeitrag von M beruht. Daß ein Gesellschafterbeitrag bei M als Betriebsausgabe abziehbar sein soll, ist schwer vorstellbar[418]. Außerdem erhöht die Zinsersparnis von T2 dauerhaft den Wert der Beteiligung von M an T2. Die Lösung der deutschen Rspr. beruht jedoch auf einer gefestigten Rspr.[419]. Mit ihrer Änderung ist nicht zu rechnen.

418 Gl. A. Weber-Grellet, DB 1998, 1532.

419 BFH GrS, BStBl. 1988 II, 348 ff.

D. Konsequenzen des Gesellschafter-unabhängigen Ausschüttungsbegriffs des französischen Rechts im internationalen Steuerrecht

I. Doppelbesteuerungsproblem im Verhältnis Deutschland/Frankreich infolge der unterschiedlichen Zurechnung von verdeckten Gewinnausschüttungen zwischen Schwestergesellschaften

1. Das Doppelbesteuerungsproblem

Wegen der unterschiedlichen Zurechnung von verdeckten Gewinnausschüttungen zwischen Schwestergesellschaften in Deutschland und Frankreich können Vorteilszuwendungen zwischen verbundenen Unternehmen zu einer wirtschaftlichen Doppelbesteuerung führen, die das Doppelbesteuerungsabkommen zwischen Deutschland und Frankreich (DBA F) nicht ausschließt.

Beispiel:

Eine Muttergesellschaft M mit Sitz in Monaco ist an zwei Tochtergesellschaften T1 und T2 zu je 100 % beteiligt. T1 hat ihren Sitz in Deutschland, T2 in Frankreich. T1 liefert T2 Waren im Verkehrswert von 200 zum Preis von 100. Für den Verzicht von T1 auf den angemessenen Preis bestehen keine betrieblichen Erfordernisse.

Durch die Unterpreislieferung an T2 bewirkt T1 aus deutscher Sicht eine verdeckte Gewinnausschüttung im Betrag von 100 an die gemeinsame Muttergesellschaft in Monaco. Nach deutschem Recht ist deshalb zunächst der Gewinn von T1 um 100 zu erhöhen. Die Gewinnerhöhung löst 25 % KSt und GewSt aus. Außerdem fällt nach deutschem Recht auf die verdeckte Gewinnausschüttung von 100 nach Monaco 20 % Kapitalertragsteuer an (§ 43 Abs. 1 i. V. m. § 20 Abs. 1 Nr. 1 S. 2 i. V. m. § 43 a Abs. 1 Nr. 1 EStG). T1 haftet dem deutschen Fiskus für diese Kapitalertragsteuerschuld von M (§ 44 Abs. 5 EStG). Der Kapitalertragsteuerabzug wird nicht durch ein Doppelbesteuerungsabkommen (DBA) eingeschränkt, da zwischen Deutschland und Monaco kein DBA existiert.

In Frankreich löst die Unterpreislieferung von T1 an T2 zunächst keine Steuerfolgen aus, da T2 die gelieferten Waren in ihrer Bilanz zunächst mit den tatsächlichen (zu niedrigen) Anschaffungskosten ansetzen wird.

Wenn die deutsche Finanzverwaltung die französische bezüglich der unangemessenen Preisbemessung informiert und mit ihr Einigkeit hinsichtlich des angemessenen Preises von 200 erzielt, sind die gelieferten Waren in der Bilanz von T2 mit ihrem Verkehrswert anzusetzen[420]. Infolgedessen entsteht bei T2 aus der Unterpreislieferung ein Ertrag von 100, der nach französischem Recht gem. Art. 109-1-1° CGI als zugeflossene verdeckte Gewinnausschüttung zu qualifizieren ist (s. oben, S. 43, 44, 54, 55).

---

[420] Vgl. CE 06.06.1984, Nr. 35.415 u. 36.733, RJF 84, S. 494 (495, 496), mit concl. Verny, RJF 84, S. 466 f. (469).

Das sich aus Art. 109-1-1° CGI ergebende französische Besteuerungsrecht für die verdeckte Gewinnausschüttung wird durch das DBA F nicht ausgeschlossen. Die verdeckte Gewinnausschüttung an T2 fällt zwar nicht unter den Begriff der nach Frankreich gezahlten Dividenden, für die Frankreich nach Art. 9 Abs. 1 DBA F als Wohnsitzstaat das Besteuerungsrecht zusteht. Dividenden i. S. des Art. 9 DBA F sind grundsätzlich nur offene und verdeckte Gewinnausschüttungen an Gesellschafter oder Inhaber gesellschafterähnlicher Rechte (Art. 9 Abs. 6 S. 1 DBA F). Nur soweit die ausschüttende Gesellschaft in Frankreich ansässig ist und Frankreich nach Art. 9 Abs. 2 DBA F das Quellenbesteuerungsrecht für verdeckte Gewinnausschüttungen zusteht, wird der Dividendenbegriff des Abkommens auch auf verdeckte Gewinnausschüttungen i. S. d. französischen Rechts, also auch auf verdeckte Gewinnausschüttungen an Nichtgesellschafter, ausgedehnt (Art. 9 Abs. 6 S. 2 DBA F)[421].

Die nach französischem Recht der T2 zugeflossene verdeckte Gewinnausschüttung ist nach französischer Auffassung jedoch als „sonstige Einkünfte" zu qualifizieren, für die Frankreich als Ansässigkeitsstaat nach Art. 18 DBA F ein unbeschränktes Besteuerungsrecht zusteht[422].

Die französische Qualifizierung ist gem. Art. 2 Abs. 2 DBA F auch auf der Abkommensebene maßgeblich. Frankreich ist somit nach Art. 18 DBA F berechtigt, die Unterpreislieferung an T2 nach seinem Recht als verdeckte Gewinnausschüttung zu besteuern.

Frankreich ist nach dem DBA F nicht zur Anrechnung der deutschen Kapitalertragsteuer von 20 % verpflichtet. Frankreich wäre dazu nach Art. 20 Abs. 2 a, aa DBA F nur verpflichtet, wenn insoweit ein Quellenbesteuerungsrecht von Deutschland nach Art. 9 DBA F bestehen würde.

Aus deutscher Sicht besteht hinsichtlich des Kapitalertragsteuerabzugs von 20 % kein Quellenbesteuerungsrecht nach Art. 9 Abs. 2 DBA F, weil aus deutscher Sicht die verdeckte Gewinnausschüttung der M in Monaco zufließt. Aus französischer Sicht steht Deutschland für die nach französischer Auffassung nach Frankreich fließende verdeckte Gewinnausschüttung ebenfalls kein Quellenbesteuerungsrecht nach dem Abkommen zu. Das deutsche Quellenbesteuerungsrecht für verdeckte Gewinnausschüttungen von Deutschland nach Frankreich ist nach Art. 9 Abs. 6 S. 1 DBA F auf offene und verdeckte Gewinnausschüttungen an Gesellschafter oder Inhaber gesellschafterähnlicher Rechte beschränkt, da nach deutschem Steuerrecht verdeckte Gewinnausschüttungen nur an Gesellschafter möglich sind.

---

421 Vgl. Kramer, in: Debatin / Wassermeyer, Doppelbesteuerung, Art. 9 DBA F, Rn. 50.

422 Vgl. CE 27.07.1984, Nr. 16.649, DF 84 com. 1570 mit concl. Racine; CE 19.12.1986, Nr. 54.101, DF 87 com. 852 mit Anm. Tixier und Rommer; Anm. Tixier und Lamulle zu CE 19.10.1988, Nr. 56.218, DF 89 com. 241.

2. Ergebnis und Zusammenfassung

Bei einer Unterpreislieferung einer in Deutschland ansässigen Tochtergesellschaft an ihre in Frankreich ansässige Schwestergesellschaft im Interesse der in Monaco ansässigen Muttergesellschaft kommt es zu einer wirtschaftlichen Doppelbesteuerung der verdeckten Gewinnausschüttung auf der Ebene der Vorteilsempfänger mit deutscher Kapitalertragsteuer und französischer Körperschaftsteuer. Sie wird durch das DBA F nicht ausgeschlossen. Die Doppelbesteuerung kann nur durch die Einleitung eines Verständigungsverfahrens nach Art. 25 DBA F oder Art. 6 EG-Schiedskonvention vermieden werden.

II. Französischer Kapitalertragsteuerabzug bei Vorteilszuwendungen von französischen Muttergesellschaften an ausländische Tochtergesellschaften

1. Qualifizierung von Unterpreisleistungen einer französischen Muttergesellschaft an eine deutsche Tochtergesellschaft als verdeckte Gewinnausschüttungen nach nationalem französischem Steuerrecht

Eine weitere Konsequenz des Gesellschafter-unabhängigen Ausschüttungsbegriffs des französischen Steuerrechts ist, daß auch Vorteilszuwendungen von Mutter- an Tochtergesellschaften verdeckte Gewinnausschüttungen darstellen können. Der dadurch hervorgerufene Qualifikationskonflikt zwischen Frankreich und Deutschland kann ebenfalls wirtschaftliche Mehrfachbesteuerungen auslösen, die das DBA F nicht ausschließt.

Beispiel:

Eine Muttergesellschaft M mit Sitz in Frankreich ist an einer Tochtergesellschaft T mit Sitz in Deutschland zu 100 % beteiligt. Sie gewährt T vom 01.01-31.12.2001 ein zinsloses Darlehen im Betrag von € 125.000. Für den Verzicht auf eine angemessene Verzinsung, die mit 8 % unterstellt werden soll, bestehen keine betrieblichen Erfordernisse. T ist auch nicht sanierungsbedürftig.

Das französische Recht qualifiziert den Verzicht von M auf die angemessene Verzinsung des Darlehens in Höhe von 8 % (€ 10.000) als anormal und Gewinnverlagerung i. S. d. Art. 57 CGI, da er den betrieblichen Interessen von M zuwiderläuft. Das französische Recht rechnet daher die erzielbare Verzinsung von 8 % dem Jahresüberschuß der M hinzu (s. oben, S. 17, 18, 20, 35, 36). Außerdem nimmt das französische Recht gem. Art. 109-1-1° CGI eine Ausschüttung der erzielbaren Verzinsung von € 10.000 an T an. Das erscheint aus deutscher Sicht unverständlich, da aus deutscher Sicht außerbetriebliche Zuwendungen eines Gesellschafters an seine Gesellschaft u. U. als verdeckte Einlagen, jedoch niemals als verdeckte Gewinnausschüttungen qualifiziert werden können. Da der Ausschüttungsbegriff des Art.

109-1-1° CGI jedoch Gesellschafter-unabhängig ist[423], sind auch dem Gewinn hinzuzurechnende außerbetriebliche Zuwendungen einer Muttergesellschaft an ihre Tochtergesellschaft als verdeckte Gewinnausschüttungen zu qualifizieren[424].

Die nach französischem Recht anzunehmende Ausschüttung an die deutsche Tochtergesellschaft unterliegt gem. Art. 119 bis-2. CGI einem Kapitalertragsteuerabzug von 25 % (Art. 187-1. Abs. 3 CGI). Frankreich ist zu diesem Kapitalertragsteuerabzug auch nach Art. 9 Abs. 2, Abs. 6 S. 2 DBA F berechtigt, da er für alle Ausschüttungen gilt, die nach französischem Recht als verdeckte Gewinnausschüttungen zu qualifizieren sind. Der französische Kapitalertragsteuerabzug wird jedoch nach Art. 9 Abs. 2 DBA F auf 15 % beschränkt. Der Kapitalertragsteuerabzug ist nicht nach Art. 9 Abs. 3 DBA F ausgeschlossen, da T nicht an M beteiligt ist.

2. Keine Möglichkeit einer Gewinnkorrektur bei der Tochtergesellschaft nach deutschem Steuerrecht

In Deutschland erhöht sich der Gewinn von T durch die ersparten Zinsen um € 10.000. Nach deutschem Steuerrecht ist eine Korrektur dieser Gewinnerhöhung nicht möglich. Die ersparten Zinsen können bei T nicht als verdeckte Einlage abgezogen werden (s. oben, S. 144-194). Eine Korrektur des Gewinns von T kommt auch nicht nach § 1 AStG in Betracht. § 1 AStG setzt eine Gewinnminderung bei dem inländischen Unternehmen voraus.

Schließlich enthält auch Art. 5 DBA F keine Verpflichtung des deutschen Staates zu einer korrespondierenden Gewinnberichtigung bei T. Die Mehrfachbesteuerung der aus der Unterpreisleistung resultierenden Gewinnerhöhung bei M mit französischer KSt und Kapitalertragsteuer und bei T mit deutscher KSt kann nur durch die Einleitung eines Verständigungsverfahrens gem. Art. 25 DBA F oder Art. 6 EG-Schiedskonvention vermieden werden.

3. Ergebnis und Zusammenfassung

Bei einer Unterpreisleistung einer in Frankreich ansässigen Muttergesellschaft M an ihre in Deutschland ansässige Tochtergesellschaft T kommt es zu einer wirtschaftlichen Dreifachbesteuerung der aus der Unterpreisleistung resultierenden Gewinnerhöhung bei M mit französischer Körperschaftsteuer und Kapitalertragsteuer und bei T mit deutscher Körperschaftsteuer. Sie wird durch das DBA F nicht ausgeschlossen. Die Mehrfachbesteuerung kann nur durch die Einleitung eines Verständigungsverfahrens gem. Art. 25 DBA F oder Art. 6 EG-Schiedskonvention vermieden werden.

---

423 Gem. Art. 109-1-1° CGI gilt grundsätzlich jede dem Gewinn hinzuzurechnende außerbetriebliche Vorteilszuwendung als ausgeschüttet, gleichgültig ob sie einem Gesellschafter oder Dritten zugeflossen ist (s. oben, S. 52-57).

424 CE in ständiger Rspr., vgl. CE 19.10.1988, Nr. 56.218, DF 1989 com. 241; ebenso CAA Paris, 06.04.1993, Nr. 91-699, RJF 93, S. 600, Nr. 1042.

Anhang

Art. 44 b annexe II CGI:
„Sont considérés comme des réserves les reports bénéficiaires à nouveau, les provisions et les amortissements ayant supporté l'impôt sur les bénéfices industriels et commerciaux ou l'impôt sur les sociétés, ainsi que les provisions pour renouvellement des stocks, décotes et dotations sur stocks constituées conformément aux dispositions légales".
Deutsche Übersetzung:
„Als in die Rücklagen eingestellt gelten auch der Teil des Bilanzgewinnes, der auf neue Rechnung vorgetragen wird, die Auflösung oder Berichtigung von Rückstellungen oder Abschreibungssätzen mit gewinnerhöhender Wirkung für den steuerlichen Gewinn, sowie die Auflösung oder Berichtigung von steuerfreien Rücklagen für die Erneuerung von Lagern und Gütern des Anlagevermögens und für die Wiederauffüllung von Vorräten*, die in Übereinstimmung mit den steuerlichen Vorschriften gebildet wurden."

* Vgl. dazu Laufenburger, S. 466.

Literaturverzeichnis

Adler, Hans / Düring, Walther / Schmaltz, Kurt (Hrsg.): Rechnungslegung und Prüfung der Unternehmen – Kommentar zum HGB, AktG, GmbHG, PublG nach den Vorschriften des Bilanzrichtlinien-Gesetzes, 6. Aufl., Stuttgart 1997

Alix, Edgard / Lecerclé, Marcel: L'impôt sur le revenu, Bd. 1, 2, Paris 1926, mit Ergänzungen 1926 und 1930

Allix, Edgard: Traité élémentaire de science des finances et de législation financière française, Paris 1927

Ballerstedt, Kurt: Kapital, Gewinn und Ausschüttung bei Kapitalgesellschaften, Tübingen 1949

Baslé, Maurice: Systèmes fiscaux, Paris 1989

Baumbach, Adolf / Hopt, Klaus J.: Handelsgesetzbuch, Kommentar, 31. Aufl., München 2003

Baumbach, Adolf / Hueck, Alfred: GmbH-Gesetz, 17. Aufl., München 2000

Baumhoff, Hubertus: Plädoyer für einen einheitlichen Fremdvergleichsmaßstab im deutschen Außensteuerrecht zur Beurteilung internationaler Verrechnungspreise, in: Festschrift für Hans Flick, Köln 1997, S. 633 f.

Bauschatz, Peter: Verdeckte Gewinnausschüttung und Fremdvergleich im Steuerrecht der GmbH: §§ 8 Abs. 3 S. 2; 8a KStG, Diss., Berlin 2001

Becker, Helmut: Der ordentliche Geschäftsleiter – Ist sein Grab schon geschaufelt?, DB 1996, 1439 f.

Bilsdorfer, Peter: Der steuerliche Fremdvergleich bei Vereinbarungen unter nahestehenden Personen, Diss., Bielefeld 1996

Blümich (Hrsg.): Einkommensteuergesetz, Körperschaftsteuergesetz, Gewerbesteuergesetz, Kommentar, München, Loseblattsammlung, Stand: Oktober 2004

von Bornhaupt, Kurt Joachim: Der Begriff der Werbungskosten unter besonderer Berücksichtigung seines Verhältnisses zum Betriebsausgabenbegriff, in: Söhn, Hartmut (Hrsg.), Die Abgrenzung der Betriebs- oder Berufssphäre von der Privatsphäre im Einkommensteuerrecht, DStJG Bd. 3, Köln 1980, S. 149 f.

Brezing, Klaus: Die Fiktionstheorie ist überholt – hat sich etwas geändert?, FR 1979, 499 f.

Bur, Christian: L'acte anormal de gestion, Paris 1999

Casimir, Jean-Pierre / Caspar, Bernard / Cozian, Maurice: Comptabilité générale de l'entreprise, Paris 1990

Chapus, René: Droit administratif général, Bd. 2, 4. Aufl., Paris 1990, Bd. 1, 4. Aufl., Paris 1988

Commission des finances du Sénat, Centre des Études de la Fiscalité des Entreprises de Paris: Colloque: L'associé au cœur d'un imbroglio juridico-fiscal: ses droits pécuniaires et les dividendes, DF 2002, S. 1175 f., S. 1214 f.

Court, Jean-François / Entraygues, Gilles: Gestion fiscale internationale des entreprises, 2. Aufl., Paris 1992, 1. Aufl., Paris 1986

Cozian, Maurice: Précis de fiscalité des entreprises, 28. Aufl., Paris 2004, 27. Aufl., Paris 2002, 23. Aufl., Paris 1999, 21. Aufl., Paris 1997, 4. Aufl., Paris 1979

Cozian, Maurice: Le fisc et le voleur, BF 2000, S. 151 f.

Cozian, Maurice: Les Grands Principes de la fiscalité des entreprises, 4. Aufl., Paris 1999, 3. Aufl., Paris 1996, 2. Aufl., Paris 1986

Cozian, Maurice: Une logique absurde: taxer la société au prétexte qu'un associé a „piqué" dans la caisse, BF 1999, S. 511 f.

Cozian, Maurice / Viandier, Alain / Deboissy, Florence: Droit des sociétés, 16. Aufl., Paris 2003

Cozian, Maurice / Viandier, Alain: Droit des sociétés, 9. Aufl., Paris 1996

David, Cyrille / Fouquet, Olivier / Plagnet, Bernard / Racine, Pierre-François (bzw. Latournerie, Marie-Aimée, 2. Aufl.): Les grands arrêts de la jurisprudence fiscale, 4. Aufl., Paris 2003, 2. Aufl., Paris 1991

Debatin, Helmut / Wassermeyer, Franz (Hrsg.): Doppelbesteuerung, München, Loseblattsammlung, Stand: 2005

Döllerer, Georg: Steuerrechtliche verdeckte Gewinnausschüttung und Wettbewerbsverbot, Anmerkung zum BGH-Urteil vom 28.9.1992 II 7 R 299/91 (NJW 1993, 193), BB 1993, 1498

Döllerer, Georg: Verdeckte Gewinnausschüttungen und verdeckte Einlagen bei Kapitalgesellschaften, 2. Aufl., Heidelberg 1990

Döllerer, Georg: Anmerkung zu den BFH-Urteilen vom 24.7.1990 VIII R 290/84 und VIII R 304/84 (BB 1990, 2025 u. 2027), BB 1990, 2030

Döllerer, Georg: Anmerkung zu dem BFH-Urteil vom 22.2.1989 I R 44/85 (Neue Definition der verdeckten Gewinnausschüttung, BB 1989, 1174), BB 1989, 1175

Döllerer, Georg: Verdeckte Gewinnausschüttungen, verdeckte Einlagen – neue Rechtsprechung, neue Fragen, DStR 1989, 331

Döllerer, Georg: Nutzungen und Nutzungsrechte – keine verdeckten Einlagen bei Kapitalgesellschaften, BB 1988, 1789

Döllerer, Georg: Die verdeckte Gewinnausschüttung nach der Körperschaftsteuerreform 1977 (Bespr. der Diss. von Pezzer, Heinz-Jürgen: Die verdeckte Gewinnausschüttung im Körperschaftsteuerrecht), GmbHR 1987, 26

Döllerer, Georg: Fragen der verdeckten Gewinnausschüttung der Aktiengesellschaft, BB 1967, 1437

Enselme, Gérard:	Comptabilité financière, Comptabilité de gestion, 5. Aufl., Paris 2004
Ferid, Murad / Sonnenberger, Hans Jürgen:	Das Französische Zivilrecht, Band 1/1: Erster Teil: Allgemeine Lehren des Französischen Zivilrechts: Einführung und Allgemeiner Teil des Zivilrechts, 2. Aufl., Heidelberg 1994
Ferid, Murad / Sonnenberger, Hans Jürgen:	Das Französische Zivilrecht, Band 1/2: Zweiter Teil: Schuldrecht. Erstes Buch: Das allgemeine Schuldrecht, 2. Aufl., Heidelberg 2002
Ferid, Murad / Sonnenberger, Hans Jürgen:	Das Französische Zivilrecht, Band 2: Zweiter Teil: Schuldrecht. Zweites Buch: Die einzelnen Schuldverhältnisse. Dritter Teil: Sachenrecht, 2. Aufl., Heidelberg 1986
Fiedler, Stefan:	Verdeckte Vermögensverlagerungen bei Kapitalgesellschaften: zivilrechtlicher Ausgleich und Konsequenzen für die Besteuerung verdeckter Gewinnausschüttungen, Diss., Köln 1994
Fiedler, Stefan:	Verdeckte Gewinnausschüttung – Aufwand oder Ergebnisverwendung?, zugleich eine Anmerkung zum BFH-Urteil vom 29.06.1994 I R 137/93 (DB 1994, 2526), BB 1995, 1341 f.
Fleck, Hans-Joachim:	Beitrag zur zivilrechtlichen Wirksamkeit verdeckter Gewinnausschüttungen, in: Aussprache zum 7. Generalthema: Verdeckte Gewinnausschüttungen bei verbundenen Unternehmen, JbFSt 1984/85, S. 544, 545
Fleischer, Holger:	Verdeckte Gewinnausschüttung: Die Geschäftschancenlehre im Spannungsfeld zwischen Gesellschafts- und Steuerrecht, DStR 1999, 1249 f.
Flick, Hans / Wassermeyer, Franz / Baumhoff, Hubertus:	Kommentar zum Außensteuerrecht, 6. Aufl., Köln, Loseblatt, Stand: 2001
Flick, Hans / Wassermeyer, Franz / Becker, Helmut:	Kommentar zum Außensteuerrecht, 4. Aufl., Köln, Loseblatt, Stand: November 1989
Flume, Werner:	Besteuerung von Untreue, Unterschlagung oder Diebstahl als verdeckte Gewinnausschüttung? – Anmerkung zum BFH-Urteil vom 14.10.1992 I R 14/92 (BStBl. 93 II, 351), DB 1993, 1945 f.
Flume, Werner:	Allgemeiner Teil des Bürgerlichen Rechts, Bd. I, 2. Teil, Die Juristische Person, Berlin, Heidelberg, New York u.a. 1983
Flume, Werner:	Der Gesellschafter und das Vermögen der Kapitalgesellschaft und die Problematik der verdeckten Gewinnausschüttung, ZHR 144 (1980), 18 f.
Flume, Werner:	Reichen die Vorschriften des Steuerrechts – unter Berücksichtigung des Gesellschaftsrechts – aus, um Vermögensbewegungen zwischen verbundenen Unternehmen vollständig und befriedigend zu regeln?, Referat auf dem 49. Deutschen Juristentag, in: Verhandlungen des 49. DJT, Bd. II, S. Q8-Q29, München 1972 = Gesammelte Schriften, Köln 1988, Bd. II, S. 762 f.
Fouquet, Olivier:	Conclusions zu CE 10.07.1992, Nr. 110.213, 110.214, RJF 1992, S. 673 f.

Fouquet, Olivier: Conclusions zu CE 23.10.1991, Nr. 71.791, 71.792-72.822, RJF 1991, S. 852 f.

Fouquet, Olivier: Conclusions zu CE 29.09.1989, Nr. 75.304, RJF 1989, S. 614 f.

Fröhlich, Eberhard: Die verdeckte Gewinnausschüttung, Diss., München 1968

Frotscher, Gerrit / Maas, Ernst: Körperschaftsteuergesetz, Kommentar, Freiburg, Loseblatt, Stand: November 2004

Frotscher, Gerrit: Tendenzen im Recht der verdeckten Gewinnausschüttung, GmbHR 1998, 23 f.

Frotscher, Gerrit: Verdeckte Gewinnausschüttung, in: Widmann, Siegfried (Hrsg.), Besteuerung der GmbH und ihrer Gesellschafter, DStJG Bd. 20, Köln 1997, S. 205 f.

Gassner, Wolfgang: Die Bewertung von Entnahmen und Einlagen, verdeckten Gewinnausschüttungen und verdeckten Einlagen, in: Raupach, Arndt (Hrsg.), Werte und Wertermittlung im Steuerrecht, DStJG Bd. 7, Köln 1984, S. 245 f.

Gerbino, Élie: La jurisprudence Flatto sur le surpaiement d'actifs ou le conflit entre le droit et l'opportunité, DF 2000, S. 1245 f.

Gest, Guy / Tixier, Gilbert: Manuel de droit fiscal, 4. Aufl., Paris 1986

Gosch, Dietmar: Der BFH und der Fremdvergleich, DStZ 1997, 1 f.

Gosch, Dietmar: Über das Rückwirkungsverbot beim beherrschenden Gesellschafter-Geschäftsführer, FR 1997, 438 f.

Gosch, Dietmar: Kommentar zum Körperschaftsteuergesetz, München 2005

Gouthière, Bruno: Les impôts dans les affaires internationales, 6. Aufl., Paris 2004

Grandguillot, Béatrice et Francis : L'Essentiel du droit fiscal 2005, Paris 2005

Grosclaude, Jacques / Marchessou, Philippe: Procédures fiscales, Paris 1998

Guyon, Yves: Droit des affaires, Tome 1: Droit commercial général et sociétés, 6. Aufl., Paris 1990, 10. Aufl., Paris 1998

Guyon, Yves: Droit des affaires, Tome 2: Entreprises en difficultés – Redressement judiciaire – Faillite, 3. Aufl., Paris 1991

Habammer, Christoph: Die verdeckte Gewinnausschüttung, Diss., Regensburg 1995

Hachenburg, Max: Gesetz betreffend die Gesellschaften mit beschränkter Haftung (GmbHG), 8. Aufl., Berlin / New York 1989 ff.

Hager, Johannes: Die verdeckte Gewinnausschüttung in der GmbH – Ein Beitrag zu den gesellschaftsrechtlichen Sanktionen, ZGR 1989, 71 f.

Hellwig, Peter: Verdeckte Gewinnausschüttung und verdeckte Entnahme. Doppeltes Lottchen oder Kain und Abel?, in: Festschrift für Georg Döllerer, Düsseldorf 1988, S. 205 f.

Herrmann, Carl / Heuer, Gerhard / Raupach, Arndt: Einkommensteuer- und Körperschaftgesetz mit Nebengesetzen, Kommentar, 21. Aufl., Köln 1996 ff., Loseblatt, Stand: März 2005

Hey, Johanna: Reform des Körperschaftsteuersystems, in: Pelka, Jürgen (Hrsg.), Unternehmenssteuerreform, DStJG Sonderband, Köln 2001, S. 5 f.

Hey, Johanna: Bedeutung und Besteuerungsfolgen der verdeckten Gewinnausschüttung nach der Unternehmenssteuerreform, GmbHR 2001, 1 f.

Hoffmann, Wolf-Dieter: Das Telos der verdeckten Gewinnausschüttung und die Rechtsprechung des Bundesfinanzhofs, DStR 1998, 313 f.

Hoffmann, Wolf-Dieter: Notwendige Reform der verdeckten Gewinnausschüttung, Steuerberaterkongreß-Report 1997, S. 81 f.

Hoffmann, Wolf-Dieter: Der wirtschaftliche Vorteil für die Kapitalgesellschaft als verdeckte Gewinnausschüttung – Anmerkungen zur neuen Definition der verdeckten Gewinnausschüttung durch den BFH, DStR 1996, 729 f.

Hübner, Ulrich / Constantinesco, Vlad: Einführung in das französische Recht, 3. Aufl., München 1994

Hübschmann / Hepp / Spitaler: Kommentar zur Abgabenordnung und Finanzgerichtsordnung, 10. Aufl., Köln 1995 ff.

Hüffer, Uwe: Aktiengesetz, Kommentar, 5. Aufl., München 2002

Kessler, Wolfgang: Die Euro-Holding: Steuerplanung, Standortwahl, Länderprofile, München 1996

Knobbe-Keuk, Brigitte: Bilanz- und Unternehmenssteuerrecht, 9. Aufl., Köln 1993

Kölner Kommentar zum Aktiengesetz 2. Aufl., Köln u.a. 1986 ff., 1. Aufl., Köln u.a. 1970 ff.

Krebs, Hans-Joachim: Vorabausschüttungen beim Wechsel des Körperschaftsteuersystems – eine Burleske in vier Akten?, BB 2002, 433 f.

Laferrière, Julien / Waline, Marcel: Traité élémentaire de science et de législation financières, Teil II: Laferrière, Julien: Les revenus publics, Paris 1952

Lamy fiscal 2002 Paris 2002

Lamy sociétés commerciales 2001 Paris 2001

Lang, Joachim: Verdeckte Gewinnausschüttungen bei verbundenen Unternehmen – Steuerrecht, JbFSt 1984/85, S. 515 f.

Lange, Joachim: Verdeckte Gewinnausschüttungen, 6. Aufl., Herne / Berlin 1993

Laprade, Bruno Martin: Conclusions zu CE 03.03.1989, Nr. 77.581, DF 1989 com. 945, S. 644 f.

Laprade, Bruno Martin: Conclusions zu CE 30.03.1987, Nr. 52.754, RJF 1987, S. 262 f.

Laprade, Bruno Martin: Conclusions zu CE 30.04.1980, Nr. 16.253, RJF 1980, S. 246 f.

Larenz, Karl: Methodenlehre der Rechtswissenschaft, 6. Aufl., Berlin, Heidelberg, New York u.a. 1991

Latournerie, Marie-Aimée: Conclusions zu CE 05.12.1984, Nr. 46.962, RJF 1985, S. 96 f.

Laufenburger, Henry: Die Einkommensbesteuerung, in: Handbuch der Finanzwissenschaft, Bd. 2, Tübingen 1956

Lawall, Lars: Verdeckte Gewinnausschüttung und Geschäftschancenlehre im GmbH-Recht, NJW 1997, 1742 f.

Le Gall, Jean-Pierre: Donations indirectes et distributions irrégulières: un certain particularisme de la fiscalité, DF 2000, S. 136 f.

Le Gall, Jean-Pierre: Quelques réflexions sur l'„arm's length principle" après le 46e Congrès de l'International Fiscal Association (Cancun – oct. 1992), DF 1992, S. 1941 f.

Lefebvre, Francis, éditions: Mémento Pratique: Fiscal 2007, Paris 2007

Lefebvre, Francis, éditions: Mémento Pratique: Sociétés commerciales 2004, Paris 2003

Lefebvre, Francis, éditions: Les distributions irrégulières de bénéfices ou quand un redressement peut en cacher un autre, BF 1996, S. 431 f.

Lefebvre, Francis, éditions: Mémento Pratique: Comptable 2004, Paris 2003

Lefebvre, Francis, éditions: Opérations internationales – Territorialité de l'impôt français, Paris 1985

Lefebvre, Roger: Rapport français sur le sujet: „Le poids de la double taxation des bénéfices réalisés et répartis par les sociétés de capitaux", in: Cahiers de droit fiscal international, Bd. 29, Amsterdam 1955, reprinted Amsterdam 1975

Léger: Chronique: Revenus distribués, RJF 1982, S. 68 f.

Liébert-Champagne, Monique: Revenus de capitaux mobiliers – Imposition des distributions occultes (Art. 117 CGI), RJF 1987, S. 259 f.

Loloum, François: Conclusions zu CE 02.02.1996, Nr. 127.833, BDCF 1996, S. 35 f.

Louit, Christian: Acte de gestion anormal, Juris-classeur fiscal, Fasc. 226-2

Maas, Ernst: Die neue Rechtsprechung des BFH zur verdeckten Gewinnausschüttung, StVj 1990, S. 42 f.

Maïa, Jean: Rémunerations et avantages occultes: pas de distribution sans imposition ?, RJF 2001, S. 395 f.

Marteau-Petit, Mireille: Anmerkung zu Cass., Chambre Commerciale, 30.05.1989, JCP 1990, Ed. G II 21405

Meßmer, Kurt: Die Fiktion im Steuerrecht – Bräuche und Mißbräuche, StbJb 1977/78, Köln 1978, S. 65 f.

Meyer-Arndt, Lüder: Prinzipienfragen der verdeckten Gewinnausschüttung, DB 1967, 1281 f.

Ministère de l'Économie et des Finances, Direction Générale des Impôts, Service de la Législation Fiscale: Précis de fiscalité 1996, Paris 1996,
Précis de fiscalité 1982, Paris 1982,
Précis de fiscalité 1978, Paris 1978

Offerhaus, Klaus: Was gehört zum Arbeitslohn?, BB 1982, 1061 f.

ohne Verfasser: Les commissions occultes, DF 1976, S. 132 f.

Oudenot, Philippe: Fiscalité approfondie des sociétés, 2. Aufl., Paris 2001

Pezzer, Heinz-Jürgen: Körperschaftsteuerpflichtige Einkünfte jenseits der sieben Einkunftsarten?, StuW 1998, 76 f.

Pezzer, Heinz-Jürgen: Notwendige Reform der verdeckten Gewinnausschüttung, Steuerberaterkongreß-Report 1997, S. 63 f.

Pezzer, Heinz-Jürgen: Zur Dogmatik der verdeckten Gewinnausschüttung – Anmerkungen zum BFH-Urteil vom 6.12.1995 I R 88/94 (BStBl. 1996 II, 383), FR 1996, 379

Pezzer, Heinz-Jürgen: Die verdeckte Gewinnausschüttung im Körperschaftsteuerrecht, Köln 1986

Plagnet, Bernard: Une évolution dans la définition des revenus distribués ?, DF 1990, S. 368 f.

Plagnet, Bernard: Droit Fiscal International, Paris 1986

Plagnet, Bernard: La définition des revenus distribués: à propos de deux arrêts récents, BF 1985, S. 257 f.

Plagnet, Bernard: Revenus des capitaux mobiliers – Définition des produits distribués, Juris-classeur fiscal, Fasc. 651

Plagnet, Bernard: Avances, prêts ou acomptes aux associés, Juris-classeur fiscal, Fasc. 652-A

Plagnet, Bernard: Distributions diverses, Juris-classeur fiscal, Fasc. 652-B

Plagnet, Bernard: Distributions occultes, Juris-classeur fiscal, Fasc. 652-C

Quack, Georg Engelbert: Die innerkonzernliche Gewinnverwirklichung im steuerrechtlichen Betriebsvermögensvergleich, Diss., München 1970

Reiß, Wolfram: Gesellschaftsrechtlich unzulässige Gewinnausschüttungen und ihre Rückabwicklung, StuW 1996, 337 f.

Röhricht, Volker: Das Wettbewerbsverbot des Gesellschafters und des Geschäftsführers, WPg 1992, 766 f.

Röhrkasten, Burkhard: Die verdeckte Gewinnausschüttung im Gesellschafts- und Steuerrecht, Diss., Hamburg 1976

Samuelson, Paul A. / Nordhaus, William D.:	Volkswirtschaftslehre, 8. Aufl. (12. US-Aufl.), Köln 1987
Schaumburg, Harald:	Internationales Steuerrecht: Außensteuerrecht, Doppelbesteuerungsrecht, 2. Aufl., Köln 1998
Schlegelberger, Franz, u.a.:	Handelsgesetzbuch, Kommentar, 5. Aufl., München 1973 ff.
Schmidt, Ludwig:	Einkommensteuergesetz, Kommentar, 23. Aufl., München 2004
Schmölders, Günter / Hansmeyer, Karl-Heinrich:	Allgemeine Steuerlehre, 5. Aufl., Berlin 1980
Schneider, Uwe H.:	Die mittelbare verdeckte Gewinnausschüttung bei verbundenen Unternehmen – Handelsrecht, JbFSt 1984/85, S. 497 f.
Schnerb, Robert / Bouvier, Jean / Wolff, Jacques:	Deux siècles de fiscalité française XIXe – XXe siècle, Paris 1973
Scholtz, Rolf-Detlev:	Zur verdeckten Gewinnausschüttung – eine oder vier Definitionen?, FR 1990, 321 f.
Scholtz, Rolf-Detlev:	Der Tigerfall – ein Beitrag zur verdeckten Gewinnausschüttung, FR 1990, 350 f.
Scholtz, Rolf-Detlev:	Die neue Definition der verdeckten Gewinnausschüttung im Körperschaftsteuerrecht – kein Beitrag zur Vereinfachung des Steuerrechts, FR 1990, 386 f.
Scholz, Franz, u.a.:	Kommentar zum GmbH-Gesetz, 9. Aufl., Köln 2000/2002
Schön, Wolfgang:	Die verdeckte Gewinnausschüttung – eine Bestandsaufnahme, in: Festgabe für Werner Flume zum 90. Geburtstag, Berlin, Heidelberg, New York 1998
Schulze-Osterloh, Joachim:	Verdeckte Gewinnausschüttungen im Grenzgebiet zwischen Handels- und Steuerrecht, StuW 1994, S. 131 f.
Schulze-Osterloh, Joachim:	Die verdeckte Gewinnausschüttung bei der GmbH als kompetenzrechtliches Problem, in: Festschrift für Walter Stimpel, Berlin 1985, S. 487 f.
Seeger, Siegbert F.:	Anmerkung zum BFH-Urteil vom 13.9.1989 I R 41/86 (FR 1990, 52), FR 1990, 53
Serlooten, Patrick:	La fiscalité des contrats d'affaires, Paris 1998
Serlooten, Patrick:	Droit fiscal des affaires, 5. Aufl., Paris 1997, 3. Aufl., Paris 1994
Sinz, Andreas:	Stützungsmaßnahmen im transnationalen Konzern, Diss., Frankfurt am Main 2001
Söffing, Günter:	Verdeckte Gewinnausschüttungen bei nahestehenden Personen, DStZ 1999, 885 f.
Sonnenberger, Hans Jürgen:	Französisches Handels- und Wirtschaftsrecht, 2. Aufl., Heidelberg 1991

Sonnenberger, Hans Jürgen / Autexier, Christian: Einführung in das französische Recht, 3. Aufl., Heidelberg 2000

Stawinoga, Rainer: Handbuch der französischen Körperschaftsteuer, 3. Aufl., Bielefeld 1994

Stolze, Marie-Theres: Verdeckte Gewinnausschüttung und nahestehende Personen, Diss., Köln 1999

Streck, Michael: Körperschaftsteuergesetz, Kommentar, 6. Aufl., München 2003

Teyssié, Bernard: Code du Travail (kommentierte Textausgabe), Paris 1990

Thiel, Jochen: Die verdeckte Gewinnausschüttung im Spannungsfeld zwischen Zivil- und Steuerrecht, DStR 1993, 1801 f.

Tipke, Klaus / Lang, Joachim: Steuerrecht, 17. Aufl., Köln 2002

Tixier, Gilbert / Gest, Guy: Droit fiscal international, 2. Aufl., Paris 1990

Tixier, Gilbert / Lamulle, Thierry: Anmerkung zu CE 18.03.1994, Nr. 68.799-70.814, DF 1994 com. 1703, S. 1463-1465

Tixier, Gilbert / Lamulle, Thierry: Anmerkung zu CE 19.10.1988, Nr. 56.218, DF 1989 com. 241, S. 242-244

Tixier, Gilbert / Rommer, Xavier: Anmerkung zu CE 19.12.1986, Nr. 54.101, DF 1987 com. 852, S. 533 f.

Tries, Hermann-Josef: Verdeckte Gewinnausschüttungen im GmbH-Recht, Diss., Köln 1991

Turot, Jérôme: Fiscalité des groupes non intégrés – Du rififi dans la jurisprudence sur les abandons de créance, RJF 1992, S. 3 f.

Turot, Jérôme: Retenue à la source sur les distributions effectuées par des sociétés françaises à des non résidents, RJF 1992, S. 186 f.

Turot, Jérôme: Le charme discret des avantages en nature, RJF 1991, S. 511 f.

Turot, Jérôme: Rehaussement du bénéfice social et appréhension de revenus distribués, RJF 1990, S. 3 f.

Turot, Jérôme: Suppléments d'apports et abandons de comptes courants, RJF 1990, S. 227 f.

Turot, Jérôme: L'entrepreneur, le risque et le fisc, RJF 1990, S. 735 f.

Turot, Jérôme: Avantages consentis entre sociétés d'un groupe multinational, RJF 1989, S. 263 f.

Turq, A.: La fiscalité de l'industrie et du commerce, Paris 1965

Verny, Jean-François: Conclusions zu CE 06.06.1984, Nr. 35.415 u. 36.733, RJF 1984, S. 466 f.

Viegener, Johannes: Verdeckte Gewinnausschüttungen im französischen Steuerrecht, RIW 1988, 788 f.

Vogel, Klaus:	Doppelbesteuerungsabkommen der Bundesrepublik Deutschland auf dem Gebiet der Steuern vom Einkommen und Vermögen. Kommentar auf Grundlage der Musterabkommen, 4. Aufl., München 2003
Wassermeyer, Franz:	Verdeckte Gewinnausschüttungen in der Form von verhinderten Vermögensmehrungen, in: Festschrift für Wolf Müller zum 65. Geburtstag, München 2001, S. 397 f.
Wassermeyer, Franz:	Mehrere Fremdvergleichsmaßstäbe im Steuerrecht?, StbJb 1998/99, S. 157 f.
Wassermeyer, Franz:	Einige Grundsatzüberlegungen zur verdeckten Gewinnausschüttung, GmbHR 1998, 157 f.
Wassermeyer, Franz:	Veranlassung im Gesellschaftsverhältnis, Grundproblem der verdeckten Gewinnausschüttung, StbJb 1997/98, S. 79 f.
Wassermeyer, Franz:	Streitfragen bei der Bilanzierung verdeckter Gewinnausschüttungen, in: Gedächtnisschrift für Brigitte Knobbe-Keuk, Köln 1997, S. 541 f.
Wassermeyer, Franz:	Risikogeschäfte durch Gesellschafter-Geschäftsführer für Rechnung der Kapitalgesellschaft, FR 1997, 563 f.
Wassermeyer, Franz:	Die neuere BFH-Rechtsprechung zu Verstößen gegen ein Wettbewerbsverbot durch den Gesellschafter-Geschäftsführer einer GmbH – Anmerkungen zum BFH-Urteil vom 13.11.1996, I R 149/94, (FR 1997, 269), DStR 1997, 681 f.
Wassermeyer, Franz:	Liebhaberei bei Kapitalgesellschaften, in: Freundesgabe für Franz Josef Haas, Herne/Berlin 1996
Wassermeyer, Franz:	Replik zu Hoffmann, DStR 1996, 733
Wassermeyer, Franz:	Der Fremdvergleich als Tatbestandsmerkmal der verdeckten Gewinnausschüttung, DB 1994, 1105 f.
Wassermeyer, Franz:	Das Wettbewerbsverbot des Gesellschafters und des Gesellschafter-Geschäftsführers einer GmbH, GmbHR 1993, 329 f.
Wassermeyer, Franz:	Die verdeckte Gewinnausschüttung rechtssystematisch gesehen, Perspektiven zur BFH-Rechtsprechung, StVj 1993, 208 f.
Wassermeyer, Franz:	Zur neuen Definition der verdeckten Gewinnausschüttung, GmbHR 1989, 298 f.
Wassermeyer, Franz:	20 Jahre BFH-Rechtsprechung zu Grundsatzfragen der verdeckten Gewinnausschüttung, FR 1989, 218 f.
Wassermeyer, Franz:	Einige grundsätzliche Überlegungen zur verdeckten Gewinnausschüttung, DB 1987, 1113 f.
Weber-Grellet, Heinrich:	Entwicklungen im Bereich der verdeckten Gewinnausschüttung, DStZ 1998, 357 f.
Weber-Grellet, Heinrich:	Die verdeckte Einlage, DB 1998, 1532 f.
Weber-Grellet, Heinrich:	Steuerbilanzrecht, München 1996

Wieacker, Franz: Privatrechtsgeschichte der Neuzeit, 2. Aufl., Göttingen 1967

Wiedemann, Herbert: Gesellschaftsrecht, Bd. I Grundlagen, München 1980

Wolff-Diepenbrock, Johannes: Verdeckte Gewinnausschüttungen im französischen Steuerrecht, Diss., Köln 1971

Verzeichnis der angeführten Gerichtsentscheidungen

I. Frankreich

1. Conseil d'État

23.03.1953	Nr.	75.326	RO, S. 226
07.07.1958	Nr.	35.977	Dupont 1958, S. 575
26.02.1962	Nr.	51.683	Dupont 1962, S. 269
13.04.1964	Nr.	56.173	DF 1965, Nr. 8 Doctrine
15.01.1965	Nr.	62.099	DF 1970, Nr. 3 bis, S. 23, concl. Poussière
06.12.1965	Nr.	47.850, 54.363	DF 1966, Nr. 8 Doctrine, concl. Poussière
18.04.1966	Nr.	63.120	Dupont 1966, S. 290
13.01.1967	Nr.	68.139	Dupont 1967, S. 205
03.05.1968	Nr.	70.904	Lebon 1968, S. 278
22.01.1969	Nr.	72.565	DF 1969 com. 329
10.03.1972	Nr.	79.927, 79.925	Dupont 1972, S. 188
08.11.1974	Nr.	83.219, 83.823, 87.994	DF 1975 com. 1430
18.12.1974	Nr.	93.538	DF 1975 com. 422
12.11.1975	Nr.	94.839	RJF 1976, S. 16
04.02.1976	Nr.	94.763	DF 1976 com. 480
14.04.1976	Nr.	92.197, 97.260	DF 1976 com. 1479, concl. Fabre
09.02.1977	Nr.	85.633	DF 1977 com. 499
23.06.1978	Nr.	99.444	RJF 1978, S. 245
30.04.1980	Nr.	16.253	RJF 1980, S. 256
25.07.1980	Nr.	13.979	DF 1980 com. 2127
29.06.1981	Nr.	16.095	RJF 1981, S. 470
25.11.1981	Nr.	11.383	DF 1982 com. 680
08.01.1982	Nr.	20.003	DF 1982 com. 1376, concl. Schricke
22.01.1982	Nr.	22.554, 22.556	DF 1982 com. 1102
19.04.1982	Nr.	24.989	DF 1982 com. 1889
26.05.1982	Nr.	29.053	DF 1983 com. 123
20.10.1982	Nr.	23.942	RJF 1982, S. 553
01.07.1983	Nr.	28.315	DF 1984 com. 149, concl. Rivière
29.07.1983	Nr.	37.886	RJF 1983, S. 527
25.01.1984	Nr.	36.755	DF 1984 com. 1017
14.03.1984	Nr.	34.430, 36.880	DF 1984 com. 1946
11.05.1984	Nr.	47.658	DF 1984 com. 1576, concl. Fouquet
06.06.1984	Nr.	35.415, 36.783	DF 1985 com 287 = RJF 1984, S. 466
27.07.1984	Nr.	41.959, 41.960	RJF 1984, S. 577
27.07.1984	Nr.	16.649	DF 1984 com. 1570, concl. Racine
10.10.1984	Nr.	25.144	DF 1985 com. 1006
12.10.1984	Nr.	31.528	RJF 1984, S. 750
31.10.1984	Nr.	21.159	RJF 1985, S. 17

31.10.1984	Nr. 40.787	DF 1985 com. 1215
05.12.1984	Nr. 46.962	RJF 1985, S. 139
17.12.1984	Nr. 52.341	RJF 1985, S. 116
20.02.1985	Nr. 39.700, 39.701	DF 1986 com. 953
26.04.1985	Nr. 40.799	DF 1985 com. 1618, concl. Bissara
28.10.1985	Nr. 39.065	DF 1986 com. 2148
23.06.1986	Nr. 50.950	DF 1986 com. 2181
07.11.1986	Nr. 47.307	DF 1987 com. 325
28.11.1986	Nr. 66.294	RJF 1987, S. 116
19.12.1986	Nr. 54.101	DF 1987 com. 852
30.03.1987	Nr. 52.754	DF 1987 com. 1434
24.07.1987	Nr. 51.770	DF 1988 com. 1158
24.07.1987	Nr. 63.991	RJF 1987, S. 590
16.03.1988	Nr. 60.570	RJF 1988, S. 341
27.05.1988	Nr. 62.764	RJF 1988, S. 473
27.07.1988	Nr. 54.510	DF 1988 com. 2361, concl. Fouquet
27.07.1988	Nr. 50.020	DF 1988 com. 2202
07.10.1988	Nr. 50.256	DF 1989 com. 376
19.10.1988	Nr. 56.218	DF 1989 com. 241
14.12.1988	Nr. 60.134	DF 1990 com. 1452
25.01.1989	Nr. 49.847	DF 1989 com. 1000
27.01.1989	Nr. 61.422	DF 1989 com. 1229, concl. Fouquet
22.02.1989	Nr. 71.181	RJF 1989, S. 217
03.03.1989	Nr. 77.581	DF 1989 com. 945
17.05.1989	Nr. 63.319	DF 1989 com. 1744, concl. Liébert-Champagne
14.06.1989	Nr. 64.114	DF 1989 com. 2487
29.09.1989	Nr. 69.722	RJF 1989, S. 637
29.09.1989	Nr. 75.304	DF 1990 com. 142, concl. Fouquet
21.02.1990	Nr. 84.483	DF 1990 com. 1305, concl. Fouquet
17.10.1990	Nr. 83.310	DF 1991 com. 2281
22.03.1991	Nr. 60.844	RJF 1991, S. 350
25.03.1991	Nr. 66.491	DF 1993 com. 219
13.05.1991	Nr. 67.488	DF 1992 com. 1132
01.07.1991	Nr. 61.065	DF 1991 com. 1926
23.10.1991	Nr. 71.791, 71.792-72.822	RJF 1991, S. 869
03.06.1992	Nr. 85.067	DF 1992 com. 1946
03.06.1992	Nr. 73.236	DF 1992 com. 2151, concl. Fouquet
23.11.1992	Nr. 74.266	DF 1993 com. 772
10.02.1993	Nr. 96.430	DF 1993 com. 1388
18.03.1994	Nr. 68.799-70.814	DF 1994 com. 1703
24.06.1994	Nr. 128.420	DF 1995 com. 425
13.01.1995	Nr. 154.261	RJF 1995, S. 354
02.02.1996	Nr. 127.833	RJF 1996, S. 172

14.02.2001	Nr. 193.309	DF 2001 com. 748, concl. Courtial
28.02.2001	Nr. 199.295	DF 2001 com. 592, concl. Bachelier

2. Cour administrative d'appel

Nantes	21.01.1990	Nr. 89-648	DF 1990 com. 2047
Nantes	07.10.1992	Nr. 90-588	RJF 1993, S. 120
Paris	02.02.1993	Nr. 91-842	RJF 1993, S. 398
Paris	06.04.1993	Nr. 91-699	RJF 1993, S. 600
Nancy	06.03.1996	Nr. 93-1073	DF 1996 com. 1060
Nantes	04.02.1997	Nr. 94-208	RJF 1998, S. 14
Paris	25.03.1997	Nr. 89-2149	DF 1997 com. 1019

3. Tribunal administratif

Orléans	17.12.1987	Nr. 844-855	RJF 1989, S. 572
Besançon	05.07.1996	Nr. 93-1019	DF 1996 com. 1368

4. Cour de cassation

30.05.1989	JCP 1990	Ed. G. II 21405

5. Cour d'appel

Versailles	20.09.1990	Bulletin Joly 1990, S. 1051

II. Deutschland

1. Reichsfinanzhof

27.11.1934	I A 126/34	RStBl. 1935, 616
03.07.1935	VI A 1149/33	RStBl. 1935, 1127

2. Bundesfinanzhof

13.08.1957	I 161/56	StRK KStG 1934-1975, § 6 Abs. 1 S. 2 R. 58
04.08.1959	I 69/58 Ü	BStBl. 1959 III, 421
15.11.1960	I 189/59 S	BStBl. 1961 III, 80
25.10.1963	I 325/61 S	BStBl. 1964 III, 17
06.12.1967	I 98/65	BStBl. 1968 II, 322
23.10.1968	I 228/65	BStBl. 1969 II, 243
02.03.1970	GrS 1/69	BStBl. 1970 II, 382
25.09.1970	VI R 122/67	BStBl. 1971 II, 53
27.01.1971	I R 79/68	BStBl. 1971 II, 352
03.02.1971	I R 51/66	BStBl. 1971 II, 408
15.12.1971	I R 5/69	BStBl. 1972 II, 438
15.12.1971	I R 76/68	BStBl. 1972 II, 436

27.01.1972	I R 28/69	BStBl. 1972 II, 320
18.05.1972	I R 165/70	BStBl. 1972 II, 721
10.01.1973	I R 119/70	BStBl. 1973 II, 322
20.06.1974	I R 112/72	BStBl. 1974 II, 694
10.07.1974	I R 205/72	BStBl. 1974 II, 719
31.07.1974	I R 238/72	BStBl. 1975 II, 48
27.11.1974	I R 250/72	BStBl. 1975 II, 306
14.08.1975	IV R 30/71	BStBl. 1976 II, 88
09.02.1978	IV R 201/74	BStBl. 1978 II, 370
12.03.1980	I R 186/76	BStBl. 1980 II, 531
21.01.1981	I R 153/77	BStBl. 1981 II, 517
11.02.1981	I R 128/77	BStBl. 1981 II, 448
21.07.1982	I R 56/78	BStBl. 1982 II, 761
09.02.1983	I R 229/81	BStBl. 1983 II, 487
09.03.1983	I R 182/78	BStBl. 1983 II, 744
07.07.1983	IV R 209/80	BStBl. 1984 II, 53
11.12.1985	I R 164/82	BStBl. 1986 II, 469
09.07.1986	I R 218/82	BStBl. 1987 II, 14
20.08.1986	I R 150/82	BStBl. 1987 II, 455
01.10.1986	I R 54/83	BStBl. 1987 II, 459
11.02.1987	I R 177/83	BStBl. 1987 II, 461
26.10.1987	GrS 2/86	BStBl. 1988 II, 348
02.03.1988	I R 63/82	BStBl. 1988 II, 590
01.02.1989	I R 73/85	BStBl. 1979 II, 522
22.02.1989	I R 44/85	BStBl. 1989 II, 475
22.02.1989	I R 9/85	BStBl. 1989 II, 631
14.03.1989	I R 8/85	BStBl. 1989 II, 633
26.04.1989	I R 172/87	BStBl. 1989 II, 673
24.05.1989	I R 213/85	BStBl. 1990 II, 8
28.06.1989	I R 89/85	BStBl. 1989 II, 854
13.09.1989	I R 41/86	FR 1990, 52
31.10.1989	VIII R 210/83	BStBl. 1990 II, 532
28.02.1990	I R 144/87	BStBl. 1990 II, 595
24.07.1990	VIII R 290/84	BB 1990, 2025
03.07.1991	X R 163-164/87	BStBl. 1991 II, 802
06.11.1991	XI R 12/87	BStBl. 1992 II, 415
28.11.1991	I R 13/90	BStBl. 1992 II, 359
28.01.1992	VIII R 207/85	BStBl. 1992 II, 605
07.07.1992	VIII R 24/90	BStBl. 1993 II, 333
14.10.1992	I R 14/92	BStBl. 1993 II, 351
02.12.1992	I R 54/94	BStBl. 1993 II, 311
29.06.1994	I R 137/93	DB 1994, 2526
22.09.1994	IV R 41/93	DB 1995, 855
30.08.1995	I R 155/94	FR 1995, 905
06.12.1995	I R 88/94	BStBl. 1996 II, 383

11.06.1996	I R 97/95	FR 1996, 834
24.07.1996	I R 115/95	BStBl. 1997 II, 138
23.10.1996	I R 71/95	FR 1997, 20
13.11.1996	I R 149/94	FR 1997, 269
18.12.1996	I R 139/94	BStBl. 1997 II, 301
12.06.1997	I R 14/96	FR 1997, 773
30.07.1997	I R 65/96	BStBl. 1998 II, 402
29.10.1997	I R 24/97	NJW 1998, 2159
25.05.2004	VIII R 4/01	DB 2005, 2671

3. Finanzgerichte

28.07.1994	FG Münster 9 K 3227/90 K	nicht veröffentlicht

4. Reichsgericht

10.05.1910	Rep. II 603/09	RGZ 73, 343

5. Bundesgerichtshof

01.07.1987	IV b ZR 70/86	BGHZ 101, 229
20.02.1990	3 StR 10/90	HFR 1990, 521
28.09.1992	II ZR 299/91	NJW 1993, 193
10.05.1993	II ZR 74/92	GmbHR 1993, 427

6. Bundesverfassungsgericht

07.11.1995	2 BvR 802/90	BStBl. 1996 II, 34
15.08.1996	2 BvR 3027/95	DB 1996, 2470

Französische Richtlinien und Verwaltungserlasse

1. Documentation administrative de base (DB)

- Conditions d'application de l'article 57 du CGI,
  Procedure applicable,
  DB FE 4 A-1211, -1212 vom 01.09.1993, S. 35-46

- Revenus de capitaux mobiliers, Régime de la distribution,
  DB FE 4 J-1211, -1212, -1213 vom 01.11.1995

- Régime fiscal des sociétés mères et filiales,
  Régime des produits de filiales au regard de l'impôt sur les sociétés,
  DB FE 4 H-2114 vom 01.03.1995

2. Instructions et commentaires

- Régime fiscal des abandons de créances et des subventions entre entreprises,
  Instruction vom 22.08.1983,
  BODGI 4 A-7-83, DF 1983, ID et CA 7807, S. 5397 f.

- Commentaire administratif de jurisprudence relatif au régime fiscal des revenus distribués par les sociétés françaises. Rémunérations et distributions occultes. Distribution en période déficitaire vom 28.05.1975 (CE, 18 déc. 1974, n. 93.538), BODGI 4 J-3-75, DF 1975, ID 4843, S. 2129

3. Réponses ministerielles

- Réponse Denais vom 06.01.1954, JO AN 06.01.1954, Nr. 8460

- Territorialité, Cycle commercial complet, Réponse ministerielle vom 22.09.1980, DF 1980 com. 2612

- Société unipersonnelle à responsabilité limitée, Statut fiscal du gérant, Réponse ministerielle vom 01.09.1986, JO AN 01.09.1986, Nr. 798

Anlage

Einführung in das französische Unternehmenssteuerrecht (ohne Kapitalgesellschaften)

I. Besteuerung von Einzelunternehmen

1. Handelsrechtliche Gewinnermittlung

Französische Einzelunternehmer sind als Gewerbetreibende (commerçants) zur laufenden Buchführung und am Ende jedes Wirtschaftsjahres zur Aufstellung eines Jahresabschlusses mit Bilanz (bilan), Gewinn- und Verlustrechnung (compte de résultat) und einem Anhang (annexe) verpflichtet (Art. L.123-12 Abs. 1-3 i. V. m. Art. L.121-1 C. Com.). Die handelsrechtliche Buchführung und Gewinnermittlung ist im einzelnen in dem sog. Plan comptable général (PCG) geregelt[425]. Er wurde Anfang der 80er Jahre an die 4. EG-Richtlinie angepaßt und im Jahr 1999 neu gefaßt[426].

2. Steuerrecht

a) Einkommensteuer-Dualismus der Einkünfteermittlung

Der jährliche Gewinn des Einzelunternehmers unterliegt der Einkommensteuer in der Einkunftsart: „Einkünfte aus Gewerbebetrieb“ (bénéfices industriels et commerciaux).

Im französischen Einkommensteuerrecht erfolgt die Besteuerung des Einkommens im Rahmen von Einkunftsarten, deren Typologie derjenigen der deutschen Einkunftsarten ähnelt. Es wird wie in Deutschland zwischen Gewinneinkünften und Überschußeinkünften unterschieden. Gewinneinkünfte sind Einkünfte aus Gewerbebetrieb = bénéfices industriels et commerciaux (Art. 34, 35 CGI), Einkünfte aus Land- und Forstwirtschaft = bénéfices de l'exploitation agricole (Art. 63 CGI) und Einkünfte aus selbständiger Tätigkeit = bénéfices non commerciaux (Art. 92 CGI).

Zu den Überschußeinkünften zählen die Einkünfte aus nichtselbständiger Tätigkeit = traitements, salaires, pensions et rentes viagères (Art. 79 CGI), Einkünfte aus Kapitalvermögen = revenus des capitaux mobiliers (Art. 108 f. CGI) und Einkünfte aus Vermietung und Verpachtung = revenus fonciers (Art. 14 CGI).

Der steuerliche gewerbliche Gewinn wird wie im Handelsrecht durch Betriebsvermögensvergleich ermittelt[427]. Art. 38-2. CGI definiert den Gewinn eines Einzelunternehmers als Unterschiedsbetrag zwischen dem Wert des Reinbetriebsvermögens am Ende des Wirtschaftsjahres und dem Wert des Reinbetriebsvermögens am Beginn des Wirtschaftsjahres abzüglich der Einlagen und vermehrt um die Entnahmen des Unternehmers. Als Reinbetriebsvermögen gilt der Überschuß der Aktiva über die Passiva, worunter die Verbindlichkeiten, Abschreibungen und Rückstellungen verstanden werden (Art. 38-2. Satz 2

---

425 Enselme, Gérard: Comptabilité financière, Comptabilité de gestion, 5. Aufl., Paris 2004, Rn. 14.

426 Lefebvre Comptable, Rn. 280-3; die Gewinnermittlung in den Jahresabschlüssen erfolgt durch Betriebsvermögensvergleich (Art. 230-1 PCG), Rn. 2753.

427 Entsprechendes gilt für die anderen Gewinneinkünfte.

CGI)[428]. Zu den Aktiva gehören auch Forderungen aus gegenseitigen Verträgen, bei denen bereits eine Gewinnrealisierung eingetreten ist, weil der Unternehmer die ihm obliegende Leistung bereits erbracht hat[429].

Die Grundkonzeption der gewerblichen Gewinnermittlung durch Betriebsvermögensvergleich stimmt mit derjenigen im deutschen Einkommensteuerrecht überein.

Da der jeweilige Gewinn eines Einzelunternehmers mit der Erhöhung seines Reinbetriebsvermögens zum Ende des Wirtschaftsjahres identisch ist, entsteht der Gewinn steuerrechtlich zum Ende des Wirtschaftsjahres und wird auch zu diesem Zeitpunkt dem Einzelunternehmer einkunftsbegründend zugerechnet[430].

Die Überschußeinkünfte ergeben sich dagegen aus dem Überschuß der im Kalenderjahr zugeflossenen Einnahmen über die in diesem Zeitraum aufgewendeten Werbungskosten (Art. 13-1. CGI). Sie werden daher dem Steuerpflichtigen erst bei Zufluß der jeweiligen Einnahmen zugerechnet, der dann anzunehmen ist, wenn die Einnahmen in seine persönliche Verfügungsgewalt gelangt sind[431].

b) Ableitung des steuerrechtlichen Gewinns aus dem Handelsbilanzgewinn

Der steuerrechtliche Gewinn wird nicht eigenständig ermittelt, sondern aus dem handelsrechtlichen Jahresabschluß abgeleitet, indem dieser aufgrund steuerrechtlicher Spezialvorschriften korrigiert und ergänzt wird[432]. Nach Art. 38 quater Annex III zum CGI haben die Unternehmen die Buchführungs- und Gewinnermittlungsvorschriften des Plan comptable général für die steuerliche Gewinnermittlung zu übernehmen, soweit steuerliche Gewinnermittlungsvorschriften nicht entgegenstehen. Das französische Recht unterscheidet dabei nicht zwischen Handels- und Steuerbilanz, sondern versteht den steuer-

---

428 Art. 38. – 2. CGI:
Le bénéfice net est constitué par la différence entre les valeurs de l'actif net à la clôture et à l'ouverture de la période dont les résultats doivent servir de base à l'impôt diminuée des suppléments d'apport et augmentée des prélèvements effectués au cours de cette période par l'exploitant ou par les associés. L'actif net s'entend de l'excédent des valeurs d'actif sur le total formé au passif par les créances des tiers, les amortissements et les provisions justifiés.
Sachentnahmen aus dem Umlaufvermögen werden mit den Selbstkosten, Entnahmen aus dem Anlagevermögen dagegen mit dem Verkehrswert bewertet (Doc. fiscale Lefebvre, BIC IV, Rn. 2970, 2985, 3120; Cozian, 28. Aufl., Rn. 321, 327). Das französische Steuerrecht kennt den Begriff des Teilwerts nicht (vgl. Cozian, 28. Aufl., a. a. O.).

429 Lefebvre Comptable, Anm. 501.

430 Serlooten, 5. Aufl., Rn. 349, S. 296.

431 Dieser Grundsatz ist in Art. 156 Abs. 1 S. 1 CGI angedeutet und wurde von der Rspr. näher ausgestaltet (vgl. dazu z. B. CE 25.7.80, Nr. 13.979, DF 80 com. 2127; CE 31.10.84, Nr. 21.159, RJF 85, S. 17). Art. 156 Abs. 1 S. 1 CGI lautet: Die Einkommensteuer bemißt sich nach dem gesamten Betrag des jährlichen Nettoeinkommens, über das jeder steuerpflichtige Haushalt verfügt = „L'impôt sur le revenu est établi d'après le montant total du revenu net annuel dont dispose chaque foyer fiscal."

432 Vgl. dazu Lefebvre Comptable, Anm. 183-1.

rechtlichen Gewinn als steuerrechtlich korrigierten Handelsbilanzgewinn[433]. Aus diesem Grunde kennt das französische Bilanzsteuerrecht keinen Grundsatz der Maßgeblichkeit der Handelsbilanz für die Steuerbilanz.

c) Betriebseinnahmen und Betriebsausgaben

Betriebseinnahmen sind alle ordentlichen und außerordentlichen Erträge eines Unternehmens, also insbesondere die von dem Unternehmen bei der Verfolgung seines Geschäftszweckes erzielten laufenden Erträge und die außerordentlichen Erträge aus dem Verkauf von Anlagegegenständen (Art. 38-1. CGI).

Der Begriff der Betriebsausgaben ist nicht gesetzlich geregelt. Die französischen Steuergesetze, insbesondere Art. 39 ff. CGI, enthalten nur beispielhafte Aufzählungen von Betriebsausgaben.

Anhand dieser Beispiele hat die Rechtsprechung den allgemeinen Begriff der Betriebsausgaben entwickelt. Betriebsausgaben (charges déductibles) sind alle Aufwendungen eines Unternehmens, die im Rahmen einer normalen Geschäftsleitung anfallen und im Interesse des Unternehmens gemacht worden sind[434].

Weitere Abweichungen gegenüber dem deutschen Einkommensteuerrecht sind oben bei der Körperschaftsteuer dargestellt, für die die Grundsätze der gewerblichen Gewinnermittlung entsprechend gelten.

d) Einkommensteuerprogression und Familiensplitting

Die Einkommensteuer ist progressiv ausgestaltet. Für die 2007 steuerpflichtigen Einkünfte des Jahres 2006 bestehen fünf Tarifstufen zwischen 0 und 40 %. Der ESt-Höchstsatz von 40 % setzt bei Ledigen ein ab einem zu versteuernden Einkommen von € 66.679. Da die Einkommensteile innerhalb der darunterliegenden Tarifstufen niedriger besteuert werden, ergibt sich z. B. für einen Ledigen bei einem zu versteuernden Einkommen von € 100.000 eine ESt-Schuld von € 37.430 (auf volle € abgerundet).

Es besteht ein System des Familiensplittings (Art. 193 CGI). Ehegatten ohne Kinder erhalten einen Quotienten von 2. Dieser erhöht sich für die ersten beiden Kinder jeweils um $^1/_2$, ab dem dritten Kind jeweils um 1 (Art. 194 CGI).

Bei einer Familie mit vier Kindern und einem zu versteuernden Jahreseinkommen von € 100.000 erfolgt somit ein Splitting in 5 Teile von je € 20.000.

---

433 Vgl. Casimir / Casper / Cozian: Comptabilité genéralé de l'entreprise, Paris 1990, Rn. 1524-1533; Cozian, 28. Aufl., Rn. 33-35.

434 Vgl. dazu Conclusions Fabre CE 14.4.76, Nr. 92.197, 97.260, DF 76 com. 1479, S. 990; Serlooten, 5. Aufl., Rn. 390, 392, 405; Cozian, Grands Principes, 2. Aufl. Doc. 16, Anm. 7, S. 217).

Die ESt-Schuld der Familie beträgt somit grundsätzlich € 9.240 (€ 1.848 für jedes $^1/_5$ des zu versteuernden Einkommens). Sie erhöht sich jedoch wegen einer gesetzlichen Obergrenze für die kinderbedingte ESt-Ersparnis (Art. 197-2. CGI) auf € 10.084[435].

Infolge des Familiensplittings ergibt sich hier also gegenüber einem Ledigen eine ESt-Ersparnis von € 27.346.

e) Sozialsteuern

Seit 1990 erhebt der französische Gesetzgeber auf die ESt-pflichtigen Einkünfte zusätzlich noch sog. Sozialsteuern (contributions sociales). Sie dienen hauptsächlich zur Finanzierung der Reduzierung der Lohnnebenkosten (contribution sociale généralisée [CSG]) und zur Deckung des Defizits der Sozialversicherung (contribution au remboursement de la dette sociale [CRDS]).

Einkünfte aus Gewerbebetrieb, erhöht um die abziehbaren Lohnnebenkosten, unterliegen der CSG und der CRDS mit Steuersätzen von 7,5 bzw. 0,5 %, also mit einem Gesamtsteuersatz von 8 %. Die CSG ist teilweise von diesen Einkünften abziehbar (Art. 1600-0 C, G i. V. m. Art. 154 quinquies-I. CGI)[436].

II. Die Besteuerung der Personenhandelsgesellschaften

1. Offene Handelsgesellschaft und Kommanditgesellschaft

a) Personenhandelsgesellschaften sind in Frankreich die Société en nom collectif (SNC) und die Société en commandite simple (SCS), die der deutschen offenen Handelsgesellschaft bzw. der deutschen Kommanditgesellschaft entsprechen. Die SNC und die SCS spielen als Unternehmensträger gegenüber den Kapitalgesellschaften nur eine untergeordnete Rolle. Ihr Anteil an den französischen Handelsgesellschaften betrug am 01.01.2003 ca. 3 %[437]. Im allgemeinen bevorzugen in Frankreich auch kleine und mittlere Unternehmen die Rechtsform der Kapitalgesellschaft wegen der Möglichkeit der Haftungsbeschränkung[438].

Im Unterschied zum deutschen Recht sind alle französischen Personenhandelsgesellschaften juristische Personen (Art. 5 HandelsGG). Dennoch haften bei der SNC alle Gesellschafter und bei der SCS die Komplementäre

---

435 Für die kinderbedingte ESt-Ersparnis besteht eine gesetzliche Obergrenze. Für jede kinderbedingte Erhöhung des Familienquotienten um $^1/_2$ darf im Jahr 2006 die Einkommensteuerersparnis nicht mehr als € 2.198 betragen (Art. 197-2. CGI). Im Beispielsfall der Familie mit vier Kindern beträgt für diese Einkünfte der Höchstbetrag für die kinderbedingte Einkommensteuerersparnis 6 x € 2.198 = € 13.188. Somit ergibt sich: ESt für beide Ehegatten ohne Berücksichtigung der Kinder (Splitting): € 23.272 minus € 13.188 (Höchstbetrag für die kinderbedingte ESt-Ersparnis) = € 10.084 (ESt-Schuld der Familie mit vier Kindern).

436 Cozian, 30. Aufl. Rn. 478; Lefebvre fiscal, Rn. 3009.

437 Cozian / Viandier / Deboissy, S. 3.

438 Vgl. dazu Guyon, S. 477 f.

(commandités) für die Gesellschaftsverbindlichkeiten persönlich (Art. L.221-1 C. Com. [SNC], Art. L.222-1 Abs. 1 i. V. m. Art. L.221-1 C. Com. [SCS]). Die Kommanditisten (commanditaires) haften nur in Höhe ihrer vereinbarten Kapitaleinlage persönlich. Ihre persönliche Haftung ist ausgeschlossen, soweit diese geleistet ist (Art. L.222-1 Abs. 2 C. Com.).

b) Obwohl die SNC eine juristische Person ist, ist sie grundsätzlich nicht körperschaftsteuerpflichtig. Sie ist zwar zur Aufstellung eines handelsrechtlichen und steuerlichen Jahresabschlusses verpflichtet (Art. 8 C. Com., Art. 60 Abs. 2 CGI). Ihr Jahresergebnis (Gewinn oder Verlust) wird aber am Ende jedes Wirtschaftsjahres den Gesellschaftern im Verhältnis ihrer Beteiligungsquoten zugerechnet und ist bei diesen einkommensteuerpflichtig[439].

Bei der SCS (Kommanditgesellschaft) gilt das gleiche für den Teil des Jahresergebnisses, der auf die Anteile der Komplementäre entfällt (Art. 8 Abs. 1 CGI). Mit dem Teil des Jahresergebnisses, der auf die Anteile der Kommanditisten entfällt, ist die SCS dagegen körperschaftsteuerpflichtig (Art. 206-4. CGI).

Die SCN und die SCS haben die Möglichkeit, für ihre KSt-Pflicht bzw. ihre KSt-Pflicht in vollem Umfang zu optieren (Art. 206-3. CGI).

2. Bürgerlich-rechtliche Gesellschaft

Eine wesentlich größere Verbreitung als Personenhandelsgesellschaften haben im französischen Wirtschaftsleben die bürgerlich-rechtlichen Gesellschaften (sociétés civiles)[440]. Eine ihrer Funktionen entspricht derjenigen der Besitzgesellschaft im Rahmen einer Betriebsaufspaltung nach deutschem Recht. Auch in Frankreich kommt es nicht selten vor, daß die Gesellschafter einer Betriebskapitalgesellschaft die Betriebsgrundstücke und sonstige Anlagegegenstände in einer gesonderten bürgerlich-rechtlichen Gesellschaft halten, die diese an die Betriebsgesellschaft vermietet. Motive für diese Gestaltung sind z. B. die Abschirmung der Betriebsgrundstücke für den Fall des Konkurses der Betriebsgesellschaft oder die größere gesellschaftsrechtliche Gestaltungsfreiheit im Bereich der Personengesellschaften[441].

Bürgerlich-rechtliche Gesellschaften sind ebenfalls juristische Personen (Art. 1842 CC). Grundsätzlich gilt für die Besteuerung ihrer Gewinne das Gleiche wie bei der SNC. Ihre Jahresergebnisse werden den Gesellschaftern zugerechnet und sind bei diesen einkommensteuerpflichtig. Anders als die SNC wird die bürgerlich-rechtliche Gesellschaft jedoch körperschaftsteuerpflichtig, wenn sie eine gewerbliche Tätigkeit ausübt (Art. 206-2. CGI). Daneben kann sie bei einer nichtgewerblichen Tätigkeit auch noch für die Körperschaftsteuer optieren (Art. 206-3. CGI). Im Gegensatz zum deutschen Steuerrecht gilt in Frankreich die Vermietung von Betriebsgrundstücken durch eine bürgerlich-rechtliche Besitzgesellschaft (an eine Betriebskapitalgesell-

---

439 Art. 8 Abs. 1 CGI; Cozian, Grands Principes, 4. Aufl., Rn. 24, 25.

440 S. dazu Cozian / Viandier / Deboissy, S. 3.

441 Vgl. dazu Cozian, Grands Principes, 4. Aufl., Doc. 23, S. 318 ff.; Guyon, Rn. 223, S. 225.

schaft) nicht als gewerbliche Tätigkeit, sondern als private Vermögensverwaltung mit Einkünften aus Vermietung und Verpachtung[442], wenn die Gesellschafter die Anteile an der Besitzgesellschaft im Privatvermögen halten. Die Vermietung wird nur dann gewerblich, wenn mit den Betriebsgrundstücken auch Betriebseinrichtungen vermietet werden[443].

III. Ermäßigter Steuersatz für langfristige Veräußerungsgewinne

Langfristige Gewinne aus der Veräußerung von Gegenständen des Anlagevermögens (sog. „plus-values à long terme") unterliegen im französischen ESt-Recht einem ermäßigten Steuersatz. Die Steuerermäßigung wird damit begründet, daß Gewinne aus der Veräußerung von Anlagegegenständen i. d. R. für Reinvestitionen benötigt werden und häufig auch durch die Geldentwertung mitbedingt sind[444].

Gewinne aus der Veräußerung von Anlagegegenständen sind grundsätzlich dann langfristig, wenn der Zeitraum zwischen der Anschaffung und Veräußerung des Anlagegegenstandes länger als 2 Jahre betragen hat (Art. 39 duodecies 1.-3. CGI). Bei der Veräußerung von abnutzbaren Anlagegegenständen muß aber noch eine weitere Voraussetzung hinzutreten. Der Gewinn aus der Veräußerung von abnutzbaren Anlagegegenständen, die länger als 2 Jahre zum Anlagevermögen gehört haben, ist nur insoweit langfristig, als er die an dem Anlagegegenstand vorgenommenen planmäßigen Abschreibungen übersteigt (Art. 39 duodecies -2.b., 3. CGI).

Der Sinn dieser Regelung ist folgender:
Da die erfolgten Abschreibungen die mit dem normalen Steuersatz besteuerten Gewinne gemindert haben, soll auch der Veräußerungsgewinn in Höhe der erfolgten Abschreibungen dem normalen Steuersatz unterliegen[445].

Der ermäßigte ESt-Satz für langfristige Veräußerungsgewinne beträgt theoretisch 16 %, erhöht sich aber infolge von Zuschlägen auf 27 %[446].

Langfristige Veräußerungsverluste können nur mit langfristigen Veräußerungsgewinnen verrechnet werden. Es besteht dabei die Möglichkeit eines zehnjährigen Verlustvortrages. Verluste aus der Veräußerung von abnutzbaren Anlagegegenständen gelten immer als kurzfristig, können also immer mit den zum normalen Steuersatz besteuerten Gewinnen verrechnet werden, auch wenn der Zeitraum zwischen der Anschaffung und der Veräußerung mehr als 2 Jahre betrug. Der französische Gesetzgeber geht hier davon aus, daß der Veräußerungsverlust auf ungenügenden Abschreibungen beruht[447].

---

442 Cozian, 21. Aufl., Rn. 1082.

443 Art. 206-2. i. V. m. Art. 35-I.-5° CGI ; Cozian, Grands Principes, 4. Aufl., Doc. 21, Rn. 21; CE 13.1.95, Nr. 154.261, RJF 95, S. 354.

444 Cozian, 23. Aufl., Rn. 590, 591.

445 Cozian, 28. Aufl., Rn. 331-334, 339.

446 Art. 39 quindecies -I.1. CGI; Lefevbre fiscal, Rn. 1646.

447 Cozian, 28. Aufl., Rn. 339.

Freiburger Steuerforum

Herausgegeben von Wolfgang Kessler

www.peterlang.de

FSC
www.fsc.org
MIX
Papier | Fördert gute Waldnutzung
FSC® C083411

Kolibri 360 GmbH
Ferdinand-Jühlke-Straße 7
99095 Erfurt, Deutschland
produktsicherheit@kolibri360.de

Druck:
CPI Druckdienstleistungen GmbH
im Auftrag der
Kolibri 360 GmbH
Ferdinand-Jühlke-Str. 7
99095 Erfurt